DIE ERFÜLLUNG

VON

DR PAUL KRETSCHMAR
A. O. PROFESSOR AN DER UNIVERSITÄT GIESSEN

ERSTER TEIL

HISTORISCHE UND DOGMATISCHE GRUNDLAGEN

LEIPZIG
VERLAG VON VEIT & COMP.
1906

DIE ERFÜLLUNG

VON

DR PAUL KRETSCHMAR
A. O. PROFESSOR AN DER UNIVERSITÄT GIESSEN

ERSTER TEIL

HISTORISCHE UND DOGMATISCHE GRUNDLAGEN

LEIPZIG
VERLAG VON VEIT & COMP.
1906

Druck von Metzger & Wittig in Leipzig.

Vorwort.

Wer es unternimmt, den Grundlagen der heutigen Erfüllungslehre nachzugehen, muß gewahr werden, wie sehr ein einheitlicher Ausbau der Lehre durch tiefgehende Auffassungsverschiedenheiten hinsichtlich der Grundbegriffe erschwert wird. Solche Verschiedenheiten der begrifflichen Synthese treten sowohl beim Obligationsbegriff zutage, als hinsichtlich des Verhältnisses der Erfüllung zum Obligationsinhalt. Sie finden sich schon in den römischen Quellen; die moderne Theorie hat die Kluft nicht überbrückt, sondern erweitert. Von der Urauffassung der Obligation an, nach welcher der Schuldner dem Gläubiger zu strengster Gebundenheit überliefert wird, bis zur Begründung der Obligation auf das ethische Moment der Verpflichtung, von welcher der Schuldner durch seinen freien Willensakt sich löst — von der Ausgestaltung des normalen Obligationstilgungsaktes zum formellen, dem Begründungsakt korrespondierenden Rechtsgeschäft bis zur Durchführung des materiellen Gesichtspunkts, daß die Erfüllung nichts ist, als das dem Obligationsinhalt entsprechende Verhalten des Schuldners — hat jede Auffassung ihre Spuren in den Quellen und in Zeugnissen der Literatur und Judikatur zurückgelassen. Dem entspricht eine Zerfahrenheit des Dogmas, von der in § 6 dieser Schrift ein Bild zu geben versucht worden ist. Eine Klärung der Lehre kann nur auf dem Wege einer Auseinandersetzung mit den erwähnten Grundfragen versucht werden.

Zur historischen Betrachtung der Erfüllungslehre nötigte vor allem der Umstand, daß die treibenden Grundgedanken in der gemeinrechtlichen Literatur keineswegs so klar gestellt worden sind, daß ihr Anteil an der Ausgestaltung des Erfüllungsrechts des Bürgerlichen Gesetzbuchs ohne weiteres zutage läge. Weit mehr Eigentümlichkeiten des Solutionsbegriffs, die mit einem dem heutigen Rechte fremden Obligationsbegriff zusammenhängen, sind unserer Zeit überliefert worden, als vor einer wahrhaft modernen, den Forderungen des heutigen Lebens entsprechenden Doktrin bestehen können.

Durch diese Erkenntnis ist die Methode der Darstellung und die Stoffbegrenzung bestimmt worden. Nicht darauf kam es an, eine Dogmengeschichte der Erfüllungslehre zu liefern, sondern darauf, die historische Entwicklung der Grundgedanken der Lehre insoweit klar zu stellen, daß eine sichere Einsicht in das Verhältnis der Erfüllung zur Obligation einerseits, zu den verwandten Obligationstilgungsakten andererseits gewonnen werden kann.

Die historische Betrachtung hatte also in den Dienst der Rechtsdogmatik zu treten; demgemäß ist der rechtshistorische Stoff den dogmatischen Bedürfnissen entsprechend beschränkt und ausgewählt worden.

Der vorliegende Teil der Arbeit enthält nur die Grundlagen der Lehre, im wesentlichen die Erörterung des Verhältnisses zur Obligation einerseits, die begriffliche Abgrenzung der Erfüllung von verwandten Tilgungsakten andererseits. Nicht ohne Bedenken habe ich mich dazu entschlossen, diesen Teil der Arbeit abgesondert der Öffentlichkeit zu übergeben; denn manche Ergebnisse und Aufstellungen können ihre eingehendere Begründung erst in der speziellen Dogmatik der Erfüllungslehre finden. Der Umstand aber, daß gerade die erwähnten Grundfragen eine zusammenhängende Erörterung vom Standpunkt der Erfüllungslehre aus noch nicht gefunden haben, schien mir dafür zu sprechen, die Publikation dieses Teils nicht weiter aufzuschieben. Überdies sind die hier vorgetragenen Anschauungen gewonnen worden auf Grund einer mehrmaligen Durcharbeitung der Lehre von der Obligationstilgung auch in ihren speziellen Fragen; ich hege daher die Hoffnung, daß dieser, allgemeinere Probleme behandelnde Teil doch auch bei der Bearbeitung speziellerer Fragen der Erfüllungslehre sich förderlich erweisen möchte.

Was die Berücksichtigung der Literatur betrifft, so habe ich mich bemüht, ihr nach Möglichkeit gerecht zu werden. Eine doppelte Beschränkung war jedoch geboten. Nur solche Schriften sind herangezogen worden, die ein gewisses Maß von eigenem Ideengehalt besitzen; und ferner, für den vorliegenden Teil nur solche, die für die hier zu behandelnden Grundfragen in Betracht kommen.

An dem noch ausstehenden zweiten Teil, welcher die spezielle Dogmatik der Erfüllung einschließlich der Lehre von der *causa solvendi* umfaßt, ist die Hauptarbeit getan, so daß ich hoffe, ihn in nicht zu langer Zeit vorlegen zu können.

Gießen, den 12. März 1906.

Paul Kretschmar

Inhalt.

Erster Teil.

Die historischen Grundlagen.

Zweiter Teil.

Dogmatischer Teil.

A. Grundlegung.

Erster Teil.

Die historischen Grundlagen.

§ 1.

Die genetische Entwicklung des Solutionsbegriffs.

Die Ausdrücke, welche von der römischen und der modernen deutschen Rechtssprache zur Bezeichnung des normalen, der Bestimmung des Schuldverhältnisses entsprechenden Tilgungsaktes verwendet werden, weisen eine charakteristische Verschiedenheit auf. Der römische Ausdruck „*solutio*" bezeichnet an sich die Lösung des Schuldners vom obligatorischen Bande,[1] übertragen die Lösung des obligatorischen Bandes selbst, ohne nähere Rücksicht auf die Art und Weise, wie dies geschieht. Dagegen besitzt der moderne deutsche Ausdruck „Erfüllung" eine ausgesprochene Beziehung zum Inhalt des Schuldverhältnisses.[2] Er bedeutet, daß dasjenige, was nach dem Inhalte des Schuldverhältnisses dem Schuldner obliegt, verwirklicht wird. Der Römer geht also aus

---

[1] Daher das „*me ... a te solvo liberoque*" in der Formel der *nexi liberatio* (Gai. Inst. III 174). Labeo in l. 91 D. de solut. et lib. 46, 3: „*non potest invitus a te solvi*", vgl. auch M. Voigt, XII Tafeln Bd. II § 118 S. 451—453 und die Note 4 daselbst gegebenen Nachweise, Eisele in den Beiträgen zur röm. Rechtsgeschichte S. 23 und Karlowa, Römische Rechtsgeschichte II S. 810f.

[2] Grimm, Deutsches Wörterbuch III S. 811 Erfüllen: „überall mit der Vorstellung, das leere voll zu machen, auszufüllen, das noch ungetane, unerfolgte zu leisten und eintreten zu lassen"; nach Sander, Wörterbuch der deutschen Sprache I S. 517: „tritt dabei ein innerlicher Bezug zwischen dem, was etwas in sich aufnimmt und dem Aufgenommenen, dem Inhalt, hervor". — In der deutschen Rechtssprache ist der Ausdruck besonders seit seiner technischen Verwendung im Preußischen Allgemeinen Landrecht I. 5 §§ 270f., 360f., 393f., I. 16 §§ 10f. eingebürgert.

von dem formalen Gesichtspunkt der Lösung der Obligation, der Deutsche von dem materiellen der Befriedigung ihres Inhalts.[2a]

Diese Verschiedenheit des Ausgangspunktes ist nicht von bloß terminologischer Bedeutung. Vielmehr spiegeln sich darin verschiedene Ansätze zur Begriffsbildung wieder.

Es ist dies ein Umstand, auf dessen Wichtigkeit eindringlich hingewiesen werden muß. Wie der größte Teil des modernen Privatrechts, so ruht auch die Lehre von der Erfüllung auf den römischen Quellen. Aber in den römischen Begriff der *solutio* sind, wie darzutun sein wird, mancherlei Elemente eingegangen, welche dem modernen Erfüllungsbegriff widerstreben.

Der Theorie des Pandektenrechts ist es nicht völlig gelungen, sie aus dem modernen Erfüllungsbegriff hinauszuweisen; sie drohen, als fremdartiger Bestandteil in der Erfüllungslehre des B.G.B. fortzuwirken, wenn es nicht gelingt, sie als Ergebnisse eines durch die historische Entwicklung überwundenen Ausgangspunktes nachzuweisen.

[2a] Diese Bemerkung bezieht sich zunächst nur auf den modernen deutschen Sprachgebrauch. Die lateinisch redenden Quellen des germanischen und älteren deutschen Rechts verwenden den der römischen Rechtssprache eigenen Ausdruck „*solvere*“ gleichfalls, z. B. „*compositionem solvat vel faidam portet*“ (lex Salica c. 18); „*medietas compositionis liberi hominis solvatur*“ (lex Angl. c. 45). Daneben findet sich, abgesehen von dem für die Zahlung des Sühnegeldes technischen Ausdruck „*componere*“ der der Terminologie der römischen Quellen fernliegende, dem heutigen Sprachgebrauch entsprechende Ausdruck „*debitum inplere*“ (vgl. lex Wisig. Reccesvinth. V. 6, 3: „*Quod si per neglegentiam suam debitor ad diem constitutum adesse neglexerit aut debitum inplere distulerit, addantur usurae*“. Von deutschen Ausdrücken begegnet außer „zalen“ und der verhältnismäßig seltenen direkten Übersetzung von *solvere*: lösen, s. GRIMM, Deutsche Rechtsaltertümer (4. Aufl.) II 649, 4 S. 215, besonders „gelten“ (gelden), s. Ssp. I 7: „swer icht borget oder gelobt, der sal iz gelden“, vgl. II 26, III 76, 5 und öfter; weitere Nachweise bei GRIMM a. a. O. II 611 (S. 159—160). Vorzugsweise Beziehung auf die Entrichtung des der öffentlichen Gewalt zu zahlenden Friedensgeldes oder (später) der Gewette hat der Ausdruck „wetten“ (Ssp. I 53, l. 4; II 14, 1.).

Keiner dieser Ausdrücke (abgesehen von der direkten Übersetzung „lösen“) hat die dem „*solvere*“ eigentümliche etymologische Beziehung zum Lösen der Obligation. Nähere Aufschlüsse vermag hier allerdings nur der Germanist zu geben.

Die Grundvorstellung, welche an dem römischen *terminus „solutio“* haftet, ist die der Lösung des Schuldners von der obligatorischen Gebundenheit; den Gegensatz bildet die Realisierung dieser Gebundenheit, welche im Sinne der Urobligation nichts anderes ist, als die Geltendmachung der Haftung des Schuldners durch Exekution — gegebenenfalls bis zur völligen Vernichtung der Privatrechtspersönlichkeit des Schuldners, die eben durch den Verpflichtungsakt für die Erbringung der Leistung eingesetzt worden ist.[3]

---

[3] Vgl. namentlich Brinz, Pand. II § 207 S. 2, § 289 S. 436. Diese Grundidee der Obligation wird durch den neuerdings wieder aufgelebten Streit über die Natur des Nexum (s. in der Zeitschrift der Savigny-Stiftung f. R.-Gesch. Rom. Abt.: Mitteis, Bd. 22 S. 96f., Bekker 23 S. 1f., Lenel ebenda S. 84f. u. Bd. 25 S. 395f., Mommsen daselbst Bd. 23 S. 348f., Kübler Bd. 25 S. 254f., außerdem Schlossmann, Altrömisches Schuldrecht 1904 und Nexum 1904, Kleineidam, Die Personalexekution der XII Tafeln, 1904) kaum in Frage gestellt. Freilich zeigt sich in diesem Streit bei einigen Schriftstellern die Neigung, die Macht des Gläubigers auf einen dinglichen Verknechtungs- oder Verpfändungsvertrag zurückzuführen. So bei Mitteis, wenn er, unter Polemik gegen die von Huschke auf die publizistische Natur des Darlehnsnexum gegründete Exekutivkraft, im Nexum einen von der Darlehnshingabe völlig getrennten Akt der Selbstmanzipation des Schuldners erblickt, der den Fortgang der Personalexekution sistiert und das persönliche *dare oportere* durch die „quasi dingliche Knechtsgebundenheit“ ersetzt (a. a. O. S. 104f., 118f., 122—125); ferner bei Mommsen, wenn er, die Obligation der ältesten Zeit mit dem ältesten Nexum identifizierend, nicht nur das Darlehnsnexum, sondern die Obligation überhaupt auf den Grundbegriff des bedingten Selbstverkaufs zurückführt (a. a. O. S. 348/349). Auch Lenels Auffassung ist hierher zu rechnen, der unter Heranziehung germanistischer Analogien (*wadiatio* und Selbstverbürgung) den Ausgangspunkt der Obligation in der pfandartigen Einsetzung der Persönlichkeit durch das verschollene *vadimonium* der 12 Tafeln erblickt. Aber einmal scheinen mir speziell im römischen Recht erhebliche Gründe gegen solche Rückführung der Obligation (sei es überhaupt oder des Nexum im besonderen) auf einen seiner Natur nach dinglichen Begründungsakt zu sprechen (vgl. auch Bekker a. a. O. S. 22, Kübler S. 267f., 273f. und gegen die Idee der Selbstmanzipation Lenel selbst S. 84); andererseits erscheint doch auch bei diesen Schriftstellern die Herstellung der äußersten persönlichen Gebundenheit des Schuldners nicht als etwas der Obligation Fremdes, sondern als mit ihrem Wesen Übereinstimmendes (vgl. besonders Mommsen a. a. O. und seine Auffassung des jüngeren Nexum daselbst).

Die Idee der Lösung der Obligation tritt uns nun zunächst vollkommen ohne weitere Differenzierung entgegen. So umfaßt der älteste Solutionsbegriff die Befreiung von der Obligation, die Lösung des obligatorischen Bandes schlechthin; erkennbar begegnet er in dieser umfassenden Bedeutung im prätorischen Edikt, wo dieses, wie im Titel *de iudicatis* an älteres Recht (wohl an die Formel der *legis actio per manus iniectionem* s. Note 5) anknüpft. Hier soll das „*si non solverit*" des Edikts[4] nach sämtlichen Kommentaren der spätklassischen Zeit nicht nur die Erfüllung, sondern jedes Erlöschen der *obligatio iudicati* bedeuten.[5]

Aber bereits zur Zeit des alten Zivilrechts differenziert sich der Solutionsbegriff. Dem bekannten Gesetze der historischen Entwicklung folgend, spaltet sich eine engere, technische Bedeutung der *solutio* ab, welche diejenigen Akte umfaßt, die bestimmungsgemäß die Obligation zur Lösung bringen. Die Herrschaft der Form gestaltet sie aus in dem Sinne formeller Konkordanz mit dem Obligationsbegründungsakt, gemäß der Regel des alten Zivilrechts „*prout quidque contractum est, ita et solvi debet*" (l. 80 D. de solut. 46, 3). Damit gewinnt die *solutio* in diesem engeren Sinne den Charakter eines formellen, dem Obligationsbegründungsakt korrespondierenden, zweiseitigen Rechtsgeschäfts.

---

[4] S. über diese Klausel Lenel, Edictum perpetuum § 198 S. 329, Palingenesia I pag. 1073 Note 2.

[5] Sowohl Ulpian im 58. Buche seines Ediktskommentars (l. 4 § 7 D. re iud. 42, 1): „*solvisse accipere debemus non tantum eum qui solvit, verum omnem omnino, qui ea obligatione liberatus est, quae ex causa iudicati descendit*", als auch Paulus im 56. Buche des seinigen (l. 45 D. de solut. 46, 3, l. 47 D. de V. S. 50, 16) kommentieren das *ediktale* „*si non solverit*" in l. 4 § 3 de re iud. 42, 1 und stellen fest, daß nicht nur die Erfüllung im engeren Sinne, sondern jedes Erlöschen der *obligatio iudicati* den Schuldner vom Fortgang der Exekution befreit. Vgl. hierzu Lenel a. a. O. In dem gleichen umfassenden Sinne ist offenbar in der Formel der *legis actio per manus iniectionem* (Gai. Inst. IV § 21) das „*quandoc non solvisti*" zu verstehen. Und so läßt denn auch Ulpians Ausdrucksweise erkennen, daß er nicht auf eigene Faust eine Ausdehnung des Begriffs vornimmt, sondern den ursprünglichen Sprachgebrauch aufrecht erhält, um dem Sinne der älteren Rechtsquelle zu einer Zeit gerecht zu werden, in der der Sprachgebrauch ein engerer geworden war.

So wird die *per aes et libram* begründete Schuld in gleicher Weise aufgehoben (der *nexi obligatio* entspricht die *nexi liberatio*)[5a], die Begründung der Obligation durch solenne Worte in der Stipulation findet ihr Gegenstück in dem solennen Empfangsbekenntnis der *acceptilatio*. Ja, so tief sitzt den römischen Juristen diese Regel im Blute, daß sie auch da angewandt wird, wo die Begründung der Obligation gar nicht durch die Form, sondern durch ein materielles Element ausgezeichnet ist, wie bei den später in das Zivilrecht eingedrungenen Realkontrakten, oder gar, wo die Eigentümlichkeit des Begründungsaktes in der Abwesenheit der Form besteht, wie bei den Konsensualkontrakten.[6]

Dieser Standpunkt der Solutionslehre bedarf in verschiedenen Richtungen einer aufmerksamen Betrachtung. Es zeigt sich nämlich einmal, daß die alte Jurisprudenz eine einheitliche Erfüllungs-

---

[5a] Bekanntlich wird die *nexi liberatio* nicht allein zur Tilgung des *nexum* im engeren Sinne verwendet, sondern daneben zur Tilgung der Schuld aus Judikat und Damnationslegat, so daß, als das *nexum* im engeren Sinne aus dem Rechtsleben verschwand (Festus p. 165: *Nexum aes apud antiquos dicebatur pecunia, quae per nexum obligatur*), jene beiden Anwendungsweisen übrig blieben, s. Gai. Inst. III 173—175. Die Verwendung der *nexi liberatio* zur Tilgung des Damnationslegats ist, nach der von Mitteis, Zeitschrift der Savigny-Stiftung R. A. Bd. 22 S. 118 gegebenen, zweifellos richtigen Deutung die Konsequenz davon, daß sich der Begründungsakt beim Manzipationstestament als ein *gestum per aes et libram*, also als *nexum* in weiterem Sinne darstellt. (Manilius in der bekannten Varrostelle de L. L. 7, 105 „*omne quod per libram et aes geritur, in quo sint mancipia*" vgl. Festus p. 165 s. v. „*nexum est*", ebenso Gaius III 173 „*si quid eo nomine debeatur quod per aes et libram gestum sit*"). Die Verwendung zur Tilgung der Judikatsschuld läßt sich dagegen nicht auf den Gesichtspunkt der Korrespondenz von Begründungs- und Aufhebungsform zurückführen. Offenbar hat sich die Form hier aus der Zeit behauptet, da es noch kein gemünztes Geld gab und jede Zahlung des Libralaktes bedürftig war, s. Festus P. p. 208: „*Pendere poenas solvere significat, ab eo, quod aere gravi cum uterentur Romani penso eo, non numerato, debitum solvebant*". Abweichend hiervon sieht Schlossmann, Altrömisches Schuldrecht und Schuldverfahren, S. 110f., 116 in der sofortigen Liquidität der durch *nexi liberatio* zu tilgenden Ansprüche den historischen Grund für die Anwendung dieser Tilgungsart.

[6] l. 80 D. de solut. 46, 3 i. f. Grundlegend für die Erkenntnis der materiellen Verschiedenheit der beiden letzten Fälle, sowohl untereinander, als von den vorhergehenden: B. W. Leist, Wechselbeziehung zwischen dem Rechtsbegründungs- und dem Rechtsaufhebungsakte S. 8, 17f.

lehre nicht kennt. Jede Kontraktskategorie hat ihre besondere *solutio*, die von der Eigentümlichkeit des Begründungsaktes abhängig ist. Ferner: Es ist zweifellos, und neuerdings überwiegend anerkannt, daß im ältesten Recht nicht die Form an sich, sondern nur in ihrer Verbindung mit realer Leistung zur Tilgung der Obligation führt.[7] Für die *nexi liberatio* ist dies für die älteste Zeit, in welcher noch kein gemünztes Geld bestand, ohne weiteres dadurch evident, daß die Kupferbarren zugewogen werden mußten, so daß also Libralakt und Leistung notwendig zusammenfielen. Für die *acceptilatio* geht es daraus hervor, daß sie als Empfangsbekenntnis gefaßt ist, nicht als ein Rechtsgeschäft, welches ohne Bezugnahme der Parteien auf erfolgte reale Leistung ihren auf Tilgung der Obligation gerichteten Willen zum Ausdruck brächte.[8]

Aber gerade die Idee der Konkordanz von Begründungsakt

---

[7] Erman, Zur Geschichte der röm. Quittungen und Solutionsakte S. 56, 81; Karlowa, Röm. Rechtsgeschichte II S. 814; Sohm, Institutionen (11) § 89 S. 428; abweichend: Fitting, Natur der Korrealobligationen S. 42f.

[8] Vgl. hierzu Karlowa, Röm. Rechtsgeschichte S. 812f., 815. Karlowa geht aber meines Erachtens zu weit, wenn er im Hinblick auf diese Fassung der *acceptilatio* die Anwendbarkeit der Regel: „*prout quidque contractum est ita et solvi debet*" in Abrede stellt, mit der Begründung, daß die *acceptilatio* kein *in contrarium agere*, keine umgekehrte Stipulation, sondern eine *imaginaria solutio* darstelle und daß aus dieser Auffassung wichtige Konsequenzen gezogen worden seien. Letzteres läßt sich nicht bestreiten; aber auch die Regel „*prout quidque contractum est etc.*" hat, wie sofort im Texte auszuführen, entscheidend auf die Gestaltung der *acceptilatio* eingewirkt. Die erwähnte Regel hat keineswegs den mechanischen Sinn, daß bei der Tilgungsform Wort für Wort in direktem Gegensatze zur Begründungsform stehen müsse. (Über l. 14 D. de accept. 46, 4 vgl. Erman, Zur Geschichte der röm. Quittungen S. 43f.) Sie bedeutet nur, daß die besondere Art der Begründungsform (je nachdem Libralakt oder solenne Worte, in der Erweiterung der späteren römischen Juristen auch *res* und *consensus*) auch bei dem Tilgungsakte und zwar zur Kennzeichnung der Tilgungsbestimmung in die Erscheinung tritt. l. 8 § 3 D. 46, 4: „*acceptilatio enim verborum obligationem tollit quia et ipsa verbis fit*". Vgl. auch Leist, Über die Wechselbeziehung zwischen dem Rechtsbegründungs- und Rechtsaufhebungsakt bes. S. 15/16 und 27. Wenn ferner Karlowa die altzivile Natur der Regel in Frage stellt, weil sie sich formuliert erst bei den klassischen Juristen findet (a. a. O. S. 815), so ist zu erwidern, daß der äußere Nachweis der Formulierung entbehrt werden kann, wenn die ganze Gestalt der altzivilen Solutionslehre von dieser Regel beherrscht erscheint.

und Tilgungsakt der Obligation mußte auf dem Gebiet der Formalobligationen zu einer Spaltung zwischen dem formellen und materiellen Bestandteil des Tilgungsgeschäfts führen. Am deutlichsten tritt dies bei der Verbalobligation zutage. Denn der rein verbalen Begründung entspricht die rein verbale Tilgung; dieser Gesichtspunkt drängte dazu, der *acceptilatio*, ohne Rücksicht darauf, ob die reale Leistung hinzutrat, Tilgungswirkung zu verleihen; während also zunächst die *acceptilatio*, wie ihre Form als Empfangsbekenntnis zeigt, reale Leistung voraussetzte, führte die Idee des *contrarius actus* dazu, ihre tilgende Kraft unabhängig von der Hingabe der realen Leistung zu stellen.[9] Die gleiche Entwicklung zeigt sich bei der *nexi liberatio*. Hier wirkte die Tatsache, daß nach Einführung des gemünzten Geldes die Zahlung nicht mehr mit dem Libralakt zusammenfiel, sondern als *adnumeratio* außerhalb desselben stand, in der Richtung, die Ausgestaltung des formalen Bestandteils, des Libralaktes, zum selbständigen Tilgungsakt der Damnationsschuld zu ermöglichen. Hiernach können die Formen, welche ursprünglich nur der solennen Erfüllung dienten, nunmehr als Mittel solennen Erlasses verwendet werden. Letztere Funktion zeigt im späteren Rechte die Tendenz, den früheren Erfüllungscharakter der Akte zu überwuchern, ja zu verdrängen; Gaius behandelt in seinen Institutionen (III. 169—172) die Akzeptilation *ex professo* nur als Mittel solennen Erlasses, nicht mehr als das zur materiellen Erfüllung der Stipulationsschuld hinzutretende, die Form perfizierende Element. Ebenso steht bei ihm die *nexi liberatio* als Mittel solennen Erlasses der Schuld aus Judikat und Damnationslegat zum mindesten durchaus im Vordergrund.[10]

Hiernach unterstehen dem altzivilrechtlichen Solutionsbegriffe recht verschiedenartige Akte. Er umfaßt nicht nur solche Akte, bei denen der Schwerpunkt in der materiellen Befriedigung des Gläubigers liegt (z. B. die Rückzahlung der Darlehnsvaluta „*ut, cum*

---

[9] Das gleiche Ergebnis steht für die Tilgung der Literalschuld fest. Eine entsprechende Entwicklung läßt sich vermuten, vgl. Sohm, Inst. § 89 S. 429/430. Gewißheit ist bei der Dürftigkeit der Quellen nicht zu erlangen.

[10] Gai. III 173—175, 127. Vgl. dazu Eisele, Beiträge zur röm. Rechtsgeschichte S. 25—29.

re contraxerimus, re solvi debet" l. 80 D. 46, 3), sondern auch solche, bei denen die Tilgung lediglich auf dem in solenner Form geäußerten Parteiwillen beruht, wie die *acceptilatio*.[11]

Die formelle Konkordanz von Begründungs- und Tilgungsakt hält hier noch unter einem einheitlichen Gesichtspunkt zusammen, was vom materiellen Standpunkt aus betrachtet als Erlaß und Erfüllung auseinander tritt.

Das Fremdartige dieses dem alten Zivilrecht angehörigen Solutionsbegriffs beruht in der formalen Natur des Kriteriums, welches zur Heraushebung des normalen Tilgungsaktes der Obligation aus der Fülle der möglichen Erlöschungsgründe verwendet wird.

Die wichtigste Veränderung, welche mit dem Solutionsbegriff vor sich geht, besteht in der Aufstellung eines neuen, materiellen Kriteriums. Die Jurisprudenz setzt den Solutionsbegriff in Beziehung zum Inhalt der Obligation. Dies tritt klar zutage in der Definition der l. 176 D. de V. S. 50, 16 (Ulpian ad Sabinum):

„*solvere dicimus eum, qui fecit, quod facere promisit.*"

Hiermit ist das wesentliche Begriffsmoment formuliert, welches auch dem modernen Erfüllungsbegriff eigentümlich ist. Äußerungen dieses Rechtsgedankens finden sich aber viel früher.

Dem neueren Erfüllungsbegriffe — Tilgung der Schuld durch Erbringung der geschuldeten Leistung — ist in dem Augenblicke die Bahn gebrochen, in welchem der formlosen Realzahlung Tilgungskraft mit *ipso iure* Wirkung gegenüber der Formalobligation, besonders der den Verkehr beherrschenden Verbalobligation gegenüber zugestanden wird.

Bei der Bedeutung dieses Augenblickes wäre es wünschenswert, wenn der Zeitpunkt seines Eintritts wenigstens annähernd bestimmt werden könnte. Leider enthalten jedoch die Quellen

---

[11] Solche Subsumtion der *acceptilatio* unter die zivilrechtlich formalen Tilgungsakte wird dadurch nicht ausgeschlossen, daß l. 8 § 4 D. de accept. 46, 4 (übrigens mit einer gewissen Zurückhaltung) die *acceptilatio* als „*iuris gentium*" bezeichnet; sie ist es nur in dem Sinne, daß sie auch Peregrinen zugänglich gemacht worden ist, während sie in ihrer eigenartigen Form zweifellos dem römischen Rechtsleben entstammt: Erman, Zur Geschichte der Quittungen usw. S. 32; Kipp, Quellenkunde des römischen Rechts S. 127.

nur wenige zerstreute Andeutungen und so gehen die Meinungen über diesen Punkt sehr weit auseinander.[12]

So setzt KARLOWA den Zeitpunkt, in welchem die reale Leistung der Formalobligation gegenüber zivilrechtliche Wirkung erlangte, noch vor Q. Mucius (Konsul 659 d. St.), ERMAN (a. a. O. S. 75 f. 82) spätestens in die Zeit des Plautus (also um 500—570 d. St.); FITTING vermutet, daß zur Zeit des Q. Mucius diese Wirkung noch nicht eingetreten sei. VOIGT a. a. O. S. 34 rückt den erwähnten Moment in die Periode vom Beginn der Kaiserzeit bis zu Diokletian, MOMMSEN in die Zeit des Claudius.

Das wichtigste Quellenzeugnis ist enthalten in

l. 80. D. de solut. 46, 3. *Pomponius libro quarto ad Quintum Mucium. Prout quidque contractum est, ita et solvi debet: ut, cum re contraxerimus, re solvi debet: veluti cum mutuum dedimus, ut retro pecuniae tantundem solvi debeat. et cum verbis aliquid contraximus, vel re vel verbis obligatio solvi debet, verbis, veluti cum acceptum promissori fit, re, veluti cum solvit quod promisit. aeque cum emptio vel venditio vel locatio contracta est, quoniam consensu nudo contrahi potest, etiam dissensu contrario dissolvi potest.*

vgl. l. 46 D. 41, 2. Daraus läßt sich jedenfalls soviel entnehmen, daß zur Zeit des Pomponius die Tilgungskraft der Realsolution der Verbalobligation gegenüber feststand.

Ferner aber ist FITTING darin beizustimmen, daß der Bau der Stelle ein starkes Argument dafür gewährt, daß Pomponius in seiner Vorlage bei Q. Mucius den an die Spitze gestellten Gedanken noch rein, also auch mit Bezug auf die Verbalobli-

---

[12] Vgl. hierzu FITTING, Natur der Korrealobligationen S. 45 Note 50; B. W. LEIST, Wechselbeziehung zwischen dem Rechtsbegründungs- und dem Rechtsaufhebungsakte S. 13f., 15, 27; BEKKER, Aktionen I S. 29/31; M. VOIGT, Ius naturale III S. 340, 1033; HARTMANN, Die Obligation S. 29 Note 9; MOMMSEN, Hermes XII S. 109f.; ERMAN, Zur Geschichte der römischen Quittungen und Solutionsakte S. 75f.; EISELE, Beitr. zur röm. Rechtsgeschichte S. 18f.; FRESE, Zur Lehre v. d. Quittung, Zeitschr. der Savigny-Stiftung f. Rechtsgeschichte XVIII S. 241f.; KARLOWA, Rechtsgeschichte II S. 814f.; SOHM, Institutionen (11) § 89 S. 432; BEHREND, Beiträge zur Lehre von der Quittung S. 4; SCHLOSSMANN, Altrömisches Schuldrecht und Schuldverfahren S. 120f.

gation durchgeführt gefunden und das „*re*“ nur mit Rücksicht auf das Recht seiner Zeit eingeschoben habe. Denn gegenüber der gestellten Aufgabe, das „*prout quidque contractum est, ita et solvi debet*“ für die einzelnen Kategorien der Obligationsbegründung und -lösung durchzuführen, fällt das „*vel re vel verbis*“, bei der Lösung der Verbalobligation, wo doch nur „*verbis*“ zu erwarten wäre, vollkommen aus dem Gedankengang heraus. Dann hätte also Quintus Mucius zur Lösung der Verbalobligation die formlose Zahlung noch nicht genügen lassen, sondern das Hinzutreten der *acceptilatio* als formell perfizierendes Moment verlangt.

Hiernach würden die äußersten zeitlichen Grenzen für das Auftauchen des neuen Rechtsgedankens durch die Zeit des Q. Mucius Scaevola einerseits, des Pomponius andererseits bestimmt sein.

Karlowa (Röm. Rechtsgeschichte II, S. 815) freilich setzt, wie schon bemerkt, diesen Zeitpunkt noch vor Q. Mucius[13] mit der Begründung, daß die Verselbständigung der formellen Seite des Tilgungsgeschäfts in der *acceptilatio* die gleiche Verselbständigung des materiellen Bestandteils habe herbeiführen, d. h. die Anerkennung der Realsolution als zivilrechtlich wirksamen Tilgungsgrundes auch der Verbalobligation gegenüber sehr bald habe nach sich ziehen müssen; die *acceptilatio* sei aber als „*velut imaginaria solutio*“ schon zur Zeit der lex Aquilia anerkannt gewesen.

Diese Beweisführung ist jedoch nicht zwingend. Daß ein

---

[13] Ebenso Erman, Zur Geschichte der römischen Quittungen usw. § 17 S. 75f., mit Berufung darauf, daß schon zur Zeit des P. Mucius Scaevola, Vaters des Q. Mucius, die formlose Auszahlung von Partitionslegaten vorgekommen sein müsse, da (arg. Cic. de leg. 2, 20, 21) öfter der Rest eines teilweise ausgezahlten Partitionslegats nachträglich eingeklagt worden sei und solche Teilzahlung nicht in die Form der — stets die ganze Schuld tilgenden — *solutio per aes et libram* habe eingekleidet werden können. — Nichts spricht aber dafür, daß solcher formlosen Zahlung schon zu jener Zeit *ipso iure* Wirkung zukam. Pönalstipulation, später auch *condictio*, oder prätorischer Schutz erklären es, daß derartige Teilzahlungen trotz mangelnder *ipso iure* Wirkung geleistet wurden. Die Stellen aus Plautus' Asinaria (S. 78f. a. a. O.) beweisen schon deshalb nichts, weil sie bei der durchgängigen engen Anlehnung des Plautus an die grieschischen Originale seiner Komödien vermutlich griechische Verhältnisse überliefern, deren vollkommene Übereinstimmung mit den römischen zur Zeit des Plautus nicht wahrscheinlich ist, jedenfalls selbst erst des Beweises bedürftig wäre.

jugendliches, unter der Herrschaft des Formalismus stehendes Recht dazu gelangt, nicht nur der realen und zugleich rechtsförmlichen Erfüllung, sondern auch dem im *contrarius actus* sich manifestierenden Parteiwillen unmittelbare rechtliche Tilgungskraft zu verleihen ist durchaus verständlich. Wie aber daraus folgen soll, daß damit auch die formlose reale Leistung unmittelbare Tilgungskraft erlangen mußte, ist gar nicht abzusehen.

Solche Anerkennung des formlosen Realaktes wird erst in einer Periode erwartet werden können, in der die Herrschaft der Form schon gebrochen ist (vgl. unten S. 16). Ferner aber darf nicht angenommen werden, daß die *acceptilatio* und *nexi liberatio* in dem Augenblick, in dem sie die Funktion des Erlasses übernehmen konnten, weil ihre tilgende Wirkung von der realen Leistung nicht mehr abhängig war, alsbald den ausschließlichen Charakter des Erlaßvertrages angenommen hätten. Vielmehr konnten offenbar beide Formen geraume Zeit hindurch die Funktion des die reale Solution formell perfizierenden Aktes und die des selbständigen formellen Tilgungsgeschäftes in sich vereinigen. So ist es neuerdings durch Eisele wahrscheinlich gemacht worden, daß noch zu Gaius' Zeit die *nexi liberatio* nicht nur als formeller Erlaßvertrag vorkam, sondern in einer bestimmten Anwendung noch die wirklich geschehene Zahlung solennisierte: daß nämlich der Sponsor noch wirklich *per aes et libram* (durch *dependere* und *adnumerare*) die Schuld des Hauptschuldners tilgen mußte, wenn er für seinen Erstattungsanspruch gegen diesen die prozessualisch privilegierte *actio depensi* gewinnen wollte.[14]

Solche Doppelfunktion hatte sowohl bei der *nexi liberatio*, wie bei der *acceptilatio* dann nichts Bedenkliches, wenn der Schuldner sich bei realer Leistung neben dem Beweise für die Vornahme des formalen Tilgungsaktes auch den der wirklich geschehenen Zahlung sicherte.

Daß dies in der Tat geschah, scheint mir durch das eigentümliche Quittungsverfahren, welches die pompejanischen Wachs-

[14] Eisele, Beiträge zur römischen Rechtsgeschichte S. 28f. — Eine ähnliche (nicht die gleiche) Doppelfunktion findet sich im heutigen Recht bei der Quittung, indem ihre Erteilung nicht nur als Bestätigung wirklich geschehener Erfüllung, sondern auch als Erlaßvertrag verwendet werden kann.

tafeln uns enthüllen, trotz der gegen eine solche Deutung erhobenen Bedenken, in hohem Grade wahrscheinlich gemacht.[15] Wenn hier in aller Regel der Stipulationsschuldner sich die Quittung des Gläubigers in doppelter Form verschafft, nämlich einmal, im Nebenexemplar, als schriftliches Empfangsbekenntnis des Gläubigers, sodann, im Hauptexemplar, als Zeugenurkunde über ein mündliches

---

[15] Es handelt sich um die Diptychen und Triptychen, die bei den Ausgrabungen in Pompeji am 3. Juli 1875 gefunden wurden und welche seitdem vielfach besprochen und kommentiert worden sind. Nachrichten über verschiedene Ausgaben, von denen die in Bruns Fontes und die neueste von Zangemeister im Corpus inscriptionum latinarum Vol. IV, Supplementum I genannt seien, s. bei Erman, Zeitschr. der Savigny-Stiftung Bd. XX S. 172f.; Karlowa, Röm. Rechtsgeschichte I S. 798f. und Bruns, Zeitschr. für Rechtsgeschichte Bd. 13 S. 360f. Aus der Literatur ist hervorzuheben: Mommsen, Hermes XII S. 88f.; Bruns, Zeitschr. für Rechtsgeschichte Bd. 13 (1878 S. 360f.; Brunner, Zur Rechtsgeschichte der röm. und. germ. Urkunde 1880) S. 44f.; Erman, Zur Geschichte der römischen Quittungen und Solutionsakte, 1883; Karlowa, Röm. Rechtsgeschichte I (1885) S. 798f.; Behrend, Beiträge zur Lehre von der Quittung (1896) S. 1f.; Frese, Zeitschr. der Savigny-Stiftung für Rechtsgeschichte 18 (1897) S. 254f.; Erman, ebenda Bd. 20 (1899) S. 172f. Weitere Literatur bei Frese a. a. O. Nur die wichtigsten Punkte seien zum Verständnis des im Text Bemerkten hervorgehoben. Die Urkunden sind Quittungen über Zahlungen aus den Jahren 15—62 n. Chr., welche der Inhaber eines Bank- und Auktionsgeschäftes, L. Caecilius Jucundus geleistet hat, und beziehen sich größtenteils auf die Auszahlung des Auktionserlöses an die Personen, für deren Rechnung die Auktionen abgehalten wurden. Mit einer an Gewißheit grenzenden Wahrscheinlichkeit kann angenommen werden, daß Jucundus sich durch Stipulation zur Auszahlung des Erlöses abzüglich seines Auktionshonorars verpflichtet hatte. Es spricht dafür nicht nur die bekannte römische Rechtssitte, für welche uns ein direkt einschlägiges Zeugnis in l. 88 D. de solut. 46, 3 erhalten ist, sondern auch die Tatsache, daß Jucundus, der auf Kredit verkaufte, sich seinerseits die Käufer der zur Auktion gebrachten Gegenstände stipulationsweise verpflichtete. So kam es nach der richtigen, von Bruns a. a. O. S. 362 angedeuteten, von Behrend a. a. O. S. 2 näher ausgeführten Erklärung, daß in den Quittungsurkunden über die Stipulationsschuld des Jucundus durch die ständig auftretende Klausel: „*quae pecunia in stipulatum L. Caecili Jucundi venit ob auctionem, mercede minus*“ Bezug genommen wurde auf den von Jucundus seinerseits von den Käufern stipulierten Auktionserlös, den er, *mercede minus*, auf Grund seines Stipulationsversprechens abzuführen hatte. — Gegenüber andern bekannten Urkunden, namentlich den Siebenbürger Wachstafeln (Bd. III des Corpus inscriptionum latinarum) zeigen

Bekenntnis des Gläubigers, welches die für die Akzeptilation charakteristische Frage- und Antwortform an sich trägt, so fällt es schwer zu glauben, daß die Funktionen beider Urkunden vollkommen zusammengefallen seien. Weshalb sonst der Luxus der abweichenden Formulierung? Bei Berücksichtigung des Formal-

---

nun die pompejanischen eine wichtige Eigentümlichkeit: während bei jenen die *scriptura interior* und *exterior* wörtlich übereinstimmen, ist bei den pompejanischen Quittungen das innere Hauptexemplar fast durchgängig von der äußeren Urkunde, der *scriptura exterior*, in der Fassung verschieden. Und zwar ist in der überwiegenden Mehrzahl der Fälle das innere Hauptexemplar als *testatio* (Zeugenurkunde über eine mündliche Erklärung des Quittungleistenden) gefaßt und trägt den Typus „*dixit se numeratos (solutos, persolutos) habere*". Die *scriptura exterior* dagegen enthält ein schriftliches Empfangsbekenntnis des Gläubigers („*scripsi me accepisse*") und wird verschiedene Mal als *chirographum* bezeichnet. Die *testationes* tragen sieben Zeugensiegel oder mehr, die *chirographa* weniger, gewöhnlich drei. Auffallenderweise sind gerade diejenigen Quittungen, welche von Sklaven erteilt sind, entweder sowohl außen und innen als *chirographum* gefaßt, oder es ist wenigstens das als *testatio* redigierte Hauptexemplar auf den Namen des Herrn, nicht des Sklaven gestellt. Endlich ist fast durchgängig in der *scriptura exterior*, dem *chirographum*, auf die die Haupturkunde bildende *testatio* mit den Worten hingewiesen: „*ex interrogatione facta tabellarum signatarum*".

Die Erklärung für diese Eigentümlichkeit ist auf zwei verschiedenen Wegen gesucht worden: Von Mommsen und Karlowa durch die Charakterisierung der in den *testationes* bezeugten *dixit*-Quittungen als Akzeptilationen, denen die *chirographa* als einfache schriftliche Empfangsbekenntnisse gegenüberständen. Bruns dagegen, dessen Lehre Erman in den verschiedenen oben angeführten Schriften weiter ausgebaut hat, sieht in den *dixit*-Urkunden keine Akzeptilationen, sondern Zeugenurkunden über ein einfaches mündliches Empfangsbekenntnis. Für Mommsen spricht, daß sich vom Boden seiner Auffassung ungezwungen erklärt, daß die Sklavenquittungen nicht die *dixit*-Form an sich tragen: der Sklave kann nicht akzeptoferieren (l. 22 D. 46, 4); daß ferner die Klausel „*ex interrogatione facta tabellarum signatarum*" eine einleuchtende Beziehung auf die in Frage und Antwortform erfolgende Akzeptilation erhält (vgl. l. 1 D. de accept. 46, 4). Für Bruns und Erman fällt besonders der zuerst von Frese a. a. O. S. 256 hervorgehobene Umstand ins Gewicht, daß bei den erhaltenen Frauenquittungen die Konstatierung der *tutoris auctoritas* fehlt, welche doch nach Gai. II 85, III 171 bei der *acceptilatio* der Frauen erforderlich ist. Über den von ihnen erhobenen Einwand, daß der bloße im *chirographum* erfolgte Hinweis auf die Frage- und Antwortform des mündlichen Aktes keine genügende Beurkundung einer *acceptilatio* darstelle, s. den Text.

charakters der Stipulation liegt es sehr nahe, dem in mündlicher Frage und Antwort sich abspielenden Akte der Erklärung die Funktion formeller Resolvierung der zugrunde liegenden Verbalobligation zuzuschreiben.

Es ist nicht nötig, sich diese formelle Auflösung der Verbalobligation, welche auch bei hinzutretender Realzahlung noch beliebt wird, als abstrakten Erlaßvertrag, und die reale Zahlung als außerhalb des Geschäfts stehenden Rechtsgrund des Erlasses zu denken. Eine solche Auffassung wird nur dadurch nahegelegt, daß in der klassischen Jurisprudenz die *acceptilatio* allerdings in ausgeprägter Weise die Funktion des formellen Erlaßvertrages versieht, obwohl bisweilen (vgl. besonders l. 19 § 1 D. de accept. 46, 4) doch noch die frühere Doppelfunktion durchzuschimmern scheint. Vielmehr handelt es sich der überwiegenden Wahrscheinlichkeit nach bei den pompejanischen Wachstafeln um Quittungsurkunden, welche einerseits den Empfang des gezahlten Geldes bescheinigen, mit den Worten „*ex interrogatione facta tabellarum signatarum*“ aber zugleich darauf hinweisen, daß auch der Formvorschrift des Zivilrechts, dem „*verbis dissolvere*“ genügt worden ist. Bei dieser Auffassung erledigen sich zwei Einwendungen, die gegen Mommsens Ansicht (s. Note 15) nicht ohne Grund erhoben worden sind. Weil nämlich das „*verbis dissolvere*“ im Falle der Zahlung nur mehr als residuäre Form, nicht, wie beim verbalen Erlaßvertrag als Quelle der Tilgungswirkung empfunden wurde, konnte es genügen, durch die Floskel „*ex interrogatione facta tabellarum signatarum*“ beiläufig die Beobachtung der Formvorschrift zu konstatieren.[16]

Ferner erklärt sich hierdurch, daß die pompejanischen Frauenquittungen nicht die *tutoris auctoritas* enthalten, obgleich Gaius (Inst. II 85; III 171) diese Notwendigkeit für den Fall, daß eine Frau die Schuld durch *acceptilatio* erlassen will, scharf hervorhebt. Zum bloßen „*dissolvere*“ der Obligation durch Empfang-

---

[16] Eine schlagende Analogie gewährt der Umstand, daß beim Verfall der Stipulationsform an die Stelle der die Frageform selbst reproduzierenden Fassung: „*stipulatus est emtor, spopondit venditor*“ die Klausel: „*stipulatione et sponsione interposita*“ tritt (Brunner, Zur Rechtsgeschichte der röm. und germ. Urkunde S. 51). Vgl. auch l. 1, l. 10 C. de contr. et comm. stip. 8, 37 u. Paul. S. R. V 7 § 2.

nahme und formgerechte Quittierung über den Empfang der Leistung bedarf, wie Gaius ausdrücklich hervorhebt, die Frau der *auctoritas* des Tutors nicht: „*quia res nec mancipi*" (nämlich die zu tilgende Forderung) *a se dimittere mulieres etiam sine tutoris auctoritate possunt*"; nur der Umstand, daß sich beim akzeptilationsweisen Erlaß zu dem *dissolvere* durch Verbalakt keine reale Leistung gesellt, macht die *auctoritas* des Tutors erforderlich. Die Form des „*verbis dissolvere*" ist hiernach in den pompejanischen Quittungen nur in erheblicher Abschwächung noch lebendig; nimmt man hinzu, daß in gewissen Fällen unter Weglassung des Verbalaktes rein chirographarische Quittung geleistet worden ist, so scheint nach den pompejanischen Quittungen die reale Leistung die Verbalobligation bereits wenigstens „*naturaliter*" resolviert zu haben, während der Vorsicht halber, um der Form voll Genüge zu leisten („*civiliter*") der lösende Verbalakt hinzutreten mochte. Ein schlechthin entscheidender Beweis ist damit freilich noch nicht geliefert.

Innere Anhaltspunkte zur Bestimmung der Zeit, in welcher die formlose Realzahlung Tilgungswirkung gegenüber der Formalobligation erlangte, finden sich aber folgende:

Wahrscheinlich etwa von der Mitte des sechsten Jahrhunderts der St. an werden das *mutuum* und die sonstigen Fälle realer, auf Rückgabe gerichteter Obligationen als zivilrechtlich wirksame Kontrakte anerkannt.[17] Von diesem Augenblick an erscheint erstmalig die zur Tilgung dieser Kontrakte bewirkte formlose Realzahlung als Tilgungsgrund nach Zivilrecht, vermöge des Satzes „*prout quidque contractum, ita et solvi debet*". Hier haben wir offenbar das Einfallstor vor uns, durch welches die formlose Zahlung in das Gebiet des Zivilrechts eindringen konnte. Vor der Aufnahme der Realkontrakte in das Zivilrecht wird daher eine zivilrechtliche Wirkung formloser Realzahlung überhaupt nicht anzunehmen sein, nach ihrem Eindringen zunächst erst den Realkontrakten gegenüber. Den Formalkontrakten gegenüber dürfte nach FITTINGs gut begründeter Annahme[18] die Realzahlung

---

[17] Vgl. VOIGT, Ius naturale III S. 310, 265f.; BRINZ, Pand. II § 219 S. 41; abweichend HUSCHKE, Darlehen S. 6 Note 1.

[18] Natur der Korrealobligationen S. 46 Note 50; vgl. auch VOIGT, Ius

geraume Zeit hindurch die Befreiung nur *ope exceptionis* herbeigeführt haben.

Andererseits gewährt eine obere Grenze die Nachricht über die Kontroverse, welche sich auf die *ipso iure* Wirkung der *datio in solutum* bezog. Sobald nämlich bezüglich der Annahme an Zahlungsstatt die Frage auftauchen konnte, ob sie *ipso iure* wirke, wie die *solutio*, oder nur *ope exceptionis* (Gai. III 168), mußte die durchgängige *ipso iure* Wirkung der Zahlung als formlosen Realaktes bereits feststehen. Die erwähnte Kontroverse reicht aber wahrscheinlich bis in das erste Jahrhundert der christlichen Zeitrechnung zurück.[19] Überhaupt häufen sich in dieser Zeit die Momente, aus denen geschlossen werden kann, daß der formlose Realakt Tilgungskraft auch der Formalobligation gegenüber erreicht hatte.[20] Hierher gehört zunächst, daß seit dem ersten Jahrhundert der christlichen Zeitrechnung aus dem griechischen Rechte die *apocha* eindringt.[21]

Sie wird, nach dem allerdings späteren, aber durch einen Teil der pompejanischen Quittungen schon für das erste christliche Jahrhundert als richtig erwiesenen Zeugnisse Ulpians in l. 19 § 1 D. 46, 4 vielfach statt der *acceptilatio* bei der Lösung der Verbalobligation verwendet; sobald dies in größerem Umfange geschah, wurde offenbar die solenne Lösung durch *acceptilatio* nicht mehr als nötig empfunden. Endlich sei daran erinnert, daß um dieselbe Zeit (die Wende des ersten nachchristlichen Jahrhunderts) die formlose Realleistung auf dem Gebiete der Obligationsbegründung sich anschickt, in der Form des Synallagmas durchgängig zivilrechtliche Kraft zu gewinnen (es handelt sich um die Lehre Aristos, welcher in Fortbildung eines labeonischen Gedankens an das Synallagma eine zivilrechtliche Klage knüpft).[21a]

---

naturale III S. 1033 Note 1614a und neuerdings Schlossmann, Altrömisches Schuldverfahren (1904) S. 120.

[19] Vgl. darüber unten § 4.

[20] Wenigstens der Verbalobligation gegenüber. Für die Aufhebung der Judikatsschuld scheint die Frage zweifelhafter. Möglich, daß hier noch länger zur vollkommenen zivilrechtlichen Tilgung der Libralakt erforderlich war. Vgl. Eisele, Beitr. S. 31; Schlossmann, a. a. O. S. 121.

[21] Nachweise bei Behrend, Beitr. z. Lehre v. d. Quittung S. 13.

[21a] l. 7 § 2 D. de pact. 2, 14, vgl. l. 19 D. de V. S. 50, 16; dazu A. Pernice, Parerga in der Zeitschr. der Savigny-Stiftung f. Rechtsgeschichte Bd. 9 S. 219.

Entsprechende zivilrechtliche Kraft der formlosen Realleistung auch auf dem Gebiete der Obligationstilgung beizumessen, lag somit durchaus im Geiste der Zeit. In diese Zeit und zwar wahrscheinlich schon in den Beginn der Kaiserzeit ist daher meines Erachtens das Auftauchen des neuen Erfüllungsgedankens zu setzen.[22]

Es wäre aber irrig, zu glauben, daß er sofort die Herrschaft über das Rechtsleben angetreten hätte. Die Entwicklung vollzieht sich vielmehr auf demselben Wege, wie überall im römischen Rechte. Der altzivile Begriff der *solutio* als des formellen, dem Begründungsakt der Obligation korrespondierenden Tilgungsgeschäfts verschwindet keineswegs sofort und völlig aus dem Rechtsleben. Vielmehr kann sich der neue Begriff des formlosen Realaktes zunächst nur als *solutio* im naturalen Sinne daneben Geltung erringen. Beide finden sich in den Quellen nebeneinander. Derselbe Jurist (Pomponius), der in l. 107 D. de solut. 46, 3 die Zahlung als naturale Tilgungsart der Verbalobligation in Gegensatz bringt zur *acceptilatio* als ziviler, bezeichnet in l. 80 eod. tit. die Akzeptilation selbst als Solutionsakt, kennt also die *solutio* sowohl als formelles Tilgungsgeschäft, wie als die von der Form entbundene Befriedigung des Gläubigers.

Die Einsicht in diese Begriffsevolution ist besonders deshalb von Bedeutung, weil der zivile Solutionsbegriff in wichtigen Punkten auf den naturalen eingewirkt hat; einmal stammt aus dem älteren Begriff die Auffassung der Erfüllung als eines zweiseitigen Rechtsgeschäfts, unter deren Einwirkung zum großen Teil noch die heutige Doktrin steht.[23] Sodann erklärt sich hieraus die vorwiegende Rolle, welche dem Willensmomente noch im späteren

[22] Die hier vertretene Meinung kommt am nächsten der MOMMSENS und VOIGTS (oben S. 9). — Auffälligerweise formuliert Ulpian den neuen materiellen Solutionsbegriff „*facere, quod facere promisit*“ an der Stelle (nämlich im 45. Buche) seines Kommentars zu Sabinus, wo er im Anschluß an diesen die Verbalobligation behandelt, (vgl. LENEL, Palingenesia II p. 1180). Sollte die Definition schon Sabinus gehören, oder Ulpian sie wenigstens im Anschluß an die ihm vorliegende Meinung des Sabinus aufgestellt haben?

[23] Dies ist im Vorbeigehen schon von HARTMANN, Obligation S. 30 bemerkt worden. Vgl. auch KOHLER, Zwölf Studien zum B.G.B. S. 124.

römischen Erfüllungsbegriffe zukommt, während an sich die Idee der Erbringung der geschuldeten Leistung, das „*fecit quod facere promisit*“, den Ton auf das reale Moment der Bewirkung der geschuldeten Leistung legt. Einen charakteristischen Beleg hierfür liefert die

l. 67 D. de solut. 46, 3 *Marcellus libro tertio decimo digestorum. Si quis duos homines promiserit et Stichum solverit, poterit eiusdem Stichi dominium postea consecutus dando liberari. in nummis minor vel prope nulla dubitatio est: nam et apud Alfenum Servius eum, qui minus a debitore suo accipere et liberare eum vellet, respondit posse saepius aliquos nummos accipiendo ab eo eique retro dando ac rursus accipiendo id efficere: veluti, si centum debitorem decem acceptis liberare creditor velit, ut, cum decem acceperit, eadem ei retro reddat, mox ab eo accipiat ac novissime retineat: etsi in dubitationem a quibusdam hoc male deducatur, quod non possit videri is qui ita accepit, ut ei a quo accepit retro reddat, solvisse potius quam decessisse.*

Nach diesem Fragment soll die Erfüllung einer Gattungsschuld von 100 in der Weise geschehen können, daß der Schuldner zehnmal mit immer denselben Münzen 10 zahlt, welche der Gläubiger neunmal zurückgibt und nur das letzte Mal behält. Darin offenbart sich deutlich, daß trotz des anscheinend zugrunde liegenden materiellen Gesichtspunkts der Erbringung der geschuldeten Leistung es in Wahrheit der auf die Lösung des obligatorischen Bandes gerichtete Wille der Obligationssubjekte ist, welcher die Tilgung der Obligation bewirkt. Denn die 10, welche hier zehnmal hintereinander zur Erfüllung aufmarschieren, gewähren dem Gläubiger materielle Befriedigung doch nur nach Höhe von 10. Darüber hinaus beruht die Tilgung darauf, daß der Gläubiger den Schuldner in stand setzt, ein und dieselben Münzen mehrmals hintereinander zur Teilzahlung zu verwenden, also nicht auf dem Befriedigungseffekt (vgl. l. 55 D. de solut. 46, 3) sondern auf dem Willen des Gläubigers. Von dem modernen, auf das reale Moment Gewicht legenden Erfüllungsbegriffe aus sind wir zu der Auffassung berechtigt, daß hier keine Erfüllung, vielmehr teilweiser Erlaß vorliegt. Dieselbe Meinung fand, wie der Schluß unserer Stelle ausweist, schon unter den römischen Juristen Vertreter, ohne daß sie jedoch durchdringen konnte.[24]

Überhaupt finden manche Stellen, welche der von dem modernen Erfüllungsbegriff ausgehenden Betrachtung Schwierigkeiten in den Weg legen, eine ungezwungene Lösung, wenn beachtet wird, daß sie unter der Herrschaft des älteren Solutionsbegriffes entstanden sind.

Hierher gehört namentlich die

l. 91 D. de solut. 46, 3 *Labeo libro sexto pithanon a Paulo epitomatorum. Si debitor tuus non vult a te liberari et praesens est, non potest invitus a te solvi. Paulus: immo debitorem tuum etiam praesentem etiam invitum liberare ita poteris supponendo, a quo debitum novandi causa stipuleris: quod etiamsi acceptum non feceris, tamen statim, quod ad te attinet, res peribit: nam et petentem te doli mali praescriptio excludet.*

Sie hat einen merklichen Druck auf die Lehre von der Tilgung der Obligation durch Leistung eines Dritten ausgeübt, da sie dem sonst anerkannten Satze, daß bei nicht höchstpersönlicher Leistung diese auch von einem Dritten mit Tilgungswirkung erbracht werden könne, entgegenzustehen scheint. Die Besprechung der Stelle durch Oertmann im CA. 82 S. 389/390 gewährt ein deutliches Bild der hier auftauchenden Schwierigkeiten. Noch Eisele in seinen so viel Förderndes enthaltenden Beiträgen zur Röm. Rechtsgeschichte S. 36 Note 20 nennt den ersten Satz der l. 91 „rätselhaft". Die vermutungsweise von ihm gegebene Deutung, es scheine, daß der Schuldner, für den ein Sponsor zum *dependere* bereit gewesen sei, mündlich habe widersprechen müssen, wenn er es habe vermeiden wollen, daß die vom Sponsor gezahlte Schuld annunmehr als ihm gegenüber festgestellt gelte, kann ich nicht annehmen. Ob die eigene Erklärung der Beziehung des Labeonischen Ausspruchs sich Freunde erwerben wird, vermag ich nicht

[24] Hierbei kann dahingestellt bleiben, ob die Stelle sich ursprünglich, wie Schlossmann, Jherings Jahrb. f. Dogm. Bd. 44 S. 388 Note 2 annimmt, auf die *nexi liberatio* bezog. Ist dem so — und die Ausführungen Schlossmanns machen es wahrscheinlich —, so ergibt sich um so deutlicher, wie sehr die alte Solutionstheorie die spätere beeinflußt hat.

vorauszusehen; immerhin glaube ich, daß sie gewisse Schwierigkeiten beseitigt.

Fragt man sich, welche Kategorie von Gläubigern zu Labeos Zeit ein vorzugsweises Interesse daran hatte, ihren Schuldner auch gegen seinen Willen zu befreien, so liegt die Antwort in dem, was Cicero de legibus II 19—21 (48—53) über die *sacra* bemerkt. In erster Linie hafteten für die *sacra* die Erben, daneben aber in mannigfacher Abstufung auch andere Personen, namentlich die Legatare, wenn sie ebensoviel als sämtliche Erben aus der Erbschaft erworben hatten. Aber die Pontifikaljurisprudenz zeigte den Bedachten Mittel und Wege, auf denen sie sich der unbequemen Last der *sacra* entziehen konnten.

Das eine dieser Mittel war, daß die Legatare den Erben — ihren Schuldner aus dem Damnationslegat — *per aes et libram* befreiten (vgl. Gai. III, 175) und sich das vermachte Geld sofort stipulationsweise wieder versprechen ließen; dann lag die Sache so „*quasi ea pecunia legata non esset*", es wurde ja nunmehr aus der Stipulation geschuldet. Dieser Weg, der die Mitwirkung des Erben voraussetzt, war nach dem Erwerbe der mit der Last der *sacra* verbundenen testamentarischen Zuwendung der einzige für den Bedachten noch gangbare. Wie, wenn der Erbe sich zu solcher Mitwirkung nicht verstand, und zwar selbst dann nicht, wenn der Vermächtnisnehmer bereit war, auf das Vermächtnis überhaupt zu verzichten, um nur von den *sacra* loszukommen? Hier lag der Gedanke nahe, die Mitwirkung des Schuldners auf dem den Römern so geläufigen Wege (vgl. l. 13 § 10 D. de accept. 46, 4) zu umgehen, daß ein Dritter die Legatsschuld expromittierte und der Legatar ihm akzeptoferierte. Die Entscheidung des Labeo zeigt, wenn sie sich auf einen derartigen Fall bezieht,[25] daß er die Novation als vollgültigen juristischen Tilgungsakt der Damnationsschuld gegenüber noch nicht anerkennt.[26] Die *expromissio* seitens eines Dritten kann den Erben

[25] Dafür, daß Labeo den Libralakt im Sinne hat, spricht — was schon Eisele für seine Deutung angerufen — die Wendung „*a te solvi*", welche der Formel der *liberatio per aes et libram* entspricht. Diese aber ist die normale Tilgungsweise des Damnationslegats: Gai. III 175.

[26] Dies wäre eine weitere Bestätigung des S. 16/17 vertretenen Standpunkts.

nicht befreien, weil sie die *liberatio per aes et libram* nicht zu ersetzen vermag. Folglich kann auch keine Befreiung des Legatars von den *sacra* eintreten.[27] Die Eigentümlichkeit der Entscheidung erklärt sich also meines Erachtens daraus, daß Labeo überhaupt nur eine solche Befreiungsmöglichkeit des Schuldners im Auge hatte, welche dem Gläubiger-Legatar die Last der *sacra* abnahm. Abweichend hiervon steht zur klassischen Zeit die Möglichkeit fest, Schulden jeder Art durch einfache Novation mit darauffolgender Akzeptilation zu tilgen.[28] Die Note des Paulus gibt diesem veränderten Rechtszustand Ausdruck.

Das Ergebnis der letzten Erörterungen läßt sich dahin zusammenfassen, daß der reale Solutionsbegriff der Quellen nicht frei ist von Einwirkungen, welche der solenne Obligationstilgungsakt auf ihn ausgeübt hat; namentlich in der Richtung vorwiegender Betonung des rechtsgeschäftlichen und des Willenselements ist er beeinflußt worden. Hiermit sind aber die positivrechtlichen Momente, welche auf die Solutionslehre gewirkt haben, nicht erschöpft. Bei der nahen Beziehung, in welcher die *solutio* zur Obligation als deren bestimmungsgemäßer Tilgung steht, ist es vor allem erforderlich, das Verhältnis dieser beiden Begriffe ins Auge zu fassen.

§ 2.

Das Verhältnis des Solutionsbegriffs zur *obligatio*.

I. Die Auffassung der *obligatio* bewegt sich zwischen zwei verschiedenen Polen, je nachdem das Gewicht gelegt wird auf den der Obligation immanenten Zwangsapparat, welchem der Schuldner für den Fall der Nichtleistung verfallen ist, oder auf die Natur des Schuldners, als eines willensfähigen, seine Schuld als eine Verpflichtung fühlenden Wesens. Von dem ersten Stand-

---

[27] Daß diese Frage zu den in der juristischen Literatur vielventilierten gehörte, bezeugt uns Cicero de leg. II 19 (48); daß sie der schriftstellerischen Tätigkeit Labeos nicht fern lag, sein großes Werk über das *ius pontificium*.

[28] Vgl. Gai. Inst. III 176—179, l. 1 § 1, l. 2 D. de novat. 46, 2, l. 4 § 4 D. de re iud. 42, 1.

punkt aus ist die Obligation im wesentlichen Haftung, der Schuldner ist seinem persönlichen oder doch seinem vermögensrechtlichen Schicksal nach abhängig von der Erbringung der Leistung, oder, wie Brinz, der Hauptbegründer der Haftungstheorie es ausdrückt: der Schuldner ist für den Fall der Nichtleistung dem Gläubiger zur Satisfaktion zu dienen rechtlich bestimmt.[1] Vom zweiten Standpunkt aus stellt sich die Obligation dar als eine (beschränkte) Willensherrschaft des Gläubigers über den Schuldner, von welcher dieser sich durch Erbringung der Leistung befreien kann und soll. Diese verschiedene Fassung des Obligationsbegriffs kann nicht ohne Rückwirkung auf den Solutionsbegriff bleiben.

Ist nämlich die Obligation im wesentlichen Haftung, so tritt die Bedeutung der freien Handlung des Schuldners nicht nur für den Inhalt der Obligation, sondern auch für die Erfüllung zurück.

Für den Inhalt der Obligation läßt sich dies aus den Ergebnissen, zu denen Brinz in folgerichtiger Entwicklung des Haftungsbegriffs gelangt ist, leicht nachweisen.[2] Ihm erscheint die Bindung des Willens des Schuldners nicht als primäres und wesentliches Begriffselement der *obligatio*, sondern sinkt zu einer bloßen Reflexwirkung der Haftung herab[3]; die Nichterfüllung der Obligation ist keine Verletzung eines an den Schuldner gerichteten Rechtsgebots, sondern ein Ereignis, welches seine Persönlichkeit dem Gläubiger als Satisfaktionsobjekt ausliefert. Und die Verbindung zwischen Haftung und Schuldnerwillen kann nur auf dem Wege hergestellt werden, daß durch die Aussicht, im Falle der Nichtleistung als Satisfaktionsobjekt dienen zu müssen, ein Druck auf den Willen des Schuldners ausgeübt wird, welcher seine Lage als die einer „relativen Notwendigkeit" erscheinen läßt.

Was aber in der Literatur bisher nicht hinreichend hervorgehoben worden ist, ist die besondere Richtung, in welche der Solutionsbegriff durch einen derartigen Obligationsbegriff getrieben

[1] Pandekten II (2. Aufl.) § 210 S. 9; vgl. § 207 S. 3.

[2] Vgl. Brinz a. a. O. § 214 S. 20f.

[3] Vgl. meine Theorie der Konfusion S. 38 und Siber, Rechtszwang im Schuldverhältnis S. 2.

werden muß. Die *solutio* erscheint von hier aus nicht in erster Linie als Verwirklichung der dem Schuldner obliegenden Verpflichtung, sondern als bestimmungsgemäße Lösung seiner Haftung. Von hier aus fällt Licht auf einen Punkt, der der modernen Erfüllungslehre stets besonders große Schwierigkeiten bereitet hat.

Faßt man nämlich die Erfüllung als das „*fecit quod facere promisit*", so erhebt sich die Frage, wie die von einem Dritten bewirkte Leistung Erfüllung sein kann. Sie ist ja nicht Realisation der der Obligation immanenten Verpflichtung, weil der Dritte in keiner Weise verpflichtet ist. Und doch bezeichnen die Quellen auch die vom Dritten durch seine Leistung bewirkte Tilgung der Obligation anstandslos als *solutio*.[3a] Man kann dieser Schwierigkeit auch nicht durch die Annahme entgehen, daß der Dritte lediglich als Bote oder als Stellvertreter des Schuldners leiste. Denn die Quellen sprechen von *solvere* und *solutio* auch da, wo die Leistung seitens des Dritten ohne, ja gegen den Willen des Schuldners bewirkt wird, ohne daß *ratihabitio* nötig, oder auch nur ins Auge gefaßt worden ist.

Geht man dagegen von einem Solutionsbegriffe aus, welcher sich darstellt als bestimmungsgemäße Lösung der Haftung, so ist kein Grund einzusehen, weshalb diese Lösung nur durch den Schuldner und nicht auch durch einen Dritten solle erfolgen können. Denn bei der Parallelbildung auf sachenrechtlichem Gebiete, der *obligatio rei*, tritt aufs deutlichste hervor, wie wenig in der Haftungsidee als solcher die Nötigung zu der Annahme liegt, daß die Lösung der Haftung durch das Haftungsobjekt selbst erfolgen müsse. Von dieser Auffassung aus scheint sich also eine befriedigende Erklärung der Tatsache zu ergeben, daß die römischen Quellen von „*solvere*" und „*solutio*" in dem erwähnten engeren Sinne auch da sprechen, wo nicht der Schuldner selbst, sondern ein Dritter für ihn leistet, und zwar auch dann, wenn diese Leistung ohne, ja selbst gegen den Willen des Schuldners bewirkt wird.

[3a] Vgl. l. 23 D. de solut: „*Solutione vel iudicium pro nobis accipiendo et inviti et ignorantes liberari possumus*"; l. 40 eod: „*Si pro me quis solverit*"; l. 53: „*Solvere pro ignorante et invito cuique licet.*"

In ganz anderer Richtung wirkt offenbar die Auffassung der Obligation als einer dem Schuldner obliegenden Verpflichtung auf den Erfüllungsbegriff ein. Von diesem Standpunkt aus liegt dem Schuldner nicht, wie bei der Haftungsidee, primär ein bloßes Dulden im Falle der Nichtleistung ob; es erscheint vielmehr als seine ihm obliegende Rechtspflicht, sein Verhalten dem Inhalt der Obligation gemäß zu bestimmen; bei den auf ein Tun gerichteten Obligationen also, den Gläubiger durch aktives Tätigwerden zufrieden zu stellen. Hieraus ergibt sich die Tendenz, den technischen Erfüllungsbegriff auszugestalten im Sinne der Realisierung der schuldnerischen Verpflichtung. Von diesem Standpunkt aus begegnet die Subsumtion der durch einen Dritten bewirkten Leistung unter den technischen Erfüllungsbegriff aus den soeben dargelegten Gründen wenigstens dann Schwierigkeiten, wenn der Dritte nicht als Vertreter des Schuldners, sondern in eigenem Namen zur Tilgung der Obligation leistet. Denn die Leistung des Dritten kann, mag sie auch dem Gläubiger wirtschaftlich dasselbe verschaffen, wie wenn der Schuldner selbst geleistet hätte, doch nicht als Konkretisierung der Verpflichtung aufgefaßt werden, die nur dem Schuldner, nicht dem Dritten obliegt.[4]

Andererseits ergibt sich aus dieser Auffassung der Obligation ein starker Antrieb, den Begriff der Erfüllung nicht auf die vertragsmäßige Lösung der Obligation zu beschränken, sondern ihn auf alle Akte auszudehnen, durch welche der Schuldner, und sei es auch einseitig, seine Verpflichtung realisiert.[5] Denn der Obligationsinhalt ist ja keineswegs durchgängig so beschaffen, daß zur Erbringung der Leistung stets ein zweiseitiges Rechtsgeschäft

[4] Die Literatur hat in einer den Quellen sicherlich nicht entsprechenden Weise (s. § 3) diese Schwierigkeit mit Hilfe des Zweckgesichtspunkts zu beseitigen gesucht. Vgl. etwa G. Hartmann, Die Obligation S. 32/33, 65; A. Pernice in Goldschmidts Zeitschr. f. Hand.-R. Bd. 21 S. 322 und Windscheid, Pand. II § 250 Note 2: „Ich möchte glauben, daß in allen Fällen, wo die Obligation durch ein Bekommensollen des Gläubigers getilgt wird, welches nicht direkt oder indirekt vom Schuldner ausgeht, dies eine Konsequenz nicht aus dem Begriffe, sondern aus dem Zweck der Obligation sei.“

[5] Vgl. das „*operas solvere*“ der l. 26 § 12 D. 12, 6.

erforderlich wäre; handelt es sich z. B. um eine faktische Dienstleistung, um das Holen einer Sache, das Pflanzen von Bäumen, so bedarf es zur Konkretisierung des Obligationsinhalts nur der einseitigen Leistung des Schuldners.

Setzen wir nun die Konsequenzen, die sich aus der verschiedenen Auffassung des Obligationsbegriffs für den Solutionsbegriff ergeben, zu den im § 1 entwickelten historischen Grundgedanken der Solutionslehre in Beziehung, so liegt auf der Hand, wie sehr sich der ältere Solutionsbegriff als adäquater Ausdruck der Haftungsidee, der jüngere als der der Verpflichtungsidee darstellt. Der erstere ist formalisierte Lösung der Haftung, der zweite Realisation der Verpflichtung. Die nähere Determination, welche der ältere Solutionsbegriff aus dem Inhalt der Obligation nicht entnehmen kann, gewinnt er von außen durch die rechtsförmliche Gestaltung der Solutionsakte. Der verinnerlichte Solutionsbegriff, welcher sich als Verwirklichung des Obligationsinhalts, Konkretisierung der Schuldnerverpflichtung darstellt, bedarf keinerlei Form, ja, die Idee der Verwirklichung des Obligationsinhalts treibt ihn da, wo die geschuldete Leistung in einer faktischen Handlung besteht, über die Grenzen des Rechtsgeschäfts hinaus.

So bestätigt der Gang der Solutionslehre diejenige Ansicht, welche eine Entwicklung des Obligationsbegriffs in dem Sinne annimmt, daß die Haftungsidee den Ausgangspunkt für den Obligationsbegriff gebildet hat, daß aber im entwickelten Recht unter teilweiser Verdrängung dieses ursprünglichen Gedankens das Moment der ethischen Verpflichtung des Schuldners immer schärfer hervorgetreten ist. In der Tat tritt die Haftungsidee aufs deutlichste zutage in der nach dem ältesten Rechte begründeten Befugnis des Gläubigers, sich im Falle der Nichtleistung aus der Person des Schuldners durch Tötung oder Verkauf zu befriedigen; sie spiegelt sich wider in der Ausgestaltung der zivilen *solutio* zum solennen, die Gebundenheit des Schuldners lösenden Rechtsgeschäft; sie gewährt zugleich eine ungezwungene Erklärung dafür, daß die Leistung eines Dritten behufs Befreiung des Schuldners nicht als ein der Erfüllung lediglich gleichgestellter Akt, sondern als Erfüllung selbst erscheint. Je mehr aber mit der Änderung des Exekutionsrechts die unmittelbare Gewalt des Gläubigers über den Schuldner schwand, um so mehr mußte die Lage des Schuldners die Ähnlichkeit mit einer sachenrechtlichen Unterworfenheit verlieren, um so mehr die besondere Natur des Haftungsobjekts als einer haftenden Person hervortreten und schließlich das Wesen der Obligation in einer Verpflichtung dieser Person gefunden werden.[6] Erst nachdem dieses Hervortreten des ethischen Momentes sich vollzogen hatte, war der Übergang zu der Idee eines Solutionsakts möglich, welcher seine tilgende Kraft nicht aus der Form, sondern aus der Realisation der schuldnerischen Verpflichtung entnimmt.

II. Diese Grundgedanken sind noch an einigen wichtigen Fragen der Erfüllungslehre zu prüfen.

1. Der Satz, daß ein Dritter die (nicht höchstpersönliche) Obligation wirksam erfüllen kann, tritt in einer bestimmten Anwendungsform schon bei der *nexi liberatio* auf. Hier erscheint wenigstens in dem Stadium, in welchem die Haftung des Schuldners am stärksten hervortritt, nämlich wenn bereits die *manus iniectio* gegen ihn vollzogen worden ist, die *depensio* — die *solutio* per *aes et libram* seitens eines Dritten — von vornherein als echte Erfüllung.[7]

---

[6] Vgl. hierzu neuestens Bekker in der Zeitschr. der Savigny-Stiftung f. R.-Gesch. Bd. 23 S. 12 und Siber, Rechtszwang im Schuldverhältnis S. 1f., 5f.

[7] Liv. VI, 14, 3: *centurionem ... iudicatum pecuniae cum duci vidisset, medio foro cum caterva sua accurrit et manum iniecit. ... Inde rem creditori palam populo solvit libraque et aere liberatum emittit.* Ob der Solutionscharakter der *depensio* auf den Fall der Zahlung durch *praes*, *vas*, *vindex* oder *sponsor* beschränkt gewesen ist, erscheint fraglich. Voigt behauptet es, indem er von der Meinung ausgeht, daß in anderen Fällen der *depensio* durch einen Dritten die Tilgung mit *ipso iure*-Wirkung nicht auf der *depensio* als solcher, sondern auf dem *pactum* zwischen Gläubiger und Dritten beruht habe (Voigt, XII Tafeln I § 57 D. S. 564; II § 118 S. 454/455, § 125 S. 495/496), woraus er (Bd. I S. 564 D) folgert, daß hier „der Konsens des Gläubigers" erforderlich gewesen sei. Aus dem von Voigt beigebrachten Quellenmaterial folgt dies aber meines Erachtens direkt nicht. Wie es scheint, beruht die These Voigts auf der Erwägung, daß dem interzedierenden Dritten, der nicht *praes*, *vas*, *vindex* oder *sponsor* war, ohne solche *pactio* mit dem Gläubiger einerseits, dem Schuldner andererseits, die privilegierte

Nun halten aber nicht nur Labeo (l. 43 D. 3, 5), sondern auch die Schriftsteller des klassischen Rechts (vgl. l. 23 D. 46, 3 (Pomponius), l. 53 D. 46, 3 (Gaius), l. 8 § 5 D. 46, 2 (Ulpian), l. 40 D. 46, 3 (Marcian) daran fest, daß die Leistung eines Dritten den Schuldner befreit.[8] Wie verträgt sich dies mit der Fortentwicklung des Solutionsbegriffs im Sinne der Umsetzung des Obligationsinhalts in konkretes schuldnerisches Verhalten? Die einzige Möglichkeit der Lösung scheint darin zu bestehen, den leistenden Dritten als Stellvertreter des Schuldners aufzufassen, so daß also in der Person des Dritten in Wahrheit der Schuldner leistete. In der Tat begegnet die letztere Auffassung scharf ausgeprägt bei Jhering (Jahrb. für Dogmatik II S. 93f., 95). Sie steht aber mit den Quellen nicht im Einklang. Denn zweifellos

---

Ersatzklage der *actio depensi* gegen den Schuldner nicht habe zuständig sein können (vgl. besonders Bd. II S. 497/498). Offenbar braucht sich aber der Umfang der *ipso iure*-Wirkung der *depensio* nicht notwendig zu decken mit den Fällen, in denen aus der *depensio* die Regreßklage gegen den Schuldner erwächst, wie ja auch im modernen Recht nicht jede Zahlung fremder Schuld die Regreßklage gegen den Schuldner gewährt. So dürfte in den nicht privilegierten Fällen der interzessionsweisen Bezahlung fremder Schuld die *pactio* mit dem Schuldner allerdings die Voraussetzung der Regreßnahme gegen ihn gebildet haben, zur Herbeiführung der *ipso iure*-Wirkung aber keine besondere *pactio* mit dem Gläubiger erforderlich gewesen sein. Wenigstens würde weder der alte Obligationsbegriff noch der alte Solutionsbegriff gegen solche durchgängig direkte Wirkung der *depensio* ins Feld geführt werden können. Denn wenn auch nur der Schuldner haftet, so braucht doch nicht er notwendig diese Haftung zu lösen. Doch ist ein doppelter Umstand zu beachten. Einmal würde wohl die in der *depensio* liegende öffentliche Zahlung in dem Falle, daß der Schuldner erreichbar und zahlungsbereit war, eine Kreditschädigung desselben involviert und den zahlenden Dritten der *actio iniuriarum* ausgesetzt haben (arg. l. 19 D. de iniur. 47, 10 und dazu Eisele, Beitr. zur röm. Rechtsgeschichte S. 27). Sodann könnte die Formel der *nexi liberatio* Schwierigkeiten bereitet haben. Eine *depensio* für den Schuldner durch andere Personen als die vorstehends genannten wird daher, wenn überhaupt, nur sehr selten vorgekommen sein. Doch reichen schon die zweifellos anerkannten Fälle der *depensio* zur Begründung des im Text Gesagten hin: der besondere Solutionsbegriff des alten Rechts erklärt es, daß die Leistung des Dritten trotz des höchstpersönlichen Charakters der alten Obligation als *solutio* erscheint.

[8] Nach Voigt a. a. O. liegt sogar eine Erweiterung des Wirkungskreises der Drittleistung vor.

bedarf es, damit die Leistung des Dritten ihre obligationstilgende Wirkung entfalte, weder der Zustimmung noch der Genehmigung des Schuldners[9], wie doch erforderlich wäre, wenn die schuldtilgende Wirkung auf direkter Stellvertretung beruhte.[10]

Der Gesichtspunkt der Stellvertretung ist also nicht geeignet, eine durchgreifende Erklärung der obligationstilgenden Wirkung der seitens des Dritten erbrachten Leistung zu gewähren. In richtiger Erkenntnis dieser Schwierigkeit verzichtete die klassische Jurisprudenz darauf, diesen Satz aus dem Inhalt der Obligation zu erklären. Sie rekurrierte vielmehr auf einen obligationsfremden Gesichtspunkt: Gaius führt in l. 53 D. 46, 3 zur Rechtfertigung des Satzes an: „*cum sit iure civili constitutum, licere etiam ignorantis invitique meliorem condicionem facere.*" Die tilgende Wirkung der Drittleistung ist also nicht wie die der Leistung des Schuldners selbst eine Konsequenz aus dem Obligationsinhalt, sondern sie beruht auf einer rechtspolitischen Zweckmäßigkeitserwägung.

2. Die konsequente Ausgestaltung des Begriffs der *solutio* im Sinne der Verwirklichung des Obligationsinhalts muß zu dem Ergebnisse führen, daß jede gültige Obligation auch ihr Ende durch Erfüllung finden kann; d. h. soweit die Erbringung der geschuldeten Leistung nicht etwa im konkreten Falle unmöglich wird, kann aus dem besonderen Inhalt der — gültigen — Obligation niemals abgeleitet werden, daß sie der Tilgung durch Erfüllung unzugänglich sei. Dies ist bezüglich derjenigen Obligationen, welche auf ein Unterlassen gerichtet sind, nicht unbestritten geblieben (vgl. unten § 10). Es ist daher für die dogmatische Auffassung nicht ohne Interesse, wie sich die Quellen zu dieser Frage stellen. Den römischen Juristen umschließen die Worte „*dare, facere, praestare*" den möglichen Obligationsinhalt[11]; hierbei umfaßt das *praestare,*

---

[9] l. 53 D. de solut. 46, 3 (Gaius): *Solvere pro ignorante et invito cuique licet, cum sit iure civili constitutum licere etiam ignorantis invitique meliorem condicionem facere.*

[10] Ebensowenig trifft die Behauptung JHERINGS zu, daß im Falle der Nichtexistenz der vermeintlichen Schuld stets der Schuldner (als derjenige, in dessen Namen gezahlt worden sei) und nie der Dritte, welcher leistete, die *condictio indebiti* habe. Vgl. dagegen OERTMANN, Arch. für die civ. Prax. Bd. 82 S. 445f.

[11] l. 3 pr. D. O. et A. 44, 7, vgl. SIBER, Rechtszwang S. 4.

wie außer Zweifel steht, auch das Einstehen für solche Handlungen, deren Vornahme dem Schuldner untersagt ist.[12] Ist das Unterlassen der obligationswidrigen Handlung in einem solchen Falle Obligationserfüllung? — Solange der Begriff der *solutio* in dem formalen, dem Obligationsbegründungsakt korrespondierenden Tilgungsgeschäft aufgeht, kann ein Unterlassen als Gegenstand der *solutio* überhaupt nicht in Frage kommen. Dies ändert sich mit der oben geschilderten Begriffswandlung. Es könnte auch ohne weitere quellenmäßige Beweise kaum zweifelhaft sein, daß z. B. das *patientiam praestare* bei einer auf Duldung gerichteten Obligation sich als Erfüllung eben dieser Obligation darstelle, denn: „*fecit, quod facere promisit*". Hiervon abgesehen ergeben aber die Quellen auch eine direkte, wenn auch spärliche Ausbeute. Für die Subsumtion der obligationsgemäßen Unterlassung unter den Begriff der Erfüllung spricht einmal die völlige Parallele, welche bei Erörterung der Frage, ob ein Dritter eine höchstpersönliche Obligation wirksam für den Schuldner erfüllen kann, in l. 31 D. de solut. 46, 3 zwischen den *obligationes faciendi* und *non faciendi* gezogen wird; (das obligationsgemäße *facere* ist aber zweifellos ein *solvere*, vgl. l. 26 § 2 D. de cond. ind. 12, 6, wo in Bezug auf das „*operas debere*" des Freigelassenen von „*solvere*" gesprochen wird). Ferner aber gibt es einen unzweifelhaften Fall, in dem an die Zuwiderhandlung gegen eine übernommene Unterlassungspflicht der Gesichtspunkt der Nichterfüllung angelegt, die pflichtmäßige Unterlassung also als Erfüllung der Obligation betrachtet wird. Er ist in der l. 49 § 2 D. de V. O. 45, 1 (Paulus) enthalten.

In hac stipulatione: „neque per te neque per heredem tuum fieri?" per heredem videtur fieri, quamvis absit et ignoret et ideo non facit, quod fieri ex stipulatu oportet. non videtur autem per pupillum stetisse ex huiusmodi stipulatione, si pupillus heres erit."

Es handelt sich hier um eine der bekannten, durch Pönalstipulation gesicherten Vereinbarungen, wonach der Schuldner sich

---

[12] Vgl. vor allem Jhering in der Vorrede zur 4. Aufl. des III. Teils I. Abt. des Geistes des röm. Rechts, p. XXVI, auch Brinz, Pandekten (2) II § 238 a. E. S. 92; Voigt, XII Tafeln II § 119 S. 462.

zur Duldung von solchen Handlungen des Gläubigers verpflichtet, welche normalerweise den Inhalt einer Servitut (vgl. § 1 dieser lex) bilden.[12a] Der Gläubiger hat sich vom Schuldner versprechen lassen: „*neque per te neque per heredem tuum fieri, quo minus mihi ire agere liceat*“ und es fragt sich, unter welchen Voraussetzungen nach dem Tode des Versprechenden durch eine Zuwiderhandlung des Erben oder seiner Leute die Stipulation verfällt. Die Entscheidung des Juristen lautet dahin, daß der Erbe, welcher nicht leistet, was auf Grund der Stipulation zu geschehen hat“ („*non facit, quod fieri ex stipulatu oportet*“) selbst dann haftet, wenn die Nichtleistung ihren Grund in seiner Abwesenheit oder Unkenntnis der vom Erblasser übernommenen Verpflichtung hatte.

Die Beweiskraft dieser Stelle kann nicht mit der Begründung in Frage gestellt werden, daß die Verpflichtung hier nicht auf eine bloße Unterlassung, sondern auf ein Tun gehe. Allerdings hat der Versprechende zweifellos auch die Pflicht, seine Leute (Verwalter, Sklaven) dahin zu instruieren, dem Gehen, Reiten, Fahren des Berechtigten kein Hindernis in den Weg zu legen. Insofern ist seine Verpflichtung keine rein negative (*non simplex abnutivum*, s. l. 83, 50 D. de V. O. 45, 1), sondern positiver Natur, und wenn l. 49 § 2 cit. davon spricht, daß die Stipulation auch in Abwesenheit des Erben verfallen könne, so kommt für diesen Fall nur eine Zuwiderhandlung gegen den positiven Be-

[12a] Es braucht hierbei auf die Frage nicht näher eingegangen zu werden, von wann an und wieweit solche *pactio* in Verbindung mit der Pönalstipulation den Charakter eines echten dinglichen, die Dienstbarkeit direkt begründenden Bestellungsvertrages erlangt habe; vgl. darüber besonders Ad. Schmidt (v. Ilmenau) in den Jahrb. des gem. Rechts III S. 246, 268f.; Windscheid, Pandekten I (8) § 212 Note 1 S. 962; Jhering, Jahrb. f. Dogm. X S. 557f. (Ges. Abh. II S. 330f.); Karlowa, Das Rechtsgeschäft S. 223f.; Lenel in Jherings Jahrb. für Dogmatik Bd. 19 S. 183f.; Perozzi in der Rivista Ital. Bd. 23 S. 1f., 167f.; Rabel, Die Haftung des Verkäufers S. 60f. Denn zweifellos enthält der so zusammengesetzte Vertrag nicht nur dingliche Elemente; seine rechtliche Wirkung beruht, wie aus der eingehenden Behandlung der Pönalstipulation in den Quellen hervorgeht, sehr wesentlich mit auf der besonders übernommenen und durch Strafgeding gesicherten obligatorischen Unterlassungspflicht des Bestellers und seiner Rechtsnachfolger (mindestens der Universalsuccessoren). Vgl. auch v. Seeler, Zur Lehre von der Konventionalstrafe S. 20.

standteil der Verpflichtung in Betracht (der jetzt verpflichtete Erbe kann nicht persönlich zuwidergehandelt, sondern einer seiner Leute muß den Gläubiger gehindert haben, wofür der Erbe einsteht).

Aber hiermit wird nicht widerlegt, daß auch betreffs des negativen Teils der Verpflichtung von „Erfüllung" bez. „Nichterfüllung" gesprochen wird. Denn die Entscheidung des Juristen gilt ja gerade so gut für den Fall, daß der Erbe selbst in etwaiger Unkenntnis der Duldungsverpflichtung zuwiderhandelt, und in diesem Fall hat er den rein negativen Teil seiner Verpflichtung nicht erfüllt.

Wir sehen also bereits im neueren Solutionsbegriffe des römischen Rechts die Idee der Realisation des Obligationsinhalts als das für den Erfüllungsbegriff wesentliche Moment durchgeführt.

Die Anwendung dieses Gedankens beschränkt sich nicht auf die positive Leistung; er beherrscht das ganze Gebiet obligationsmäßiger Leistungen, auch die Verpflichtung zur Unterlassung.

III. Die Beziehung des Begriffs der *solutio* zum Obligationsinhalt bedarf mit Rücksicht auf die Wandlungsfähigkeit des letzteren noch einer näheren Erläuterung. Es ist möglich, daß an die Stelle des ursprünglich geschuldeten Gegenstandes ein anderer tritt, infolge der Verpflichtung des Schuldners, für das Unmöglichwerden der ursprünglichen Leistung oder für die Verzögerung der Leistung in bestimmtem Umfange einzustehen: Die ursprüngliche Leistung kann sich entweder ganz oder zum Teil in eine Interesseleistung verwandeln. Diese an die Stelle der ursprünglichen Leistung getretene Interesseleistung erscheint dann im Verhältnis zur Urleistung als Ersatzleistung, aber doch zugleich als Inhalt der nämlichen Obligation. Denn die Verpflichtung zu ihrer Erbringung entwickelt sich aus der in der Obligation gelegenen Einstandspflicht, dem *praestare*. Der zu leistende Gegenstand ist, wie HARTMANN, Die Obligation S. 229—233 treffend ausführt, und gegen abweichende Meinungen verteidigt, schon „*ex ipsa obligatione* ein stufenweis zweifacher: primär Naturalerfüllung, eventuell Ersatz des Erfüllungsinteresses".[13] Verwandelt sich nun im kon-

[13] S. auch KOHLER, Arch. f. d. civ. Prax. Bd. 91 S. 179; SIBER, Rechtszwang im Schuldverhältnis S. 176 unten.

kreten Falle die ursprüngliche Leistung in eine Verpflichtung zum Schadenersatz, und wird letzterer tatsächlich erbracht, so kann man mit Bezug auf die erste Leistung sagen, daß sie nicht erfüllt worden, sondern daß bezüglich ihrer nur Ersatz geleistet worden sei. Man folgt damit nur dem römischen Sprachgebrauch, welcher das *praestare* nicht nur in dem abstrakten Sinne des Einstehenmüssens für die Erbringung der ursprünglichen Leistung verwendet, sondern auch in dem konkreten der Bewirkung der Ersatzleistung.[14] Dagegen bezüglich der Obligation liegt in der Leistung des Schadenersatzes nicht Ersatzleistung, sondern Erfüllung, denn die Verpflichtung zum Schadenersatz war ja infolge der konkreten Entwicklung des Schuldverhältnisses gerade dasjenige, was geschuldet wurde, sie bildete den für die Erfüllung maßgebenden Inhalt des Schuldverhältnisses.

Von „Ersatzleistung“ in dem eben besprochenen Sinne ist es nun streng zu scheiden, wenn zum Schuldtilgungszweck eine solche Leistung erbracht wird, die überhaupt nicht in *obligatione* ist.[15]. Hauptfall ist die *datio in solutum*, der zusammenfassende technische Ausdruck des römischen Rechts für die hier in Betracht kommenden Fälle *„satisfacere.“* Während nämlich *praestare* (im konkreten Sinne) Ersatzleistung nur ist im Hinblick auf die Urleistung, dagegen im Hinblick auf die Obligation echtes *solvere*, steht die *satisfactio* im konträren (nicht im kontradiktorischen) Gegensatz zur *solutio*. Sie ist nämlich zwar auch Schuldtilgung durch Befriedigung des Gläubigers, aber Befriedigung nicht durch die obligationsmäßig geschuldete, sondern durch eine andere Leistung.[16]. Dieser andern Leistung kommt — und darin

---

[14] *„Si quis ex his conventus litis aestimationem praestiterit“* (l. 25 § 10 D. fam. erc. 10, 2): *„desiit bonum et aequum esse condemnari eum qui litis aestimationem praestitit“* (l. 34 pr. D. de O. et A. 44, 7).

[15] Teilweise abweichend Siber, a. a. O. S. 3, 6/7, 10; vgl. die Auseinandersetzung in § 3.

[16] Vgl. das *„satisfactum autem accipimus quemadmodum voluit creditor, licet non sit solutum“* (l. 9 § 3 D. de pign. a. 13, 7); *„quodsi non solvere, sed alia ratione satisfacere paratus est“* (l. 10 eod. l. 6 § 1 D. 20, 6). Dazu Brissonius de solut. et lib.; Opera minora p. 114: *„Satisfacere enim dicitur, qui creditoris desiderium quoquomodo implet eique, quo contentus sit, praestet.“* Im weiteren Sinne umfaßt freilich der Ausdruck *„satisfacere“* auch das

liegt der wichtige Unterschied von der wahren *solutio* — der Befriedigungscharakter nicht deshalb zu, weil sie den Obligationsinhalt konkretisierte, sondern weil der Gläubiger (bei der in *solutum datio*) oder die Rechtsordnung (z. B. bei der Exekution) ihr Befriedigungscharakter verleihen. Wird also eine Ersatzleistung „prästiert", so war sie an Stelle der ursprünglichen Leistung Inhalt der Obligation geworden. Wird dem Gläubiger *satisfactio* gewährt, so steht die Ersatzleistung außerhalb der Obligation, und es bedarf eines besonderen Grundes, ihr den Charakter des Ersatzes für die obligationsmäßig geschuldete Leistung und damit Befriedigungswirkung aufzuprägen.

§ 3.

Die Abgrenzung der *solutio* von den andern Obligationstilgungsgründen.

Die Feststellung des engeren Solutionsbegriffs der Quellen begegnet einer Reihe von Schwierigkeiten, welche teils mit einer Eigentümlichkeit der römischen Rechtsbildung überhaupt, teils mit dem Bildungsgange des Solutionsbegriffs im besonderen zusammenhängen.

Durch ersteren Umstand wird nämlich folgendes erklärt: Es kommt den römischen Juristen weit mehr darauf an, festzustellen, ob die Obligation mit zivilrechtlicher Wirkung, also *ipso iure* erlischt, oder nur *ope exceptionis* beseitigt wird, als darauf, innerhalb der *ipso iure* wirksamen Akte eine scharfe Scheidung zwischen eigentlicher Erfüllung und andern *ipso iure* wirkenden Akten durchzuführen. Diese Tendenz wird durchaus begreiflich, wenn man sich vor Augen führt, daß dem ersten Gegensatz eine ausschlaggebende prozessuale Bedeutung zukam, welche dem zweiten völlig abging. Daher war die Feststellung der *ipso iure*-Wirkung bis zum Untergange des Formularprozesses von unvergleichlich höherer praktischer Bedeutung, als die Frage, wieweit ein *ipso iure* wirksamer Tilgungsakt sich als *solutio* im engeren Sinne qualifiziere. Als die am meisten in die Augen

---

„*solvere*". Aber in dem Sinne, daß es lediglich das *solvere* bezeichnete, wird es technisch nie gebraucht. Näheres in § 3.

fallende Bewegung in der Lehre von der Tilgung der *obligatio* stellt sich demgemäß die dar, daß immer mehr Tilgungsakte, welche ursprünglich nur *ope exceptionis* wirkten, *ipso iure*-Wirkung erlangten. Die erste und wichtigste Erscheinung ist die Rezeption der formlosen Realzahlung ins Zivilrecht (vgl. dazu oben § 1), daran schließt sich die Erlangung der *ipso iure*-Wirkung durch die ursprünglich nur exzeptivisch wirkende *datio in solutum*,[1] es folgt der *concursus duarum causarum lucrativarum*.[2]

Noch ein weiterer Umstand verringerte den römischen Juristen das Interesse an scharfer begrifflicher Durcharbeitung des engeren Solutionsbegriffs. Es ist der, daß sich für die wichtigsten Wirkungen der *solutio* bei andern Obligationstilgungsakten Parallelen fanden. Dies ist neben der *ipso iure*-Wirkung besonders die der Erfüllung eigene Befriedigungswirkung, die Tatsache, daß die Obligation nicht aus einem lediglich formalen Grunde erlischt, sondern deshalb, weil der Gläubiger erhält, was ihn zufrieden stellt. Es liegt in praktischen Rücksichten begründet, daß die römischen Juristen vielmehr diese gleichartigen Wirkungen hervorheben als die trennenden Momente. Daher die große Zahl von Stellen, in welchen andere Tilgungsgründe mit der *solutio*, sei es hinsichtlich der *ipso iure*-Wirkung, sei es hinsichtlich der satisfaktorischen Wirkung verglichen werden.[3]

Und doch geht aus dieser bloßen Vergleichung hervor, daß sie keineswegs unter den technischen Begriff der *solutio* subsumiert, sondern nur bezüglich bestimmter Wirkungen gleichgestellt werden. Es liegt ein besonderer Anlaß vor, dies scharf hervorzuheben. Denn wiederholt ist in der neueren Literatur versucht worden, das Vordringen der *ipso iure*-Wirkung als eine Evolution des Solutionsbegriffs zu fassen[4] und diesen in einer Weise über den

---

[1] l. 17 C. de solut. 8, 42 (43), vgl. Karlowa, Röm. Rechtsgeschichte II S. 1381.

[2] Vgl. besonders das „*extingui placuit*" der l. 21 § 1 D. de leg. III (32), ferner l. 66 § 1 D. de O. et A. 44, 7; l. 83 § 6 D. de V. O. 45, 1 und G. Hartmann, Die Obligation S. 66; Brinz, Pandekten II § 292 Note 11 S. 462.

[3] Nachweise in Note 5.

[4] Besonders von Hartmann a. a. O. S. 65f. und neuerdings von Siber, Rechtszwang im Schuldverhältnis S. 7f., 156f. Näheres darüber unten S. 42f.

engeren quellenmäßigen Begriff hinaus auszudehnen, daß er jede feste Begrenzung und alle praktische Brauchbarkeit verliert.

Dem gegenüber ist festzustellen, daß die römische Jurisprudenz bei der Formulierung des engeren Solutionsbegriffs nicht von der Wirkung ausgegangen ist, etwa in dem Sinne, daß alle nach Zivilrecht die Obligation aufhebenden Akte sich als *solutio* qualifizierten.[5]

Das begriffsbildende Moment liegt vielmehr im Tatbestande, durch dessen Sonderart aus dem Kreise der *ipso iure* wirksamen und mit Befriedigungswirkung ausgestatteten Tatbestände ein kleinerer Kreis als *solutio* herausgehoben wird. Aber freilich mangelt dem engeren Solutionsbegriff in den Quellen die strenge Einheitlichkeit und Folgerichtigkeit. Dafür, daß dem so ist, ist der schon erwähnte Umstand verantwortlich zu machen, daß die Begriffsbildung nicht von einem einheitlichen Gedanken aus erfolgt, sondern nacheinander durch die Idee des formellen Tilgungsgeschäfts und die der Realisierung des Obligationsinhalts bestimmt worden ist (vgl. § 1).

Freilich, gewisse obligationslösende Tatbestände sind sowohl vom Standpunkt des formellen Tilgungaktes aus, wie von dem der Realisierung des Obligationsinhalts in gleicher Weise von dem engeren Solutionsbegriff ausgeschlossen. Es sind die Fälle, wo die Obligation durch ein dem Inhalt der Obligation fremdes, zufälliges Ereignis erlischt (Untergang durch Unmöglichwerden der

---

[5] Denn es werden keineswegs alle *ipso iure* wirksamen Akte unter den Begriff der *solutio* subsumiert, selbst dann nicht, wenn sie daneben noch Befriedigungswirkung haben; sie werden vielmehr in diesem Falle mit der *solutio* nur verglichen wie z. B. die *confusio* in l. 95 § 2 D. de solut. 46, 3; l. 41 § 2 D. de evict. 21, 2; l. 50, 71 D. de fideiuss. 46, 1; die Novation in l. 31 § 1 D. 46, 2; l. 21 § 3 D. 33, 1; l. 19 § 4 D. 39, 5; (wegen der Delegation: l. 37 § 4 D. 38, 1; l. 187 D. de V. S. 50, 16; l. 49 D. 46, 3, Seneca lib. VI de beneficiis cap. 5 s. unten § 4); allenfalls der *concursus duarum causarum lucrativarum* in l. 108 § 1 D. de leg. I (30). So auch andere, welche nicht durchgängig *ipso iure*-Wirkung besitzen, wie die *satisfactio* (*satisfactio pro solutione est*, l. 52 D. 46, 3, vgl. 176 D. de V. S. 50, 16, aber auch l. 4 § 3 D. de re iud. 42, 1; die *compensatio* (l. 4 C. de comp. 4, 31, vgl. l. 4 D. qui pot. in pign. 20, 4, „*perinde haberi debere ac si priori creditori pecunia soluta esset*").

Leistung, durch Tod des Gläubigers oder Schuldners, durch Ausfall einer Bedingung, durch Konfusion, im älteren Rechte durch *capitis deminutio.*

Bezüglich anderer Tilgungsakte aber läßt sich eine Nachwirkung des älteren Rechtsgedankens in dem Sinne feststellen, daß einige von ihnen, welche sowohl rechtsgeschäftlichen Charakter an sich tragen, als dem Gläubiger materielle Befriedigung gewähren, von den Quellen als *solutio* im engeren Sinne aufgefaßt werden, obgleich sie sich als Realisierung des Obligationsinhaltes nicht denken lassen. Dies gilt vor allen Dingen von der Leistung eines Dritten, um die (nicht höchstpersönliche) Verpflichtung des Schuldners zu tilgen.[6]

Soweit der Leistende nicht als Stellvertreter des Schuldners auftritt, liegt hier ein „*facere quod facere promisit*", ein Handeln des Obligationssubjekts, kurz gesagt, eine Konkretisierung des Obligationsinhalts nicht vor.[7]

Wenn trotzdem an der Behandlung der Drittleistung als *solutio* im engeren Sinne festgehalten wird, so offenbart sich hierin eine historische Nachwirkung des ältesten Solutions- und Obligationsbegriffs. Mit diesem stand es ja, wie im § 1 dargelegt, durchaus im Einklang, die Leistung eines Dritten behufs Lösung des Schuldners von seiner Haftung als bestimmungsgemäße Tilgung des Schuldverhältnisses aufzufassen und mit der Leistung durch den Schuldner selbst auf gleiche Stufe zu stellen. Mit dem Aufrücken der schuldnerischen Verpflichtung zum hauptsächlichen konstitutiven Element des Obligationsbegriffs und der entsprechenden Ausgestaltung des Solutionsbegriffs als Erfüllung dieser Verpflichtung sollte man ein begriffliches und terminologisches Auseinandertreten der Drittleistung und der Er-

---

[6] In gewissem Umfange auch vom *sibi solvere*, worüber im speziellen Teil der Arbeit das Nähere.

[7] Vgl. oben § 2 S. 23 und unten § 9. Indirekt gestehen dies die Quellen auch ein. Die unmittelbar tilgende Wirkung der durch einen Dritten erbrachten Leistung begründen die Schriftsteller nicht mit dem inneren Wesen der Obligation, sondern mit dem Satze, daß man nach Zivilrecht die Lage eines Dritten auch ohne und selbst gegen seinen Willen verbessern könne (l. 53 D. de solut. 46, 3).

füllung erwarten. Nichts dergleichen ist bemerkbar. Es scheint, daß der römischen Jurisprudenz die Unvereinbarkeit der Subsumtion der Leistung seitens des Dritten unter den neuen Erfüllungsbegriff nicht zum Bewußtsein gekommen ist.[8]

Somit ergibt sich die Konsequenz, daß die Idee der Konkretisierung des Obligationsinhalts nicht imstande gewesen ist, jede Nachwirkung des älteren Rechtsgedankens zu beseitigen. Es bleibt eine Enklave, auf welcher, sehr zusammengeschwunden freilich, eine bestimmte Art des solutorischen Rechtsgeschäfts, nämlich die Drittleistung und das *sibi solvere* Platz finden, welche Verwirklichung des Obligationsinhalts nicht sind.

Daß aber dennoch die Idee der Verwirklichung des Obligationsinhalts die herrschende und gestaltende der neueren Erfüllungslehre ist, geht daraus hervor, daß alle Konsequenzen dieses Begriffs hervorgetrieben worden sind. Die klassischen Juristen beschränken die Erfüllung nicht mehr auf das solutorische Rechtsgeschäft, sondern dehnen den Begriff aus auf die Leistung geschuldeter Dienste, ja sogar auf das der obligatorischen Unterlassungspflicht entsprechende Nichthandeln des Schuldners.[9]

---

[8] Möglich wäre es auch, daß die Terminologie hinter der begrifflichen Entwicklung zurückgeblieben wäre, daß also beide Tatbestände nach ihrer begrifflichen Differenzierung noch fernerhin mit demselben *terminus* bezeichnet worden wären. Der Zustand der Quellen gibt keinen Aufschluß darüber, welche dieser Alternativen vorliegt, weil die Lehre von der Drittleistung sehr wenig ausgebildet ist, woraus sich die vielen in dieser Lehre herrschenden Streitfragen erklären.

[9] S. die Nachweise oben in § 2. Zu beachten ist freilich, daß der Sprachgebrauch der Quellen den Ausdruck „*solvere*“ und (seltener) „*solutio*“ nicht nur für den Akt benutzt, welcher den Inhalt der Obligation konkretisiert und sie dadurch tilgt, sondern auch für die zum Zweck solcher bestimmungsgemäßen Tilgung bewirkte Leistung, mag auch im konkreten Falle die Wirkung der Obligationstilgung ausbleiben. Beispiele bietet der ganze Titel *de condictione indebiti* (D. 12, 6), vgl. besonders l. 26 § 6 D. 12, 6, ferner Gai. II. 84, l. 15 D. 46, 3; konkurrierender Ausdruck ist *numerare*, s. l. 66 D. 46, 3. Was speziell das *indebitum solvere* betrifft, so ist es die mit der Bestimmung, die Obligation zu tilgen, vorgenommene Leistung, die nur deshalb ihren Zweck verfehlt, weil die Obligation, deren Tilgung beabsichtigt ist, nicht wirksam besteht. Nun entspringt bekanntlich für den im irrigen Glauben an das Bestehen der Schuld Leistenden die *condictio*

Vor allem aber tritt die praktische Konsequenz dieses verinnerlichten Obligationsbegriffs, welcher von jedem formellen Gesichtspunkt abstrahiert und die tilgende Wirkung aus dem Begriffe der Obligation ableitet, wenigstens in einer wichtigen Anwendung scharf und klar hervor. Bedeutet nämlich die Erfüllung die Verwirklichung der Verpflichtung, so ist für die tilgende Wirkung nicht der auf Obligationslösung gerichtete Wille des Gläubigers kausal, sondern die Umsetzung der schuldnerischen Verpflichtung in die Tat bewirkt für sich die Obligationslösung.

Daraus folgt, daß selbst dann, wenn die geschuldete Leistung nicht ohne die rechtliche Mitwirkung des Gläubigers erbracht werden kann (es ist z. B. dem Gläubiger Geld zu tradieren), der Wille des Gläubigers doch nur für die Bewirkung der Leistung, nicht aber für den Effekt der Befreiung des Schuldners wesentlich ist. Praktisch bedeutet dies: Der Gläubiger kann zwar zunächst dadurch, daß er die Entgegennahme der Leistung verweigert, der Befreiung des Schuldners in den Weg treten. Nimmt er aber die vom Schuldner mit Tilgungsbestimmung versehene Leistung an, so kann er die Befreiung des Schuldners selbst durch seinen ausdrücklichen Widerspruch nicht hindern.

Freilich findet sich dieser Satz in voller Allgemeinheit nicht in den Quellen ausgesprochen. Er ist aber für einen Spezialfall zweifellos anerkannt und zwar als ein aus der Natur der Erfüllung

indebiti; der Gesichtspunkt, unter dem diese Klage von der römischen Jurisprudenz gewährt wird, ist auch für die Erfüllungslehre nicht ohne Bedeutung. Wie nämlich die Theorie der Kondiktion von einer einflußreichen Richtung der römischen Jurisprudenz (besonders von der sabinianischen Schule, s. l. 35 § 3 D. de m. c. don. 39, 6) auf den Begriff des *negotium* gegründet wurde, so begegnet dieser Gesichtspunkt speziell auch in der Lehre von der *condictio indebiti*: l. 33 D. de cond. ind. 12, 6: *„nam is, qui non debitam pecuniam solverit, hoc ipso aliquid negotii gerit“* (vgl. dazu PERNICE, Labeo I S. 422; v. MAYR, Condictio S. 174f.). Es liegt zugrunde die Vorstellung eines liberatorischen Rechtsgeschäftes, welches die beabsichtigte Befreiungswirkung im konkreten Fall nicht zu erzeugen vermag, dafür aber obligierend wirkt; mit besonderer Deutlichkeit tritt dies in l. 13 § 2 D. commod. 13, 6 hervor. Es ist begreiflich, daß diese Auffassung eine Rückwirkung auf die Erfüllungslehre der Quellen insofern äußert, als sie die Tendenz, in der Erfüllung ein Rechtsgeschäft zu erblicken, verstärkt, also der im Text bezeichneten Entwicklung entgegenwirkt und sie retardiert.

folgender, so daß es keinem Anstand begegnet, den hier in Betracht kommenden Quellenausspruch als Konsequenz und Bestätigung der soeben erörterten Eigentümlichkeit des neueren Erfüllungsbegriffs zu erfassen.

Es handelt sich um folgenden Fall: Ein Schuldner, welcher ein und demselben Gläubiger mehrere gleichartige Leistungen aus verschiedenen Obligationen schuldet, leistet einen nicht sämtliche Schulden deckenden Betrag unter einer Anrechnungsbestimmung. Der Gläubiger will diese nicht gelten lassen, nimmt aber gleichwohl die Leistung definitiv an, gibt z. B. das übersandte Geld aus. Nach Lage der Quellen müssen die vom Schuldner bestimmten Forderungen selbst dann als getilgt gelten, wenn der Gläubiger sofort bei der Annahme erklärt hätte, daß er das Geld auf andere Forderungen verrechnen wolle, wofern er nur eben die Leistung definitiv angenommen hat.

Diese Entscheidung ergibt sich vor allem aus der Begründung, mit der in l. 1 D. de solut. 46, 3[10] das Bestimmungsrecht des Schuldners gerechtfertigt wird:

> „*est in arbitrio solventis dicere, quod potius debitum voluerit solutum, et quod dixerit, id erit solutum: possumus enim certam legem dicere ei quod solvimus.*"

Dicere ist technisch für die einseitige, vorwiegend in solenner Form erfolgende, mit Rechtswirkungen verknüpfte Erklärung und

---

[10] *Ulpianus libro quadragensimo tertio ad Sabinum. Quotiens quis debitor ex pluribus causis unum debitum solvit, est in arbitrio solventis dicere, quod potius debitum voluerit solutum, et quod dixerit, id erit solutum: possumus enim certam legem dicere ei quod solvimus. quotiens vero non dicimus, in quod solutum sit, in arbitrio est accipientis, cui potius debito acceptum ferat, dummodo in id constituat solutum, in quod ipse, si deberet, esset soluturus quoque debito se exoneraturus esset, si deberet, id est in id debitum, quod non est in controversia, aut in illud, quod pro alio quis fideiusserat, aut cuius dies nondum venerat: aequissimum enim visum est creditorem ita agere rem debitoris, ut suam ageret. permittitur ergo creditor constituere, in quod velit solutum, dummodo sic constituamus, ut in re sua constitueret, sed constituere in re praesenti, hoc est statim atque solutum est*; dazu l. 2 D. eod. (*Florentinus*) *dum in re agenda hoc fiat, ut vel creditori liberum sit non accipere vel debitori non dare, si alio nomine exsolutum quis eorum velit.*

steht als solche im Gegensatz zum *pacisci*, wie sich aus der disjunktiven Aufzählung in l. 73 § 4 D. 50, 17 ergibt:

„*Nec paciscendo nec legem dicendo nec stipulando quisquam alteri cavere potest.*"

Überall wahrt die *dictio* die Einseitigkeit als charakteristisches Moment (es sei an die *dotis dictio*, an die *lex testamento dicta* erinnert). Ja auch da, wo das *legem dicere* zu einem zweiseitigen Rechtsgeschäft hinzutritt, ist der einseitige Charakter der *dictio* unverkennbar.

Wird z. B. auf dem Wege des *legem dicere rei suae* bei der Übertragung eines Grundstücks eine Servitut für den Veräußerer zurückbehalten, so ist die Quelle der rechtlichen Wirksamkeit des Servitutenvorbehalts nicht der Konsens des Erwerbers, sondern der Umstand, daß er das Grundstück in Kenntnis der ihm vom Veräußerer aufgeprägten rechtlichen Qualifikation, der Belastung, erworben hat. Mit anderen Worten: der Konsens des Erwerbers braucht sich nur auf den Erwerb der belasteten Sache zu beziehen, nicht auf die Auflegung der Belastung, welche ihre Entstehung dem einseitigen *legem dicere* des Veräußerers verdankt. So und nicht anders erklären sich die Ausdrücke des Scaevola in l. 6 pr. D. de comm. praed. 8, 4, welche durchgängig auf ein einseitiges Handeln des Veräußerers deuten (vgl. das „*legem traditioni dicere*", „*servitutem imponere*").[11]

Wenn also Ulpian in l. 1 D. de solut. 46, 3 die Aufprägung der Tilgungsbestimmung seitens des Schuldners als ein „*legem*

---

[11] Der einseitige Charakter der *dictio* wird in der Literatur, soviel ich sehe, durchgängig anerkannt; vgl. z. B. Jhering in seinem Jahrb. f. d. Dogm. Bd. 10 S. 552: „ daß . . . wie bei der wirklichen lex die einseitige Promulgation (das *legem dicere*) genügte." Eigentümlicherweise macht jedoch Jhering S. 549 der Vertragsauffassung eine mit den Quellen meines Erachtens nicht vereinbare Konzession, wenn er meint, daß diese Vertragsberedungen selbstverständlich nur durch Zustimmung des Gegners, also durch Vertrag ihre Kraft gewännen. Der springende Punkt ist aber, daß die Vereinbarung nur zu dem vertragsmäßigen Teile des Rechtsgeschäfts erforderlich ist, während der Erwerber der durch *dictio* aufgeprägten Bestimmung der Sache ohne Rücksicht auf seinen Konsens nur durch seine Kenntnis unterworfen wird. Vgl. auch Voigt, XII Tafeln I § 17 besonders S. 153, Pernice, Labeo I S. 472f.

dicere" charakterisiert, so liegt auf der Hand, daß er damit für sie die dem *legem dicere* eigentümliche Wirkung in Anspruch nehmen will: daß der Empfänger, hier der Gläubiger, wenn er die Leistung annimmt, sich schlechthin der Bestimmung des Leistenden beugt. Dieses Ergebnis wird auf das klarste durch den sonstigen Inhalt von l. 1 und 2 D. de solut. 46, 3 bestätigt.

Zunächst nämlich: einseitiges Bestimmungsrecht des Schuldners dem der Gläubiger sich durch die Annahme der Leistung unterwirft. Diese Bestimmung kann aber (wieder ein Charakteristikum des *legem dicere*) nur im Momente der Veräußerung getroffen werden, weil nur in diesem noch die Macht des Veräußernden begründet ist, der Sache ihre lex mit auf den Weg zu geben. Ist in diesem Augenblicke die Bestimmung seitens des Schuldners unterblieben, so geht das Recht, einseitig die Bestimmung zu treffen, auf den Gläubiger über, der jedoch durch die Rücksicht auf das Interesse des Schuldners beschränkt ist und auch seinerseits die Bestimmung sofort treffen muß. In l. 2 ist dann ausdrücklich die Konsequenz gezogen, daß jeder Teil sich dem begründeten Bestimmungsrechte des andern Teils nur dadurch entziehen kann, daß er die Leistung, oder die Annahme der Leistung verweigert — in welchem Falle dann die Verzugsgrundsätze Platz greifen.[12]

[12] Hiermit stehen die sonst noch in Betracht kommenden Quellenstellen, l. 3, 101 § 1 D. de solut. 46, 3; l. 1 C. de solut. 8, 43 durchaus im Einklang. Windscheids Meinung (Pand. II (8) § 343 Note 2^{b}, vgl. 2^{c} S. 398f.), daß die Tilgung der vom Schuldner bezeichneten Forderung bei widersprechender Bestimmung des Gläubigers selbst dann nicht erfolge, wenn der Gläubiger das Gezahlte definitiv angenommen habe, ist mit den Quellen nicht vereinbar und beruht auf der *petitio principii*, daß die Erfüllung ihrem ganzen Umfange nach Vertrag sei. Die modifizierte Vertragsauffassung Struckmanns (Jahrb. f. Dogm. Bd. 15 S. 251f., besonders S. 255/256): An sich müsse sich der Konsens sowohl auf die Annahme der Leistung, wie auf die dadurch zu tilgende Forderung beziehen, verbinde aber der Gläubiger mit der definitiven Annahme der Leistung die Erklärung, die Zahlung auf eine andere als die vom Schuldner bezeichnete Forderung annehmen zu wollen, so liege *protestatio facto contraria* vor, umgeht das Problem und ist inkonsequent, s. Windscheid a. a. O. Auch Henrici (Jahrb. f. Dogm. Bd. 14 S. 428f., 432 und Bd. 32 S. 99f., 262f., 264) kann vom Vertragsstandpunkt aus keine befriedigende Erklärung dafür geben, daß trotz Wider-

Zusammenfassend läßt sich sagen:

Die Verwendung des Gesichtspunkts des *„legem dicere“* für die schuldnerische Bestimmung, welcher der Leistung ihre Richtung auf Tilgung einer bestimmten Obligation gibt, bedeutet nichts anderes, als daß dem Willen des Gläubigers die konstitutive Bedeutung für die Tilgungswirkung abgesprochen wird.

Hierin liegt der wichtigste Unterschied der echten Erfüllung vom bloßen solutorischen Rechtsgeschäft. Bei diesem, namentlich bei der *datio in solutum*, kann die tilgende Kraft der Leistung nicht, wie bei der Erfüllung, daraus abgeleitet werden, daß sie den Obligationsinhalt konkretisierte. Hier muß vielmehr, soweit die tilgende Wirkung nicht einer besonderen Quelle entspringt, wie z. B. bei der gerichtlichen Kompensation, und dem sogenannten *beneficium dationis in solutum* (Nov. 4 c. 3) der Wille des Gläubigers hinzutreten, um dem Liberationsgeschäft die Richtung auf diese bestimmte Obligation zu verleihen, so daß die erforderliche Mitwirkung des Gläubigers hier nicht nur für das Leistungsgeschäft, sondern auch für die Tilgungswirkung von konstitutiver Bedeutung ist.

Es ist in der neueren Literatur mehrfach versucht worden, den engeren Solutionsbegriff über die hier als quellenmäßig dar-

---

spruchs des Gläubigers gegen die vom Schuldner bestimmte Verrechnung doch Tilgung der Forderung und nicht *condictio* für den Schuldner Platz greift, wenn der Gläubiger das Geleistete definitiv angenommen hat.

Die im Text entwickelte Meinung ist schon von Donell (Commentarii de iure civili Lib. XVI Cap. 12 § 5 ed. Bucher, Bd. 10 S. 300) vertreten worden und kann als die im Pandektenrecht herrschende bezeichnet werden (vgl. Vangerow, Pand. (7) III § 589 S. 201; Gruchot, Zahlung der Geldschuld S. 223; Dernburg, Pand. II (7) § 55 S. 156 und Note 24. Die nahe Beziehung jedoch, in welcher das Bestimmungsrecht des Schuldners zu der Natur der Erfüllung als Realisation der schuldnerischen Verpflichtung steht, ist bisher nirgends gebührend hervorgehoben, von einigen Schriftstellern sogar ausdrücklich in Abrede gestellt worden (so für das Recht des B.G.B. von Planck, Bem. 2c zu § 362 Bd. II (3) S. 210; Endemann, Lehrbuch des bürgerlichen Rechts Bd. I § 141 Note 45 S. 803). Vgl. jedoch Stammler, Das Recht der Schuldverhältnisse in seinen allgemeinen Lehren S. 222. Einen Anklang an die hier vertretene Meinung enthalten auch die beachtenswerten Ausführungen E. Alexanders in seiner Rostocker Dissertation über die rechtliche Natur der Erfüllung (1902) S. 62f. Vgl. übrigens die Literaturübersicht in § 6.

gelegten Grenzen hinaus auszudehnen. So vor allen Dingen von G. HARTMANN. Seine Auffassung (vgl. namentlich Obligation S. 31 f., 46 f., 65 f.) läßt sich dahin charakterisieren, daß der Zweckgesichtspunkt sowohl für den Begriff der Obligation, wie für den ihrer Erfüllung entscheidend in den Vordergrund gerückt wird. Nach ihm bildet die Grundlage der Obligation ein vermögensrechtliches Interesse des Gläubigers, in dessen Befriedigung die Gebundenheit des Schuldners „begriffsmäßig Zweck und Ziel findet". Ob der Gläubiger gerade durch den Schuldner erhält, ist gleichgültig; auch wenn er von dritter Seite bekommt, wird ja dem Zweck der Obligation, dem Bekommensollen des Gläubigers Genüge geleistet; Auf diesem Wege gelangt HARTMANN dazu, wenn er sich auch zu einigen Einschränkungen genötigt sieht, doch grundsätzlich nicht nur die Drittleistung, sondern auch den *concursus duarum causarum lucrativarum* als mit der *solutio* im engeren Sinne wesensgleich anzusehen (vgl. bes. S. 32/33, 65).

Es ist hier nicht der Ort, auf die Bedenken einzugehen, welchen die HARTMANNsche Formulierung des Obligationsbegriffs, die Verwendung des unbestimmten und schillernden Zweckbegriffs begegnet.[13] Meines Erachtens tritt man der Bedeutung und der anregenden Kraft des geistvollen Werkes nicht zu nahe, wenn man sich in diesem Punkte skeptisch verhält. Hier handelt es sich nur darum, festzustellen, daß die Charakterisierung des *concursus duarum causarum lucrativarum* als *solutio* in den Quellen nicht den geringsten Anhaltspunkt findet. Die Auffassung der *solutio* als Zweckerfüllung der Obligation ist den Quellen, wie aus der Darlegung der Entwicklung der Solutionslehre folgt (s. oben § 1), durchaus fremd. Der *concursus duarum causarum lucrativarum* aber trägt nach ihnen einen eigentümlichen Doppelcharakter an sich, indem er vom Standpunkt des Gläubigers aus als Befriedigung gewährender Erlöschungsgrund erscheint („*nec absit quicqam*" in l. 108 § 4 D. de leg. I. 30) vom Standpunkt des Schuldners aus betrachtet eine Unmöglichkeit der ursprünglichen Leistung herbeiführt („*nec bis eadem res praestari possit*" cit. l.);

[13] Vgl. darüber besonders WINDSCHEID, Pandekten II § 343a Note 6 PERNICE in der Zeitschr. f. Handelsrecht Bd. 21 S. 321—323; MITTEIS, Die Individualisierung der Obligation S. 8—19.

in letzterer Richtung ist er also gerade das Gegenteil von Erfüllung. Daß aber aus seiner *ipso iure*- Wirkung nichts für den Erfüllungscharakter folgt, ist oben S. 35 näher dargelegt worden. Was aber wäre mit der gewaltsamen Subsumtion des *concursus duarum causarum lucrativarum* unter dem Erfüllungsbegriff gewonnen? Nichts, als daß mit Rücksicht auf die in mancher Hinsicht gleichartige Wirkung gänzlich verschiedene Tatbestände zusammengeworfen würden.

In ähnlicher Weise hat neuerdings Siber (Rechtszwang im Schuldverhältnis S. 7 f., 156 f.) den Erfüllungsbegriff über die quellenmäßigen Schranken ausgedehnt, indem er nachzuweisen versucht, daß die Zwangsbeitreibung durch Vollstreckung von den Quellen als *solutio* im engeren Sinne aufgefaßt werde. Da diese Frage von erheblicher Bedeutung für das Verhältnis des Obligationsbegriffs zum Erfüllungsbegriffe ist, so sehe ich mich genötigt, in eine eingehendere Kritik der Argumente Sibers einzutreten und die Widerlegung seiner scharfsinnigen Ausführungen zu versuchen.

Vom streng logischen Gesichtspunkt aus gegliedert bildet den Ausgangspunkt seiner Beweisführung die zutreffende Bemerkung (S. 10, vgl. S. 156), daß die Frage, ob die Vollstreckung zur Erfüllung der Obligation, oder nur zum Ersatz für die ausbleibende Befriedigung führe, für das klassische Recht nur auf dem Gebiete der *obligatio iudicati* und anderer sofort vollstreckbarer Obligationen gesucht werden könne. Die Klagforderung sei nämlich schon durch *litis contestatio* und Urteil getilgt, so daß sie als Gegenstand der Vollstreckung nicht mehr in Betracht komme. Soweit sie daher nicht als Naturalobligation fortbestehe und zugleich von Anfang an auf Geld gerichtet gewesen sei, könne die auf die *actio iudicati* erlangte Befriedigung für die ursprüngliche Forderung immer nur Ersatzleistung, nicht Erfüllung sein, während allerdings die als Naturalerfüllung fortbestehende Klagforderung notwendig durch die Erfüllung der *obligatio iudicati* miterfüllt werde.[14]

Dafür nun, daß nicht nur die vom Schuldner selbst im Hinblick auf die drohende Exekution erbrachte, sondern auch die

[14] Siber beruft sich hierfür auf l. 95 § 4 D. de solut. 46, 3; meines Erachtens kommt für die Entscheidung dieser Frage in erster Linie l. 38 § 2 D. eod in Betracht.

durch Exekution wider Willen des Schuldners auf die Judikatsschuld hin beigetriebene Leistung *solutio* im engeren Sinne sei, werden von Siber folgende Argumente geltend gemacht:

1. Nach klassischem Rechte komme es nicht darauf an, wie der Gläubiger den Leistungsgegenstand erhalten habe, sondern daß er ihn erhalten habe (S. 7). — Daß dies nur in beschränktem Sinne richtig ist, daß allerdings in gewissen Fällen derartige Akte vermöge ihrer Befriedigungskraft *ipso iure*- Wirkung erlangt haben, aber nur ausnahmsweise dem Gesichtspunkt echter *solutio* unterfallen, ist oben dargetan worden.

2. Die Lehre von der Exekution sei von dem Schulstreit, welcher bei der *datio in solutum* hervortrete, ob die Tilgung der Forderung *ope exceptionis* oder *ipso iure* erfolge, völlig unberührt geblieben. Dieser Umstand soll, ebenso wie der weitere, daß die Exekution im Bericht des Gaius über die Tilgungsgründe der Obligation nicht besonders erwähnt werde, dafür sprechen, daß die Exekution dem (engeren) Solutionsbegriff unterfalle (S. 7/8). Das erste Argument ist aber deshalb nicht beweisend, weil die *ipso iure*- Wirkung nicht nur der eigentlichen *solutio* zukommt (s. oben S. 35), das zweite, weil die Exekution als prozessuale Institution gar nicht in die Lehre von der Tilgung der Obligationen gehört.

3. Sollen der Sprachgebrauch der Quellen und die Analogie des Pfandverkaufs dafür sprechen, daß die zwangsweise Beitreibung des Geschuldeten durch *bonorum venditio* oder durch Verkauf der gepfändeten Sache sich als echte *solutio* darstellten. Siber bezieht sich hier darauf, daß die Quellen im Hinblick auf die zwangsweise Befriedigung durch Verkauf der gepfändeten Sache von „*pecunia ex causa iudicati soluta*", bei der an Stelle der *bonorum venditio* unter bestimmten Voraussetzungen zulässigen Veräußerung der einzelnen Vermögensstücke des Schuldners durch einen bestellten Kurator von einem „*ex bonis (debitoris) solvere*" die Rede sei.

(l. 9 pr. D. 4, 4, l. 5 D. 27, 10). —

Dem Gebrauch dieser Ausdrücke kann aber keinerlei entscheidende Bedeutung beigemessen werden; es kommt ihren Verfassern, wie aus dem Zusammenhange hervorgeht, nicht darauf an, die Natur der Zwangsvollstreckung zu charakterisieren, sondern einen kurzen Ausdruck für den mit Befriedigungswirkung verbundenen Hergang zu gewinnen. Wie mißlich es gerade in der Lehre von der *solutio* ist, aus einem von den Quellen gebrauchten Ausdruck entscheidende Folgerungen zu ziehen, versteht sich bei dem Schwanken des Sprachgebrauchs, wofür in § 1 Belege gegeben worden sind,[14a] von selbst. Vor allem aber wenden die Quellen auf die zwangsweise Befriedigung regelmäßig gerade nicht den Ausdruck *solvere*, sondern „*satisfacere*“ an. Dies ist Siber natürlich nicht entgangen, er sucht aber dieses Gegenargument durch den Nachweis zu beseitigen, daß *satisfacere* auch gleichbedeutend mit *solvere* sein könne (S. 7 und die Note 7 daselbst angeführten Stellen). Dies ist aber richtig nur in dem Sinne, daß der Ausdruck „*satisfacere*“ auch die Fälle des „*solvere*“ umschließt, nicht in dem, in welchem es allein für Siber beweisend wäre, daß *satisfacere* unter Umständen technisch für die eigentliche *solutio* stehe.[15]

Am scheinbarsten ist die Berufung Sibers auf die Analogie

[14a] S. auch Note 9 dieses Paragraphen (S. 37).

[15] In den von Siber a. a. O. S. 7 Note 7 angeführten Stellen steht *satisfacere* in der Mehrzahl der Stellen mit dem Dativ in dem untechnischen Sinne von „Genüge leisten“ (so in l. 40 § 1 D. 2, 14; l. 54 § 1 D. 19, 2; l. 13 § 1 D. 27, 9; l. 9 C. 2, 4; l. 1 C. 3, 18; l. 2 C. 4, 37), in den andern in der weiteren Bedeutung von: dem Gläubiger auf irgend eine Weise materielle Befriedigung gewähren, vgl. l. 5 § 3 D. de V. O. 45, 1. Dies liegt ohne weiteres auf der Hand bei l. 10 § 8 D. 42, 8 und l. 2 C. 5, 58. Aber auch bei den in Note 7 in erster Linie genannten l. 5 § 17 D. 36, 4 und l. 176 D. 50, 16 steht es nicht anders. Letzteres Fragment sagt weiter nichts, als daß „*solutio*“ in weiterem Sinne auch jedes Zufriedenstellen des Gläubigers (*satisfactio*) umschließe, was zu bemerken nicht überflüssig war; denn bei der Formelkonzeption wurde zwar vielfach das *satisfacere* neben dem *solvere* ausdrücklich hervorgehoben (wie namentlich bei der Serviana und quasi Serviana), in manchen Fällen aber auch nicht, wobei sich dann das Bedürfnis, das *solvere* in weiterem Sinne zu verstehen, herausstellen mochte (vgl. z. B. l. 4 § 3 D. 42, 1). Daher beweist diese Stelle nichts dafür, daß *satisfactio* = *solutio* im technischen Sinne sei.

Was aber die l. 5 § 17 D. 36, 4 betrifft, so handelt es sich bei ihr um die sogenannte *missio Antoniniana*, nach welcher der Vermächtnisnehmer unter Umständen in das eigene Vermögen des beschwerten Erben eingewiesen wird, nicht, wie bei der *missio legatorum servandorum causa* nur des Pfandverkaufs, indem er die Perzeption des Pfanderlöses durch den Gläubiger beim Verkauf einer gepfändeten Sache in Parallele setzt zu der Perzeption beim Verkauf einer freiwillig verpfändeten und schließt: bei beiden liege echte Erfüllung vor, denn die Perzeption des Erlöses befreie den Schuldner *ipso iure* und bewirke zugleich volle Befriedigung des Gläubigers; „das Fehlen einer Schuldnerhandlung bedeute keinen rechtlich beachtenswerten Unterschied im Vergleich mit der Erfüllung" (S. 9, 11). Dem gegenüber ist zunächst zu bemerken, daß die von Siber S. 9 angeführten Stellen (l. 26 D. de solut. 46, 3; l. 59 § 4 D. mand. 17, 1) l. 10 C. de O. et. A. 4, 10; (von den übrigen gilt das gleiche) nur die unbestreitbare Tatsache bestätigen, daß der (definitiven) Perzeption des Pfanderlöses durch den Pfandgläubiger *ipso iure*- und Befriedigungswirkung betreffs der Pfand-

in das, was der Onerierte von der Erbschaft in Händen hat. Diese *missio Antoniniana* ist an die Voraussetzung geknüpft, daß die Befriedigung des Vermächtnisnehmers wegen des fälligen Vermächtnisses 6 Monate lang nach der Belangung des Beschwerten beim kompetenten Richter verzögert worden ist. Hier soll der Vermächtnisnehmer in das eigene Vermögen des beschwerten Erben eingewiesen werden, um sich aus den Früchten selbst zu befriedigen. Wenn nun Ulpian in l. 5 § 17 das „*si-in satisfactione cessatum est*" des Reskrips (§ 16) dahin erläutert, daß „*satisfactionis verbum licet latius patet, tamen ad exsolvendum legatum refertur*", so bedeutet dies nicht, daß die Befriedigung des Vermächtnisnehmers nur auf dem Wege der *solutio* erfolgen könne. Denn zweifellos käme das Recht des Vermächtnisnehmers in Wegfall, wenn er etwa innerhalb dieser Frist von dem Erben einen andern Gegenstand an Erfüllungsstatt angenommen hätte. Vielmehr soll damit nur die abweichende Voraussetzung der *missio Antoniniana* von der *missio leg. serv. causa* hervorgehoben werden. Voraussetzung für diese *missio Antoniniana*, die Einweisung in das eigene Vermögen des Erben, ist nicht die Unterlassung der Sicherheitsleistung, wie bei der *missio leg. serv causa*, sondern das Hinausschieben der Befriedigung des Vermächtnisnehmers (vgl. § 18). Abgewiesen wird also im § 17 die Deutung des *satisfacere* als bloßer Sicherstellung im Sinne von *satisdare* (dazu lag Anlaß vor, weil *satisfacere* mitunter im gleichen Sinne wie *satisdare* gebraucht wird, vgl. l. 30 pr. D. de usu et usufr. leg. 33, 2); keineswegs soll der Begriff eingeschränkt werden in dem Sinne, daß er nur die eigentliche Zahlung, nicht auch die materielle Befriedigung des Vermächtnisnehmers begreife. Vgl. auch Brissonius, de solut. et liberat. op. min. p. 114: *quod ergo dicitur, satisfactionem pro solutione esse solutionisque verbo contineri, ex voluntate creditoris, satisfactione ultro contenti, procedit.*

schuld zukomme. Daß sie Erfüllung dieser sei, ist damit noch nicht gesagt.

Zweifellos ist die Zahlung des Kaufpreises für die verkaufte Pfandsache Erfüllung seitens des Käufers, d. h. Erfüllung seiner durch den Kauf begründeten Schuld dem Pfandgläubiger gegenüber. Sie ist aber nicht echte Erfüllung der Schuld, für welche das Pfand bestellt oder genommen worden ist. Denn der Käufer zahlt nur auf seine Schuld hin, nicht auf die des Verpfänders.[16] Der Käufer braucht ja gar nicht zu wissen, daß sein Verkäufer nicht Eigentümer, sondern nur Pfandgläubiger ist; und er wird es regelmäßig nicht wissen, wenn die Pfandsache nicht unter der Bezeichnung als Pfand verkauft worden ist. Die Rechtsgültigkeit der Veräußerung wird dadurch nicht tangiert, nur die Haftung des Pfandgläubigers ist in diesem Falle eine strengere als bei offenem Verkauf als Pfandgläubiger.

Am klarsten aber tritt der Mangel einer direkten Beziehung des Geleisteten zur Pfandschuld darin zutage, daß diese nur getilgt wird, wenn der Pfandgläubiger nach seinem Rechtsverhältnisse zum Käufer der Pfandsache den Erlös definitiv behalten darf. Muß er den perzipierten Erlös wieder herausgeben, weil er sich etwa dazu für den Fall der später eingetretenen Eviktion verpflichtet hat, so stellt sich heraus, daß die Tilgung der Pfandforderung bloßer Schein war.[16a]

In der Tat liegt daher das Verhältnis so, daß nicht die Leistung des Käufers der Pfandsache als solche die Pfandschuld tilgt, sondern daß die Erfüllung des Käufers (Leistung mit

---

[16] Daher erwirbt (dies ist auch die ganz überwiegende Meinung der römischrechtlichen Literatur) der Pfandgläubiger an dem für die Pfandsache gezahlten Erlöse sofort Eigentum, nicht erst Pfandrecht.

Vgl. Exner, Kritik des Pfandrechtsbegriffs S. 40f.; Windscheid, I § 237 Note 22a; G. Kretschmar, Secum pensare S. 80f., 86f., 92, 98, 100f. (eine Konsequenz, die im B.G.B. bekanntlich nach Höhe des dem Pfandgläubiger zu seiner Befriedigung gebührenden Erlöses gleichfalls gilt, bezüglich der *hyperocha* aber durch das Surrogationsprinzip durchbrochen wird, vgl. § 1247).

[16a] l. 12 § 1 D. de distr. pign. 20, 5; vgl. auch die in l. 59 § 4 D. mand. 17, 1 bei noch weitergehender freiwilliger Haftungsübernahme getroffene Entscheidung.

definitivem Tilgungseffekt der Kaufschuld) als weitere Rechtsfolge die Tilgung der Pfandschuld nach sich zieht.[17]

Mag daher auch die Wirkung der Perzeption des Erlöses sowohl hinsichtlich der Befriedigung, wie hinsichtlich der *ipso iure*-Wirkung der Erfüllung gleichstehen — es mangelt, soweit es sich um Tilgung der Pfandschuld und nicht der Kaufpreisschuld handelt, das für die echte Erfüllung charakteristische Tatbestandselement der Realisierung des Obligationsinhalts.

Was aber speziell die zwangsweise Beitreibung des Geschuldeten angeht, so mußte ihre Auffassung als *solutio* den Quellen aus einem doppelten Grunde besonders fern liegen. Zunächst nach der Grundvorstellung der *solutio,* welche als Lösung der Haftung des Schuldners den Gegensatz zu der Realisierung dieser Haftung durch Exekution bildet. Nach der späteren Auffassung der *solutio* aber steht der Subsumtion der Zwangsbeitreibung unter den Begriff der Erfüllung entgegen, daß ein „*facere quod facere promisit*" mangels einer freien Handlung des Schuldners nicht vorliegt.

Hiernach bleibt es bei dem oben formulierten Ergebnisse: Der engere Solutionsbegriff der Quellen umfaßt im wesentlichen die Konkretisierung des Obligationsinhalts. Vom solutorischen Rechtsgeschäft, welches nicht zugleich Verwirklichung des Obligationsinhalts ist, nur die oben S. 37 bezeichneten Spezialfälle. — *Datio in solutum,* Zwangsbeitreibung und *concursus duarum cau-*

---

[17] In der gemeinrechtlichen Literatur ist es bekanntlich streitig, wieweit zur Herbeiführung der Tilgungswirkung bezüglich der Pfandschuld noch ein besonderer Willensakt des Gläubigers (Aufrechnung des Erlöses auf die Pfandschuld) erforderlich ist (vgl. darüber G. Kretschmar, Secum pensare S. 101 f.). Aber auch wenn man dieses Erfordernis verneint und in dem *computare* und *accepto referre* der Quellen eine bloße Rechnungsoperation erblickt (G. Kretschmar a. a. O. S. 101), so bleibt doch wahr, daß die Tilgung zwar *ipso iure* und mit Befriedigungswirkung eintritt, aber nicht kraft des der Erfüllung eigentümlichen Tatbestandes, nämlich nur indirekt, als Konsequenz einer anderweiten Rechtswirkung, der definitiven Perzeption der Kaufpreisschuld. Diese Verschiedenheit des Tatbestandes der Perzeption von der Erfüllung ist denn auch in der Literatur bei aller Neigung, erstere dogmatisch an die letztere anzuschließen, nicht verkannt worden; vgl. besonders Dernburg, Pfandrecht II S. 205; G. Kretschmar, a. a. O. S. 103.

sarum lucrativarum gleichen zwar der Erfüllung hinsichtlich der *ipso iure-* und Befriedigungswirkung, sind aber nicht *solutio* im engeren Sinne. Der widerspruchsvolle Zustand der Quellen darf nicht zu der Meinung verführen, daß die *solutio* „überhaupt nicht als positiv abgegrenztes Rechtsinstitut mit eigentümlich fixierten Rechtssätzen zu denken sei".[18]

Vielmehr hat sich die römische Jurisprudenz um die Herausarbeitung eines engeren Solutionsbegriffs bemüht. Ein reines Ergebnis ist nur deshalb nicht gewonnen worden, weil zur Begriffsbildung nacheinander zwei dogmatisch unvereinbare Begriffselemente verwendet worden sind, indem zunächst die rechtsgeschäftliche Natur des Tatbestandes, sodann aber das Verhältnis zum Obligationsinhalt als begriffskonstituierendes Element in den Solutionsbegriff eingegangen ist.

§ 4.

Das Verhältnis der *in solutum datio* zur Erfüllung und zu verwandten Tilgungsakten.

I. In der Lehre von der *in solutum datio* haben die römischen Juristen den entscheidenden Gegensatz zur *solutio*, daß im Einverständnis mit dem Gläubiger ein anderer Gegenstand als der geschuldete zur Schuldtilgung hingegeben wird, klar herausgestellt. Sie ziehen daher eine scharfe Grenze zwischen dem Falle, wo dem Schuldner schon nach dem Inhalt der Obligation gestattet ist, sich durch die eine oder die andere Leistung zu befreien, und dem, wo kraft Vereinbarung mit dem Gläubiger ein außerhalb der Obligation stehender, nicht geschuldeter Gegenstand an Stelle des geschuldeten geleistet wird; vgl. besonders l. 98 § 6 D. de solut. 46, 3.[1]

---

[18] So Hartmann, a. a. O. S. 65, mit der weiteren Bemerkung: es sei „lediglich Sache des konventionellen Sprachgebrauchs, wenn mit dem Ausdruck *solutio* im engeren Sinne eine Reihe von Fällen bezeichnet werde, wo durch die Herstellung des obligationsgemäßen Erfolges die Obligation nach der Absicht der Leistenden erlösche".

[1] vv. „*quia non factum pro facto solvere videtur, sed electio promissoris completur*".

Der erste Fall ist *solutio*, der zweite als „*aliud pro alio solvere*" bloße *satisfactio*.

Welche erhebliche Bedeutung diese Unterscheidung für die Gestaltung des Tatbestandes besitzt, an den die Liberationswirkung sich anschließt, ist oben S. 38f., 42 dargelegt worden. Sobald man aber über diese begriffliche Abgrenzung von der *solutio* hinaus die Natur der Rechtsfolge der *in solutum datio* und ihr Verhältnis zu anderen Befriedigung gewährenden Akten ins Auge faßt, gewahrt man mit einigem Befremden, wie wenig die römische Jurisprudenz hier zu abgeklärten Prinzipien, ja auch nur zur Feststellung einheitlicher Rechtssätze hindurchgedrungen ist. Es begegnet zunächst der Gegensatz der Juristenschulen in einem Punkte, welcher für die frühere Kaiserzeit von der allergrößten praktischen Bedeutung war, nämlich in der Frage der *ipso iure*- oder der bloß exzeptivischen Wirkung des „*aliud pro alio solvere*".

Gai. Institutionen III 168: *Tollitur autem obligatio praecipue solutione eius quod debetur. unde quaeritur, si quis consentiente creditore aliud pro alio soluerit, utrum ipso iure liberetur, quod nostris praeceptoribus placuit, an ipso iure maneat obligatus, sed adversus petentem exceptione doli mali defendi debeat, quod diversae scholae auctoribus visum est.*

Hiernach verteidigten die Sabinianer die *ipso iure*-Wirkung der *in solutum datio*, während die Prokulianer auf eine bloß exzeptivische, durch prätorischen Schutz vermittelte Wirkung hinauskamen.

Daran schließt sich die Divergenz der Quellen in der Frage, wie es zu halten sei, wenn der an Erfüllungsstatt gegebene Gegenstand dem Empfänger evinziert wird — ob dieser auf die ursprüngliche Obligation zurückgreifen dürfe, oder ob letztere trotz der Eviktion getilgt bleibe und dem Gläubiger nur ein Eviktionsanspruch nach Kaufsanalogie zuständig sei. Vgl. Marcian in l. 46 pr. § 1 D. de solut. 46, 3; l. 8 C. de sent. 7, 45 einerseits, Ulpian in l. 24 pr. D. de pign. act. 13, 7; l. 4 C. de evict. 8, 44 (45) andererseits.

Abgesehen von solchen offenen Dissonanzen bestehen mehr versteckte Schwierigkeiten besonders in der Frage, ob der Gesichtspunkt der *datio in solutum* oder der der Novation in Anwendung zu bringen ist, wenn der Gläubiger für seine Forderung durch eine andere, neu zu begründende, sei diese nun gegen den Schuldner oder gegen einen Dritten gerichtet, abgefunden werden soll.

Sieht man von der Frage der *ipso iure*-Wirkung ab, deren Lösung schon seit Diokletian (l. 17 C. de solut. et lib. 8, 42) und sicher im justinianischen Rechte (pr. Inst. III 29) im Sinne ihrer Bejahung feststeht, so hat der Streit über die andern wichtigen Punkte der Lehre nie geruht. Auch bei der Abfassung des B.G.B. ist der Knoten nicht gelöst, nur durchhauen worden.

Hiernach beruht der unfertige Zustand der Lehre zum Teil auf der Zerfahrenheit der römischen Quellen. Aber auch die moderne Theorie hat ihn insofern mit zu verantworten, als sie bis in die neueste Zeit hinein die Abhängigkeit dieser Kontroversen von spezifisch römischen Institutionen und von der Methode der römischen Jurisprudenz nicht in ihrer vollen Bedeutung gewürdigt hat. Erst wenn der historische Ausgangspunkt der Kontroversen klargestellt ist, wird die Frage, wieweit sie das innere Wesen der Annahme an Erfüllungsstatt berühren, erfolgreich behandelt werden können.

In dieser Richtung bedeutet es einen erheblichen Schritt nach vorwärts, daß KARLOWA die enge Beziehung richtig gedeutet hat, die zwischen zweien dieser Kontroversen besteht. Er führt nämlich (Röm. Rechtsgeschichte II S. 1382) aus, daß die prokulianische Ansicht, nach welcher die Obligation im Falle der Leistung an Zahlungsstatt nur *ope exceptionis* erlischt, zu der Konsequenz führe, dem Gläubiger im Falle der Eviktion des an Zahlungsstatt gegebenen Gegenstandes den Rückgriff auf die alte Obligation zu gestatten, weil dem von neuem fordernden Gläubiger nunmehr die *exceptio doli* nicht mehr mit Grund opponiert werden könne. Umgekehrt, den Standpunkt der Sabinianer erläutert er dahin, daß sie die Obligation durch die *in solutum datio* schlechthin als getilgt angesehen hätten, so daß also auch im Fall der Eviktion des an Zahlungsstatt gegebenen Gegenstandes die alte Obligation nicht mehr vorhanden gewesen sei, weshalb sie dem Gläubiger wegen der Eviktion mit der *utilis emti actio* geholfen hätten.[2]

[2] Schon vor KARLOWA ist die Antinomie, welche die Wirkung der Eviktion des an Erfüllungsstatt gegebenen Gegenstandes betrifft, mit dem

In der Tat läßt sich an diesem Zusammenhang nicht wohl zweifeln. Freilich fehlt eine direkte Bestätigung insofern, als die Folgen der Eviktion des an Zahlungsstatt gegebenen Gegenstandes erst von späteren Juristen behandelt werden;[3] es kann daher weder bei einem Sabinianer noch bei einem Prokulianer an seiner Stellung zu dieser Frage die Probe aufs Exempel gemacht werden. Immerhin führt die Verfolgung der bekannten Grundsätze über *ipso iure-* und bloß exzeptivische Wirkung mit unmittelbarer Evidenz auf das von KARLOWA aufgestellte Ergebnis. Es besteht aber noch eine Schwierigkeit, die von KARLOWA nicht in befriedigender Weise beseitigt worden ist.[4] Die erwähnte

---

Schulgegensatz in der Frage der *ipso iure*-Wirkung der *in solutum datio* in Verbindung gebracht worden, aber gerade im umgekehrten Sinne, als KARLOWA dies tut. So kombiniert eine in der französischen Literatur hervorgetretene Ansicht die Meinung Marcians, der im Fall der Eviktion den Rückgriff auf die alte Obligation gestattet (l. 46 pr. § 1 D. de solut. 46, 3) mit der sabinianischen Lehre; es wird unterstellt, daß die Sabinianer die *in solutum datio* durchaus nach Analogie der Zahlung behandelt und also zwar für den Fall der definitiven Verschaffung des *in solutum* gegebenen Gegenstandes Tilgung mit *ipso iure*-Wirkung hätten eintreten lassen, im Fall der Eviktion aber überhaupt keine. So DEMANGEAT, Cours élémentaire de droit romain (3) II p. 497/498; dagegen ACCARIAS, Précis de droit romain II Num. 691 Note 1 p. 681 und MONTÉGU, De la datio in solutum, Thèse de Grenoble p. 95/96, welche beide für die gegenseitige Unabhängigkeit beider Kontroversen voneinander eintreten. Wieder anders VOIGT, XII Tafeln I § 57 Note 10 (S. 562). Er bringt die verschiedene Wirkung der *in solutum datio* mit der verschiedenen Wirkung der *pactio* (bald *ipso iure*, bald bloß *ope exceptionis*) in Zusammenhang und bemerkt, daß die Schulen diesen Gesichtspunkt später aufgegeben hätten, indem sie die *datio in solutum* der Theorie der *solutio* unterstellt hätten. Wenn hier nicht ein Druckfehler vorliegt, indem statt „Schulen" vielmehr „Sabinianer" stehen soll, so ist zu erinnern, daß die Prokulianer ja nach dem ausdrücklichen Bericht des Gaius (Inst. III 168) den Schritt zur *ipso iure*-Wirkung der *in solutum datio* nicht getan haben.

[3] Von Marcian in l. 46 pr. § 1 D. de solut. 46, 3 und von Ulpian in l. 24 pr. D. de pign. act. 13, 7; vgl. außerdem die Kodexstellen l. 8 C. 7, 45 und l. 4 C. 8, 44 (45).

[4] Im Interesse der Sache sei erwähnt, daß dem Verfasser die Grundzüge der hier und im folgenden entwickelten Ansicht schon vor der Veröffentlichung des betreffenden Teils des KARLOWAschen Werkes feststanden. Bei der literarischen Priorität KARLOWAS hinsichtlich der Grundidee glaube

Interpretation der sabinianischen Auffassung beruht nämlich auf der Voraussetzung, daß die Sabinianer die *ipso iure*-Wirkung der *in solutum datio* an die bloße Annahme des *aliud* durch den Gläubiger banden, ohne Rücksicht darauf, ob der Gläubiger den angenommenen Gegenstand auch behalten konnte. Denn hieraus geht ja gerade die Nötigung hervor, den Gläubiger im Falle der Eviktion durch einen neu fundierten Eviktionsanspruch zu entschädigen. Hiergegen erhebt sich aber insofern ein gewichtiges Bedenken, als bei der *solutio* selbst die Tilgungswirkung bekanntlich davon abhängig ist, daß voll geleistet worden ist und der Gläubiger das Geleistete behalten kann.[5]

Es muß also zur Rechtfertigung der Karlowaschen Ansicht noch in befriedigender Weise erklärt werden, weshalb die Sabinianer abweichend von dem für die *solutio* zweifellos geltenden Satze die Tilgungswirkung der *in solutum datio* unabhängig von dem Behaltenkönnen des Gläubigers eintreten ließen.[6]

Berücksichtigt man diese Gestaltung der wissenschaftlichen Beweislast, so kann Karlowas Bemerkung, „daß es an jeglichem Grunde mangle, den Sabinianern die Auffassung zuzuschreiben, die Tilgung der alten Obligation sei bedingt dadurch, daß der Gläubiger die *in solutum* gegebene Sache behalten könne“, nicht für durchschlagend erachtet werden.

Nun findet zunächst die Stellungnahme der Sabinianer in unserer Frage ein vollständiges Analogon in ihrer Behandlung des Tausches.[7] Wie sie nämlich (s. Gai. III 141) nach dem Vorgang des Caelius Sabinus den Tausch dadurch den Normen des Kaufvertrags unterwarfen, daß sie die eine der in Tausch gegebenen Sachen als „*pretii nomine*“ gegeben ansahen, so sahen sie

---

ich, diese Bemerkung nicht unterdrücken zu sollen, weil es für die innere Berechtigung einer durch äußere Quellenzeugnisse nicht direkt gestützten Auffassung offenbar nicht gleichgültig ist, ob mehrere Autoren unabhängig von einander zu ihr geführt werden.

[5] l. 58 D. de evict. 21, 2; l. 29 § 3 D. de leg. III (32); l. 27 D. de solut. 46, 3.

[6] Diese Notwendigkeit ist evident, wenn man die Begründung der in Note 2 dieses Paragraphen erwähnten Ansicht von Demangeat ins Auge faßt.

[7] Hierauf hat bereits Montégu, De la datio in solutum p. 83 richtig hingewiesen.

offenbar bei der *datio in solutum* die an Zahlungsstatt gegebene Sache als „*debiti nomine*“ gegeben an und kamen folgeweise zu der gleichen direkten Wirkung wie bei der Zahlung.

Es ist aber bisher nicht beachtet worden, daß diese Auffassung aus einer der Sabinianischen Schule eigentümlichen Denkform hervorgeht, von der die zu ihr gehörenden Juristen häufig Gebrauch machen, um die analoge Anwendung von Rechtssätzen, welche auf einem andern Gebiet entwickelt worden sind, zu ermöglichen. Diese Denkform läßt sich dahin charakterisieren, daß an Stelle des Gegenstandes sein Wert veranschlagt und dieser als Vertragsgegenstand substituiert wird.

Wir sind in der Lage, diese methodische Eigentümlichkeit der Sabinianischen Schule noch in einer andern Lehre nachweisen zu können, wo sie mit besonderer Deutlichkeit zutage tritt. Es handelt sich um die Lehre von der *dos aestimata.* Diese Lehre, welche zweifellos eine Schöpfung der Sabinianischen Schule ist,[8] weist merkwürdige Parallelen zu der Lehre von der *in solutum datio* auf. Hier wie dort wird das Verhältnis als ein kaufsähnliches aufgefaßt,[9] hier wie dort wird im Falle der Eviktion des durch die Anschlagssumme vertretenen Gegenstandes nicht die Klage aus dem ursprünglichen Rechtsverhältnis, sondern eine auf die Eviktion fundierte neue Klage gegeben, zu deren Begründung die Analogie des Kaufs herangezogen wird.

In beiden Fällen ist nun die Auffassung nicht etwa die, daß ein reiner Kauf vorliege, daß also der ästimierte Gegenstand um den Schätzungspreis verkauft werde.[10] Wäre dies der Fall, so hätten die Sabinianer gerade nicht zu der direkten Wirkung der Hingabe der *in solutum datio* gelangen können, hätten vielmehr die Tilgung erst eintreten lassen können infolge einer Aufrechnung der Kaufpreisschuld gegen die zu tilgende Forderung.[11]

---

[8] Ihre wesentlichen Punkte sind sämtlich in den libris ad Sabinum des Pomponius, Ulpians und Paulus' entwickelt, s. l. 10—18 D. de iur. dot. 23, 3.

[9] Vgl. besonders die sehr instruktive l. 16 D. 23, 3.

[10] A. M. Montégu a. a. O.

[11] Ein solches Geschäft ist in der Tat in den Quellen enthalten (in der von Marcian herrührenden l. 44 D. de solut. 46, 3: *In numerationibus aliquando evenit, ut una numeratione duae obligationes tollantur uno momento:*

Die sabinianische Auffassung ist vielmehr so zu erklären, daß der geleisteten Sache ihr Wert substituiert wird, so daß der Gläubiger diesen Betrag direkt *solvendi causa* erhält[12] — womit ja wenigstens dann, wenn es sich, wie gewöhnlich, um eine Geldforderung handelte, die direkt tilgende Wirkung ohne weiteres erklärt war.[13]

Was den abweichenden Standpunkt der Prokulianer anlangt, so war ihnen der Weg, der *in solutum datio ipso iure*- Wirkung beizulegen, wohl besonders dadurch verschlossen, daß sie in der Anwendung der Analogie viel strenger verfuhren, als die Sabinianer.[14] Hiernach blieb ihnen nichts anderes übrig, als die *in solutum datio* als eine Vereinbarung zu erfassen, vermöge deren der Gläubiger gegen Überlassung des an Erfüllungsstatt gegebenen

---

veluti si quis pignus pro debito vendiderit creditori: evenit enim, ut et ex vendito tollatur obligatio et debiti. Zutreffend beurteilt ist es freilich von Marcian nicht. Er übersieht, oder bringt doch nicht klar zum Ausdruck, daß die Aufhebung der beiden Obligationen nicht auf der Leistung der verkauften Pfandsache, sondern auf dem Kompensationsvertrage der Parteien beruht. — Wegen des analogen Falles der *dos aestimata* vgl. BECHMANN, Kauf II S. 563 Lit. a.

[12] Ein deutlicher Anklang dieser Vorstellung findet sich bei Ulpian in l. 24 pr. D. 13, 7 in den Worten: „*quemadmodum si pro soluto ei res data fuerit, ut in quantitatem debiti ei satisfiat vel in quantum eius intersit.*“

[13] Ging die zu tilgende Forderung auf eine Sache, so mußte die geschilderte Operation doppelt in Anwendung gebracht werden, vgl. die in l. 19 § 5 D. 21, 1 für den Tausch gezogene Konsequenz; freilich, der andern Schule lieferte diese Notwendigkeit einen Angriffspunkt: Gai. III 141 i. f. vgl. l. 1 pr. D. 19, 4.

[14] Man vergleiche die Stellungnahme beider Schulen in der Kontroverse, in wessen Eigentum eine durch Vindikationslegat vermachte Sache während des Schwebens der beigefügten Bedingung stehe. Während die Sabinianer die rein äußerliche Ähnlichkeit der Rechtslage eines *statuliber* zur Entscheidung dieser Frage heranziehen (Gai. II 200), finden die Prokulianer eine selbständige Entscheidung. In l. 27 pr. D. de pact. 2, 14 warnt Labeo vor einer falschen Analogie: „*nam nec novare alium posse, quamvis ei recte solvatur; sic enim et his, qui in nostra potestate sunt, recte solvi quod crediderint, licet novare non possint*“; ebenso Celsus in l. 25 D. de novat. 46, 2. Dagegen betrachte man die Behandlung derselben Frage durch den Sabinianer Venuleius in l. 31 § 1 D. 46, 2 mit der bekräftigenden Hervorhebung der Analogie der *solutio.* Vgl. auch DIRKSEN, Beitr. zur Kunde des röm. Rechts (1825) S. 46, 66f.

Gegenstandes auf die Geltendmachung seiner Forderung verzichtete. Dies führte zu lediglich exzeptionsmäßigem Schutz des Schuldners, mit der von Karlowa a. a. O. hervorgehobenen Konsequenz, daß im Falle der Eviktion des an Erfüllungsstatt gegebenen Gegenstandes der Gläubiger auf die nach Zivilrecht nicht getilgte Forderung zurückgreifen und die entgegengesetzte *exceptio pacti* durch *replicatio doli* zurückschlagen konnte.

Bis auf Karlowa ist die Literatur an der richtigen Lösung vorbeigegangen.

Sie fand sich entweder mit einer rein äußerlichen Vereinigung der widerstreitenden Quellenstellen ab[15] oder unterschied, wie die Glosse und Cuiacius,[16] ob die Sache für eine Geldschuld oder eine Speziesschuld an Erfüllungsstatt gegeben sei, wobei nur für den ersten Fall die Analogie des Kaufs herangezogen wurde,[17] oder endlich, sie riß das einheitliche Institut der *in solutum datio* in zwei Geschäfte mit verschiedenem Charakter auseinander.[18]

Diese Rückständigkeit der Theorie hat bei der Abfassung des B.G.B. üble Früchte getragen. Die Erkenntnis, daß die

---

[15] So die das moderne gemeine Recht beherrschende Vermittlungstheorie, nach welcher es im Falle der Eviktion der Wahl des Gläubigers anheim gegeben wird, ob er auf die alte Obligation zurückgreifen, oder nach Analogie des Kaufs Ansprüche wegen der Eviktion erheben will — eine Theorie, der Puchta, Pandekt. § 240; Römer, Leistung an Zahlungsstatt S. 54 f.; Bechmann, Kauf II S. 557 und Windscheid II § 342 Note 14 huldigen (vgl. auch die dort weiter angeführten Schriftsteller).

[16] Gl. ad l. 8 C. de sent. 7, 45; Cuiacius Observ. lib. XIX c. 38, Comment. in tit. de evict. lib. VIII Cod. l. 4 ed. Venet. Tom. IX. p. 1217.

[17] Diese Ansicht hat mancherlei Schattierungen, vgl. darüber Römer a. a. O. S. 41 f.

[18] So namentlich Schliemann, Haftung des Zedenten S. 49 f. mit seiner Unterscheidung einer den Schuldner bloß berechtigenden und einer ihn auch verpflichtenden *in solutum datio*, welch letztere als Kauf zu betrachten sei, und Ernst in der gut geschriebenen Dissertation über die Folgen mangelhafter Beschaffenheit der Leistung an Zahlungsstatt (1890); letzterer führt die in den Quellen hervortretende Verschiedenheit der Rechtsfolge der *datio in solutum* darauf zurück, daß die *datio in solutum* in doppelter wirtschaftlicher Funktion (als Umsatzgeschäft und als rein solutorisches Geschäft) auftreten könne (S. 17, 32, 55, 58). Dem Standpunkt der Quellen wird diese Unterscheidung jedenfalls nicht gerecht, s. die Darstellung im Text und Biermann in Goldschmidts Zeitschr f. H.-R. Bd. 40 S. 315.

Annahme an Erfüllungsstatt ein rein solutorisches Realgeschäft ist, hätte dazu führen müssen, ihr zwar direkte (nicht nur durch Einrede vermittelte) Tilgungswirkung zuzuschreiben, aber doch nur unter der Voraussetzung, die für die Erfüllung selbst gilt — daß dem Gläubiger das Geleistete definitiv verschafft wird. Statt dessen nahm man unbesehen die eine der in den Quellen sich bekämpfenden Meinungen, daß die Tilgungswirkung ohne Rücksicht hierauf eintrete, in das neue Recht hinüber und mußte nun wohl oder übel auch ein ähnliches Korrektiv anbringen — den nach Kaufsrecht gestalteten Anspruch bei hervortretenden Rechtsmängeln. So hat im Rechte des B.G.B. die sabinianische Theorie ihre Restauration erlebt.

Sowohl theoretisch als praktisch wäre die Überwindung dieses Standpunktes von Vorteil gewesen. Theoretisch entbehrt die der Erfüllung gegenüber eintretende Erweiterung der direkten Tilgungswirkung der Begründung. Die Rechtfertigung, welche der Sabinianischen Schule für ihre eigentümlich gewundene, mit nicht einwandfreien Analogien arbeitende Lehre zugebilligt werden muß — daß die Begründung der *ipso iure*-Wirkung der *in solutum datio* Schwierigkeiten verursachte —, fehlt der modernen Theorie. Vom praktischen Standpunkt aus führt die analoge Heranziehung der kaufsrechtlichen Gewährleistungsansprüche (§ 365 B.G.B.) zu Unzuträglichkeiten.[19]

II. Was die begriffliche Abgrenzung der *in solutum datio* von andern Obligationstilgungsakten betrifft, so ist folgendes in Betracht zu ziehen: Die Lehre hat ihren Ausgangspunkt von dem Normalfall genommen, daß ein körperlicher Gegenstand an Stelle des eigentlich geschuldeten hingegeben wird.

Darauf weist schon die Terminologie hin. Freilich kommt bereits zu Gaius' Zeit der generelle Ausdruck „*aliud pro alio solvere*" vor: Gai. III 168, vgl. l. 2 § 1 D. 12, 1; aber die Redewendungen „*in solutum* oder *pro soluto dare*" und „*rem pro re solvere*" überwiegen doch weitaus, vgl. l. 5 D. 16, 1. l. 45 pr. D. 46, 3; l. 4 § 1

[19] Auf eine besonders hervortretende hat neuerdings Stampe, Das Causa-Problem des Zivilrechts, Greifswald 1904 hingewiesen. Die nähere Erörterung dieser Frage gehört in den speziellen Teil der vorliegenden Arbeit.

C. 7, 71; l. 10 C. 8, 42 (43); l. 24 pr. D. 13, 7; l. 4 C. 8, 44 (45); l. 1 § 5 D. 13, 5.

Nach einer Stelle Ulpians (l. 98 § 6 D. de solut. 46, 3 vv. „*nemo enim dixit facto pro facto soluto liberationem contingere*“) erscheint es überhaupt zweifelhaft, ob zu Ulpians Zeit die Leistung einer reinen Handlung an Stelle einer geschuldeten andern, selbst wenn sie im Einverständnis mit dem Gläubiger erbracht wurde, zur direkten Tilgung der Obligation führte. Jedenfalls folgte die Begründung einer neuen Verbindlichkeit an Stelle der zu tilgenden alten in keiner Weise den Regeln der *datio in solutum,* sondern je nach Lage des Falls denen der Novation oder der Delegation.[20] Die Überlassung einer bereits begründeten Obligation zur Tilgung einer auf einen andern Gegenstand gerichteten ist freilich bereits im römischen Recht als Fall der *in solutum datio* behandelt worden. Aber doch erst infolge der Ausbildung der Zessionslehre, als der Zessionar durch die ihm gewährte *actio utilis* eine vom Zedenten unabhängige Rechtsstellung gewann, so daß dem wirtschaftlichen Erfolge nach eine Übertragung der Forderung angenommen werden konnte.[21] Vor der Ausbildung der Zessionslehre und der Nutzbarmachung der Zession zu dem Zweck eigentlicher *datio in solutum* stand zu dem Behufe, den Gläubiger für seine Forderung durch Einräumung einer andern abzufinden, nur der Weg offen, durch Novation oder Delegation eine andere für ihn neu zu begründen.[22] Wie stellt sich das Verhältnis dieser verschiedenen Formen zueinander? Dieses Problem ist von präjudizieller Bedeutung für die noch im modernen Recht vielumstrittene Frage, ob die Novation und die Delegation zu Schuldtilgungszwecken nicht einfach in der *in solutum datio* aufgegangen sind. Dies würde bedeuten, daß im Falle der Neu-

[20] Darüber sogleich Näheres.

[21] Vgl. hierzu l. 6 C. 4, 10 (Diokletian); l. 5 C. quando fisc. 4, 15.

[22] Hierbei muß man sich vergegenwärtigen, daß die Delegation auch durch Literalkontrakt (Gai. Inst. III 130) und durch Litiskontestation vollzogen werden konnte (l. 11 § 1 D. de novat. 46, 2; vgl. l. 2 C. de O. et A. 4, 10; l. 3 C. de novat. 8, 42). Über die ferner vorhandene Möglichkeit, durch *constitutum debiti alieni* ein ähnliches Ergebnis zu erreichen, s. Bruns, Das *constitutum debiti* in den kleineren Schriften S. 267 (Ztschr. für Rechtsgeschichte I S. 81).

begründung einer Schuld zu dem Zwecke, den damit einverstandenen Gläubiger für eine bestehende Schuld abzufinden, nicht die der Novation oder Delegation eigentümlichen Rechtssätze in Anwendung zu bringen seien, sondern diejenigen, welche für die Annahme eines andern Gegenstandes als des geschuldeten durch den Gläubiger behufs der Forderungstilgung gelten.

Um den richtigen Standpunkt zur Lösung dieser Frage zu gewinnen, ist es erforderlich, von der ursprünglichen Gestaltung dieser Rechtsakte ausgehend den Wandel ihrer juristischen Erscheinungsform zu verfolgen und dabei in Erwägung zu ziehen, wieweit sich hierdurch ihre Funktionen verändert haben und ihr gegenseitiges Verhältnis zueinander verschoben hat.

Die bahnbrechenden Untersuchungen von Salpius' lassen gerade in dieser Frage für manche Ergänzung Raum; durch spätere verdienstvolle Erörterungen[23] sind zwar manche neue Gesichtspunkte aufgestellt, aber auch neue Zweifel in ziemlicher Zahl aufgeregt worden, so daß eine zusammenfassende, auf den Hauptpunkten verweilende und die bisherigen Ergebnisse kritisch verwertende Darstellung nicht überflüssig erscheint.

Sowohl die Novation, wie die Delegation berühren das Gebiet der *datio in solutum* nur mit einem Teile ihrer Wirkungskreise. Hierauf ist zunächst für die Novation näher einzugehen.

Die Novation bedeutet die Ersetzung der alten Obligation durch eine neue, die zwar dem juristischen Entstehungsgrunde nach von ihr verschieden, aber als Vermögenspost, d. h. bei Abstraktion von der spezifisch juristischen Erscheinungsform, mit ihr identisch ist. Gerade der verschiedene Identitätsmaßstab ermöglicht es, die durch die Novationsstipulation geschaffene Obligation als neu und doch in bestimmter Hinsicht als mit der früheren identisch aufzufassen;[24] da nun kein Hindernis besteht, bald die

[23] Hervorzuheben ist aus der neueren Literatur (die ältere siehe bei Windscheid II § 353 Note 2 S. 467/468): R. Merkel, Der römischrechtliche Begriff der *novatio* 90f., 139f.; Wendt, Anweisungsrecht S. 234f.; Karlowa, Röm. Rechtsgeschichte II S. 1388f.; Berndorff, Annahme an Erfüllungsstatt (1904) S. 52f.

[24] Für letzteres ist charakteristisch die Möglichkeit, das Fortbestehen des Pfandrechts, das für die zu novierende Obligation bestand, auszubedingen (*repetitio pignoris*, l. 11 § 1 D. de pign. act. 13, 7).

formelle Verschiedenheit beider Obligationen, bald ihre Identität als Vermögenspost vorwiegend zu betonen, und da die römische Jurisprudenz von dieser Freiheit den ausgiebigsten Gebrauch gemacht hat,[24a] so erklärt sich hieraus die ins Auge springende Mannigfaltigkeit der Funktionen, welche die Novation übernehmen konnte. Wird die Identität der Vermögenspost vorzugsweise betont, so erscheint die Novation als bloße Schuldumwandlung und kann in dieser Richtung den verschiedensten Einzelzwecken dienen, z. B. dem der Sicherung durch Hinzufügung von Akzessionen zur früheren Schuld, der Erleichterung der prozessualen Rechtsverfolgung durch Einkleidung einer materiell charakterisierten Schuld, wie des Darlehens, des Kaufpreises, in eine Stipulationsschuld; der Sukzession, indem dem einen Obligationssubjekt ein anderes substituiert wird. Wird dagegen vorzugsweise die formelle Verschiedenheit der neuen Obligation von der alten betont, so tritt die zerstörende Seite der Novation, die Tilgung der novierten Obligation stärker hervor; und hier kann die Novation in ähnlicher Funktion wie die *in solutum datio* auftreten, indem die Parteien die zu tilgende Obligation behufs Befriedigung des Gläubigers durch die neu begründete ersetzen.[24b]

Nur in der letzterwähnten Funktion kann nun die Novation mit der *in solutum datio* in Parallele gestellt werden. Ist sie in dieser mit ihr zu identifizieren, dergestalt, daß die zum Zweck der Befriedigung des Gläubigers erfolgende Novation theoretisch aufzufassen wäre als *datio in solutum* einer zu diesem Zweck begründeten Forderung?

Diese Frage kann nicht einfach durch die Berufung darauf abgetan werden, daß die Novation, wie sich aus der Betrachtung ihrer verschiedenen Funktionen ergibt, keinen spezifisch solutorischen Charakter an sich trage, während die *in solutum datio* solutorisches Geschäft sei. Denn es handelt sich nicht darum, ob die Novation als Rechtsinstitut mit der *in solutum datio* zu

---

[24a] Indem sie nämlich bald die Novation mit der *solutio* parallelisiert (Nachweis oben S. 35 Note 5), bald, wie in der Legaldefinition (l. 1 pr. D. 46, 2) den Transfusionsgedanken hervorhebt.

[24b] Vgl. Brinz, Pandekten II (2) § 282 S. 372f.; Berndorff, Die Annahme an Erfüllungsstatt (1904) S. 53f.

identifizieren sei, sondern darum, ob die Novation in einer bestimmten Funktion, nämlich wo sie als solutorisches Geschäft auftritt, sich juristisch als ein bestimmter Fall der *in solutum datio*, nämlich als Abfindung des Gläubigers durch eine zu diesem Behuf begründete Forderung darstelle.

Auch durch den Hinweis darauf kann die Frage nicht erledigt werden, daß bei der Novation das zur Befriedigung des Gläubigers dienende Objekt erst geschaffen werde, während es bei der *in solutum datio* schon vorhanden sei. Denn rechtlich bedeutsam ist diese Verschiedenheit nicht an sich, sondern nur dann, wenn sich rechtlich erhebliche Folgen an den erwähnten Unterschied knüpfen.[25]

Solche rechtlich erheblichen Differenzen bestehen im älteren römischen Recht, bis in die frühklassische Zeit hinein zweifellos. Hier hebt sich die Novation als Geschäft von rein formalem Charakter scharf von der auf materielle Befriedigung des Gläubigers gerichteten *in solutum datio* ab.[25a] Rein formal aber ist in jener älteren Periode die Novation insofern, als ihre tilgende Wirkung nicht beruht auf dem materiellen Gesichtspunkt, daß die Parteien gewillt sind, die alte Obligation durch die neue zu ersetzen, sondern darauf, daß in der Novationsformel die Identität der neuen Obligation mit der alten zum Ausdruck gebracht wird.[26]

Die Schärfe dieses Gegensatzes wird in dem Augenblicke

---

[25] Hierauf weist treffend hin: R. Merkel, Der römisch-rechtliche Begriff der *novatio* S. 91 (gegen Kuntze, Die Obligationen im römischen und heutigen Recht S. 136; vgl. auch Römer, Leistung an Zahlungsstatt S. 108).

[25a] Näheres darüber bei Merkel a. a. O. S. 32f.

[26] Mag diese Bezugnahme geschehen durch sogenannte *formula incerta* „*quidquid ex vendito dare facere oportet*" oder durch *formula certa*, wie „*fundum Tusculanum dari*" (l. 75 § 10 D. de V. O. 45, 1). Auf die Frage, ob auch die auf *certa pecunia* gerichtete Stipulation zu Novationszwecken verwendbar war, braucht hier nicht näher eingegangen zu werden. Das Bedenken, daß bei der Stipulation „*centum dari*" die Identität dieser neu versprochenen Hundert mit früher geschuldeten vermöge des rein generischen, jeder Identitätsbeziehung entbehrenden Charakters der Leistung nicht ersichtlich ist (v. Salpius S. 162f., 179f.), erledigt sich doch wohl durch die Möglichkeit, eine solche Beziehung herstellende *demonstratio* in die Stipulationsformel einzufügen (Brinz, Pand. II § 282 S. 378).

gemildert, in welchem der rein formale Standpunkt in der Novationslehre verlassen wird und das voluntare Element mit dem Erfordernis des *animus novandi* Einfluß gewinnt; wo also über die Frage, ob die neue, durch Stipulation begründete Obligation die alte Obligation tilgt, oder kumulativ zu ihr hinzutritt, nicht mehr die Form dieser Stipulation allein entscheidet, sondern in letzter Linie der Wille der Obligationssubjekte, mag auch zunächst noch der Novationswille präsumiert werden.[27]

Indem hier gerade wie bei der *in solutum datio* das entscheidende Gewicht auf den Parteiwillen gelegt wird, ist die durch den ursprünglichen rein formalen Charakter der Novation zwischen dieser und der *in solutum datio* gezogene Schranke gefallen.[28] Immerhin bleibt auch jetzt noch eine wichtige Verschiedenheit in der Art der Wirkung bei der Novation und der *in solutum datio* bestehen. Denn der Grundgedanke der Novation ist der der gegenseitigen Bedingtheit von Forderungsentstehung und Forderungstilgung: Die alte Forderung wird nicht getilgt, wenn die neue nicht wenigstens als naturale oder mit einer *exceptio* behaftete zur Entstehung gelangt; die neue entsteht nicht, wenn die alte nicht wenigstens als naturale oder mit einer *exceptio* behaftete bestand.

Wo dieser Grundgedanke rein zum Ausdruck gelangt — und dies ist auch im modernen Recht noch ganz unbestritten der Fall bei der sogenannten titulierten Novation[29] —, da springt

---

[27] Daß dies der Standpunkt des spätklassischen Rechts gewesen, läßt sich mit hinreichender Sicherheit aus den Quellenzeugnissen dieser Periode herauslesen, vgl. besonders l. 3 pr. D. de duob. reis 45, 2 (Ulpian); l. 8 § 5 D. de novat. 46, 2 (derselbe). Dazu: v. Salpius S. 189; Salkowski, Zur Lehre von der Novation S. 229f.; Merkel a. a. O. S. 45f., 51; Dernburg, Pand. II § 60 Note 6 S. 169.

[28] Als solche kann es nicht angesehen werden, daß auch im späteren römischen Recht noch die Begründung der neuen Obligation an die Form der Stipulation gebunden ist. Denn die Form wirkt nicht mehr als solche novatorisch, das tilgende Moment (erkennbarer *animus novandi*) steht, wie die Tilgungsabsicht bei der *in solutum datio*, außerhalb der Form. In Deutschland ist bekanntlich auch die Einkleidung in die Stipulationsform in Wegfall gekommen.

[29] Hierunter wird mit der gewöhnlichen Meinung der Fall verstanden,

sofort ein wichtiger Unterschied von der *in solutum datio* ins Auge. Bestand nämlich die zu tilgende Forderung nicht, so kommt die zum Zweck der Abfindung des vermeintlichen Gläubigers novationsweise begründete Forderung überhaupt nicht zur Entstehung; bei der *in solutum datio* dagegen würde die neue Forderung allerdings für den vermeintlichen Gläubiger begründet werden, und nur auf den Gesichtspunkt, daß *indebite* geleistet worden sei, würde der Schuldner seine Verteidigung stützen können.

Bei der sogenannten reinen Novation freilich, wo die alte Obligation durch eine neue und in dem Sinne abstrakte ersetzt werden soll, daß deren Inhalt auch nicht in bloß demonstrativer Weise auf die alte Obligation Bezug nimmt, dürfte der vorstehends erörterte Gegensatz kaum jemals zutage treten können. Ein direktes Hinüberwirken der Ungültigkeit der novierten Obligation auf die abstrakte novierende könnte nur ganz ausnahmsweise in Betracht kommen: sofern nämlich die zu novierende Obligation aus einem Grunde nichtig wäre, von dem auch sonst bezeugt ist, daß er die Wirksamkeit der Stipulation hindert.[30] Soweit dies aber der Fall wäre, würde regelmäßig auch die *in solutum datio* einer Forderung von dem Nichtigkeitsgrunde betroffen werden, so daß die Novation im praktischen Ergebnisse hier überwiegend mit der *in solutum datio* zusammenfallen würde.[31] Da nun im modernen Pandektenrecht anders, als im römischen Rechte, die reine Novation vorherrscht,[32] so ist die vielfach vertretene Neigung,

---

daß in der neuen Obligation auf die alte Bezug genommen und damit deren Causa in die neue herüber genommen, oder doch wenigstens ihr Bestand zur Existenzvoraussetzung für die neue Obligation gemacht wird.

[30] Hauptfall der Quellen ist der, daß eine Schenkung zwischen Ehegatten auf dem Wege der Delegation vollzogen werden soll, vgl. l. 39 D. de donat. i. v. e. u. 24, 1; l. 5 D. §§ 3, 4 D. eod.

[31] Über die Frage, ob beim Ersatz einer Spielschuld durch eine abstrakte Verbindlichkeit der Gesichtspunkt der Novation und der *in solutum datio* zu verschiedenen Ergebnissen führt, ist im speziellen Teil der Arbeit das Nähere auszuführen.

[32] Freilich ist dies nicht unbestritten, da selbst die Existenz der reinen Novation schon für das römische, besonders aber für das moderne Pandektenrecht in Zweifel gezogen worden ist. Sieht man von dem Argumente ab,

jede dogmatische Verschiedenheit zwischen der Novation und der *in solutum datio* einer Forderung in Abrede zu stellen, begreiflich, wenn sie auch nach Vorstehendem nicht in vollem Umfang als berechtigt anerkannt werden kann.

Für die Delegation erhebt sich die Frage ihrer begrifflichen Abgrenzung sowohl nach der Seite der *in solutum datio,* wie nach der Seite der Novation hin. Wäre die Delegation nichts als eine Spezies der Novation,[33] so könnte für das begriffliche Verhältnis der Delegation zur *in solutum datio* einfach auf die Ausführungen über die Novation verwiesen werden.

In der Tat herrschte jene Ansicht, welche der Delegation die begriffliche Selbständigkeit nimmt, in der älteren gemeinrechtlichen Doktrin; sie ist, wie bekannt, nach ihrer erfolgreichen Bekämpfung durch von Salpius neuerdings durch E. Danz in-

daß die aus dem Rechtsleben verschwundene Stipulation in ihrer Funktion als abstrakter Formalkontrakt durch den formlosen Vertrag nicht habe ersetzt werden können (darüber und dagegen Merkel a. a. O. S. 99f.), so scheint es sich hier in der Hauptsache um eine Nachwirkung des formellen Novationsbegriffes des älteren römischen Rechts zu handeln. Denn das Hauptargument der die reine Novation leugnenden Schriftsteller (v. Salpius, S. 276, 496f; Salkowski, S. 382f.; Karlowa, Rechtsgeschäft S. 235f.; vgl. auch v. Blume, S. 7f.) ist, daß ohne Erwähnung in der Novationsstipulation eine Beziehung zwischen der neuen und der alten Obligation nicht habe hergestellt werden können. Diese Argumentation hat für den älteren, formellen Novationsbegriff hinsichtlich der Stipulation „*centum dari*“ ihre Berechtigung (vgl. oben Note 26); sobald aber der *animus novandi* die oben in Betracht gezogene selbständige Bedeutung erlangte, mußte die Bezugnahme auch außerhalb des abstrakten novierenden Versprechens erfolgen können, womit eben die Möglichkeit der reinen Novation gegeben ist. — Historisch von größerem Gewicht, aber für das moderne Recht nicht praktisch, ist die Berufung v. Salpius' auf die im Justinianischen Recht erfolgte Abschwächung des Formalcharakters der Stipulation (s. 336f., 492; vgl. aber auch Bähr, Anerkennung) 3. Aufl. § 37 S. 110f.; Hellmann, Die novatorischen Funktionen der Wechselbegebung S. 22; Windscheid, Pandekten II § 318 Note 3 u. 4 (S. 290f.) und dort Angeführte.

[33] Nämlich die unter Personenwechsel auf Anweisung des Deleganten sich vollziehende Novation der Forderung des Delegatars gegen den Deleganten (*delegatio debiti*, Passivdelegation), oder des Deleganten gegen den Delegaten (*delegatio nominis*, Aktivdelegation) durch die Forderung, welche für den Delegatar gegen den Delegaten neu begründet wird.

soweit wieder aufgenommen worden, als dieser eine vollzogene Delegation im technischen Sinne ohne gleichzeitige Novation nicht anerkennt.[34]

Eine gewisse äußere Legitimation wird dieser Auffassung dadurch zuteil, daß in einer sehr großen Zahl der die Delegation betreffenden Stellen durch Vollziehung der letzteren ein bereits bestehendes Forderungsrecht durch ein anderes ersetzt wird, und daß in einigen dieser Stellen diese Wirkung nachweisbar durch Novationsstipulation erzielt wird.[35] Ein näheres Eingehen auf den aus den Quellen ersichtlichen Grundgedanken der Delegation lehrt aber, daß der begriffliche Ausgangspunkt der Delegation von dem der Novation völlig verschieden ist. Dieses Ergebnis, der bleibende Gewinn der Untersuchungen von Salpius' hat durch den von Danz dagegen gerichteten Angriff nicht erschüttert werden können.

Der Grundgedanke der Novation ist Tilgung einer Forderung durch Begründung einer neuen, in die Stipulationsform gekleideten; dagegen der Grundgedanke der Delegation: Bewirkung einer Leistung auf indirektem Wege: Der Delegant leistet dem Delegatar durch Vermittlung des Delegaten; zugleich leistet der Delegat dem Deleganten in der Person des Delegatars.

Es liegt auf der Hand, daß dieser Grundgedanke der Delegation ein weit umfassenderes Gebiet zuweist, als sie bei der behaupteten notwendigen Verbindung mit der Novation ausfüllen könnte; daher erschöpft sich die Delegationslehre keineswegs in der Anweisung zum Versprechen, sondern umschließt auch die Anweisung zur Bewirkung einer realen Leistung.[36] Für beide Delegationsformen ist es charakteristisch, daß der Delegat, welcher auf den *iussus* des Deleganten hin die ihm aufgetragene Leistung

---

[34] E. Danz, Die *delegatio nominis* usw. in Jherings Jahrbücher f. Dogm. Bd. 19 S. 82, Die Forderungsüberweisung, Schuldüberweisung und die Verträge zu Gunsten Dritter nach gem. Recht (1886) S. 28f.; Arch. für d. civ. Prax. 74 S. 240f.; Krit. Vierteljahrsschrift Bd. 37 S. 347, 354f.

[35] Vgl. besonders Gai. II 38, 39; l. 4, 27, 31 § 1 D. de novat. 46, 2; l. 8 C. de O. et A. 4, 10.

[36] l. 21 D. de nov. et del. 46, 2; l. 64, 49 D. de solut. 46, 3; l. 59 pr. D. de iur. dot. 23, 3.

bewirkt (mag diese in einer Realleistung oder einem Versprechen bestehen) damit dem Deleganten leistet, und daß der Delegatar, welcher behufs Perfektion des Delegationsgeschäfts die vom Deleganten angebotene Leistung annimmt (mag diese Realleistung sein, oder in einem Versprechen bestehen), damit vom Deleganten empfängt. Diese, für die Beurteilung der Anweisung zum Versprechen so wesentliche Identität des Grundgedankens, welche sie mit der Anweisung zur realen Leistung verbindet und von der Novation absondert, ist von von Salpius in den §§ 7—14 seines Werkes an der Hand des vollständigen Quellenmaterials erschöpfend klargelegt worden, so daß es hier genügen kann, auf ihn zu verweisen.

Aber freilich reicht dieser für die Anweisung zum Versprechen und zur Realleistung gemeinsame Gesichtspunkt nicht aus, die Eigentümlichkeit der ersteren restlos zu erklären. Es tritt für die Anweisung zum Versprechen noch der dem römischen Recht eigentümliche Satz hinzu, daß das delegationsgemäß abgegebene Versprechem barem Gelde gleichstehe.[37]

Hieraus ergibt sich ohne weiteres, daß da, wo lediglich vermöge Delegation eine Forderung an Stelle einer andern tritt, dies auf einem völlig andern Gesichtspunkt beruht, als da, wo dieser Effekt durch Novation bewirkt wird. Verspricht der Schuldner novationsweise dasjenige, was er dem A. schuldet, dem B., so wird die altê Forderung, die Zustimmung des Gläubigers vorausgesetzt, getilgt, weil die Novierenden die alte Forde-

---

[37] Vgl. vorläufig l. 21 § 1 D. de donat. 39, 5: *si debitorem meum tibi donationis causa promittere iussi . . . perinde est, quasi exactam a debitore meo summam tibi donaverim et tu illam ei credideris;* l. 18 D. de fideiuss. 46, 1: *qui debitorem suum delegat, pecuniam dare intellegitur, quanta ei debetur.* Daß der im Text ausgesprochene Satz aus den Quellen abgeleitet werden dürfe, ist allerdings nicht unbestritten. Dafür v. Salpius S. 100f.; A. Pernice, Labeo I S. 507f. und Zeitschr. der Savigny-Stiftung f. R.-G. 19 S. 117 Note 6; Lenel, Jahrb. f. d. Dogm. 36 S. 127f.; Lotmar, Über *causa* S. 117f.; Dernburg, Pand. II § 119 Note 11 (7. Aufl.). Dagegen Witte, Krit. Vierteljahrsschrift 8 S. 362f.; Windscheid, Pand. II (8) § 412 Note 17, E. Danz, Forderungsüberweisung S. 96 Note 5 und Krit. Vierteljahrsschrift 37 S. 359f., 362; Wendt, Allgemeines Anweisungsrecht S. 234f., 283. Näheres darüber unten S. 75.

rung durch die neue ersetzen wollen.[38] Verspricht dagegen der Schuldner auf Delegation seines Gläubigers zur Tilgung seiner Schuld einem Dritten, so wird er frei, weil er seinem Gläubiger geleistet hat. Denn: *„quod iussu alterius solvitur, pro eo est, quasi ipsi solutum esset"* (l. 180 D. de R. I. 50, 17); die Leistung besteht hier in einem Versprechen. Dieses aber steht nach den oben in Bezug genommenen Quellenzeugnissen bei der Delegation der realen Leistung gleich.

Weil die tilgende Wirkung des Schuldversprechens des Delegaten auf dem angegebenen selbständigen Grunde beruht, braucht auch die zur Ausführung dienende Stipulation nicht Novationsstipulation zu sein, sondern kann abstrakte, beziehungslose Stipulation sein und ist letzteres sogar normalerweise. Freilich kann der Vollzug der Delegation auch durch Novationsstipulation erfolgen, so daß sich dann mit den Delegationswirkungen die der Novation kombinieren und erstere zum Teil durch letztere modifiziert werden, wie in l. 27 D. de novat. 46, 2 deutlich sichtbar ist.

Für die Novation aber ist die Bezugnahme ein notwendiges Requisit; zuerst, bei der älteren Novation, als Formalerfordernis, später als Unterlage für den *animus novandi*; bei der Delegation dagegen wird die tilgende Wirkung durch den *iussus* des Deleganten vermittelt; die Verbindung mit der Novation verleiht dem Vollzugsversprechen nicht eine ihm sonst nicht eigene Tilgungskraft, sondern gestaltet die Wirkung nur im konkreten Fall nach Novationsgrundsätzen aus.[39]

---

[38] Bezeichnend: l. 22 D. de novat. 46, 2.

[39] Obgleich hiernach die Verschiedenheit von Novation mit Personenwechsel und Delegation auf der Verschiedenheit der ihnen eigenen Grundidee beruht und also dauernde Bedeutung hat, mußte er doch so lange am klarsten hervortreten, als die Novation, wie in der frühklassischen Zeit, ausschließlich auf der formalen Wirkung der Novationsstipulation beruhte. Solange dies der Fall war, konnte der Gegensatz zwischen der auf formellem Grunde beruhenden Novations- und der auf materiellem beruhenden Delegationswirkung nicht verkannt werden. Sobald in der Novationslehre das materielle Element des *animus novandi* Berücksichtigung verlangte, mußte sich eine Annäherung zwischen Novation mit Personenwechsel und Delegation vollziehen. Hierdurch findet die von Salpius (S. 27f., 32) auf

Ganz unverkennbar aber tritt der selbständige Charakter der Delegation der Novation gegenüber dann hervor, wenn nicht auf Schuld delegiert wird, wenn also ein Schuldverhältnis zwischen den bei der Delegation beteiligten Personen vor der Stipulation überhaupt nicht bestand; zum Beispiel derjenige, welcher schenken will, wird von dem zu Beschenkenden angewiesen, einem Dritten zu versprechen, dem der zu Beschenkende seinerseits schenken will.[40]

Von einer Novation kann hier schon deshalb keine Rede sein, weil eine Forderung, welche noviert werden könnte, nicht besteht. Die Wirkungsweise der Delegation tritt hier rein zutage, indem in dem Versprechen des Delegaten dessen Schenkung an den Deleganten, in der Empfangnahme des Versprechens durch den Delegatar die Schenkung des Deleganten an diesen zur Vollziehung gelangt. Diese Unabhängigkeit der Delegationswirkung von der Novation ist vor allem dann ersichtlich, wenn das zur Ausführung der Delegation abgegebene Versprechen abstrakt gefaßt ist (reine Delegation). Aber selbst dann, wenn in dem Versprechen irgendwie auf das materielle Verhältnis zwischen Delegaten und Deleganten, oder zwischen letzterem und dem Delegatar Bezug genommen ist (Fall der sogenannten titulierten Delegation), greift zwar regelmäßig, aber doch nicht immer, zugleich eine Novation Platz. Verspricht jemand, der einer Verlobten schenken will, auf ihre Anweisung ihrem Bräutigam *dotis causa* eine bestimmte Summe, so liegt zwar ein tituliertes Versprechen, aber doch weder Novation noch Sukzession vor.[41]

äußere Umstände zurückgeführte Erscheinung ihre Erklärung, daß die spätere Kaiserzeit die Novation mit der Delegation unter demselben Titel vereinigte, während die klassische Zeit beide getrennt behandelt hatte.

[40] l. 2 § 2; l. 33 § 3 D. de donat. 39, 5; vgl. l. 41 D. de re iud. 42, 1.

[41] l. 9 pr. D. 12, 4. Die Braut schuldet dem Verlobten keine *dos*, so daß das *dotis causa* vom Delegaten abgegebene Versprechen nicht auf eine Schuld der Verlobten gegenüber dem Bräutigam trifft, welche es novieren könnte. Mit Danz' Lehre, daß die technische Delegation stets Novation sei und Succession in eine bestehende Obligation bewirke, stehen die zuletzt erörterten Erscheinungen so wenig in Einklang, daß er um jeden Preis auch in den Stellen der Note 40 und 41 eine bestehende Schuld hat finden wollen, welche durch die Delegation übertragen wird (vgl. Jahrb. f. Dogm. 19

Wird freilich in der Stipulation, welche zum Vollzuge der Delegation dient, auf eine bestehende Obligation Bezug genommen (sei es auf eine solche zwischen Delegaten und Deleganten, oder zwischen diesem und dem Delegatar) so geht zugleich eine Novation vor sich.[42] Aber dies stellt nur eine äußere Verbindung zwischen beiden Rechtsinstituten her, hindert nicht, daß Delegationen ohne Novation vorkommen, stempelt auch die durch Novationsstipulation vollzogene Delegation nicht zur Delegation im ausschließlich technischen Sinne.

Soviel über die Abgrenzung der Delegation von der Novation,

S. 91, 116 Forderungsüberweisung usw. S. 108, 150; Krit. Vierteljahrsschrift 37 S. 346, 354). Wenn Danz zu diesem Zweck eine Naturalobligation der Frau zur Dosbestellung konstruiert, so hat schon Regelsberger (Krit. Vierteljahrsschrift 28 S. 381) auf die erheblichen Bedenken hingewiesen, die dieser Annahme entgegenstehen. Gegenüber Danz' Versuch, in den Fällen der Note 40 ein vorhergehendes wirksames Schenkungsversprechen zu konstruieren (obgleich die in Betracht kommenden Stellen durchgängig von einem bloßen Schenkungswillen des Deleganten reden, der erst durch die Stipulation des Delegaten dem Delegatar gegenüber realisiert werden soll) genügt es, darauf hinzuweisen, daß zur Zeit der Abfassung der betreffenden Stellen zur Perfektion der Schenkung ein formloses Schenkungsversprechen nicht hinreichte. Die Stellen sind unter dem Recht der lex Cincia verfaßt (vgl. dazu Lenel, Palingenesia I p. 466 Nr. 747) und illustrieren den Satz, welcher uns durch Vat. fragm. § 311 überliefert ist, daß bei der Schenkung an *personae non exceptae* selbst die Stipulation an und für sich zur Perfektion der Schenkung noch nicht genügt. Sie genügt nur da, wo die Promission nicht bloß eine verpflichtende Wirkung entfaltet, sondern eine sofortige, direkte Wirkung auf das Vermögen des Deleganten ausübt, wie es der Fall ist, wenn eine diesem gegen den Delegaten wirklich zuständige Forderung durch die Promission des letzteren zerstört wird (vgl. besonders den § 1 der l. 2 D. de donat. 39, 5 und ihren Gegensatz zu § 3) oder wenn durch das Versprechen zugleich eine Schenkung des Delegaten an den Deleganten vollzogen wird, wie in § 2 dieser lex. Hiermit ist der Annahme von Danz, daß die in Frage kommenden Stellen ein formloses Schenkungsversprechen voraussetzten, jeder Boden entzogen. Denn zur Interpretation des Sinnes, in dem Julian das „*volebas*" geschrieben, kann doch nicht der abweichende justinianische, dem formlosen Schenkungsversprechen Wirkung beilegende Rechtszustand herbeigezogen werden, wie dies Danz (Krit. Vierteljahrsschrift 37 S. 354) tut.

Vgl. gegen Danz auch Wendt, Anweisungsrecht S. 206f.

[42] Vgl. oben Note 35.

welche kurz erörtert werden mußte, um für die Frage nach dem Verhältnis der Delegation zur *in solutum datio* freie Bahn zu schaffen. In dieser Richtung sind ins Auge zu fassen die Anweisung zum realen Leisten und die Anweisung zum Versprechen. Für beide ist daran zu erinnern, daß eine Parallele zur *in solutum datio* nur insoweit in Betracht kommt, als die Anweisung zu Schuldtilgungszwecken geschieht; soweit es etwa in beiden Richtungen, in welchen sich bei der Delegation die Vermögenszuwendung bewegt, auf Schuldbegründung abgesehen ist[42a] oder beiderseits der Vollzug einer Schenkung in Frage kommt[43] mangelt es überhaupt an einem Vergleichungspunkt.

Die Anweisung zur realen Leistung kann in doppelter Richtung zum Schuldtilgungszweck verwendet werden. Der Gläubiger kann seinen Schuldner anweisen, behufs Tilgung dieser Schuld nicht an ihn, sondern an einen Dritten zu leisten.

Der Schuldner-Delegat wird hier durch die anweisungsgemäße Leistungsbewirkung von seiner Schuld dem Deleganten gegenüber frei nach dem quellenmäßigen Satze:

„*quod iussu alterius solvitur, pro eo est, quasi ipsi solutum esset*“[44] (Delegation auf Schuld).

Oder der Schuldner ist Delegant und bedient sich, um seine Schuld zu tilgen, der Anweisung in dem Sinne, daß er einen Dritten veranlaßt, dem Gläubiger-Delegatar zu leisten. Die hier infolge der Leistung des Delegaten und ihrer Annahme durch den Delegatar eintretende Befreiung des Deleganten beruht auf dem Satze:

„*qui mandat solvi, ipse videtur solvere*“.[45]

Beide Wirkungen können vereinigt auftreten, wenn sowohl im Kausalverhältnis zwischen Deleganten und Delegaten (dem Deckungsverhältnis), wie zwischen Deleganten und Delegatar

---

[42a] Ein Beispiel bietet der ohne Not vielfachen Emendationsversuchen unterworfene Schluß der l. 9 § 8 D. de R. C. 12, 1.

[43] Vgl. die oben S. 69 genannten Stellen.

[44] l. 180 D. de R. I. 50, 17, vgl. l. 2 D. 3, 6; l. 11 § 5 D. 13, 7; l. 15 § 1 D. 40, 7.

[45] l. 56 D. de solut. 46, 3, vgl. l. 18 D. de fideiuss. 46, 1.

(dem Valutaverhältnis) die Leistung zum Schuldtilgungszweck dienen soll:

l. 64 D. de solut. 46, 3: *Cum iussu meo id, quod mihi debes, solvis creditori meo, et tu a me et ego a creditore meo liberor.*

Legt man sich die Frage vor, ob in solchen Fällen anweisungsgemäß bewirkter Leistung wahre Erfüllung, oder ein Geschäft nach Art der *in solutum datio* vorliegt, so ist zu berücksichtigen: Bei der Anweisung auf Schuld prägt der Gläubiger einer Leistung, welche nicht an ihn, sondern an den Delegatar geschieht, schuldtilgende Wirkung auf. Die Bedeutung seines *iussus* erschöpft sich also nicht in seinem Einfluß auf die abstrakte Form der Vermögenszuwendung, sondern greift auf das Kausalverhältnis zwischen ihm und dem Delegaten über. Die an den Delegatar bewirkte Leistung gilt nicht nur als dem Deleganten gemacht, sie wird auch vermöge des besonderen Inhalts des *iussus*, auf Schuld zu leisten, dem Delegaten auf seine Schuld angerechnet.

Wäre diese Wirkung, wie LENEL will,[46] zurückzuführen auf eine im *iussus* liegende Inkassovollmacht des Delegatars, so wäre die oben aufgeworfene Frage dahin zu beantworten, daß echte Erfüllung vorliege. Erfüllung nämlich an den Bevollmächtigten des Gläubigers.[47] Aber die scharfsinnig durchgeführte Konstruktion LENELs stößt auf gewichtige Bedenken, von denen einige neuerdings besonders VON TUHR[48] näher ausgeführt hat. Sie beruht auf der Auffassung, daß der Angewiesene direkt und ausschließlich auf das Deckungsverhältnis hin leiste, wobei der Anweisende durch den Anweisungsempfänger vertreten werde. Sie legt also dem Vollzugsgeschäfte der Anweisung eine ausschließliche kausale Beziehung zum Deckungsverhältnis bei.[49] Abgesehen

---

[46] In JHERINGS Jahrbüchern für Dogm. Bd. 36 S. 114f.

[47] So in der Tat LENEL a. a. O. S. 119.

[48] In JHERINGS Jahrbüchern f. Dogm. Bd. 48 S. 1f., 4, 9, 10f., vgl. auch HUPKA, Die Vollmacht S. 74—84 und die Literaturnachweise bei VON TUHR a. a. O. S. 2/3. Die hier zu erörternden Fragen sind in der neuesten Literatur besonders bei der Anweisungslehre, jedoch auf Grund der Delegation behandelt worden.

[49] Eben damit wird der Anschluß an die Grundauffassung der LENELschen Stellvertretungslehre hergestellt; denn für diese ist es charakteristisch,

davon, daß sich ein von Lenel nicht vollbeseitigtes Bedenken gegen die Vertreterqualität des Anweisungsempfängers daraus ergibt, daß dieser um die Art des Deckungsverhältnisses gar nicht zu wissen braucht,[50] kann in der Erklärung des Angewiesenen, daß er auf Anweisung des Deleganten leiste, nicht eine rechtsgeschäftliche Inbezugsetzung der Leistung zum Deckungsverhältnis gefunden werden; es liegt darin nur der für den Delegatar allein relevante Hinweis darauf, daß er den Rechtsgrund der Leistung nicht in seinem Verhältnis zum Delegaten, sondern zum Deleganten zu suchen habe. Die Auffassung der Anweisung als Inkassovollmacht kann ferner dem wichtigen Satze der Anweisungslehre nicht gerecht werden, daß der Angewiesene auch dann, wenn auf Schuld delegiert ist, nicht verpflichtet ist, der Anweisung Folge zu geben. Dieser Satz gilt nicht nur für daß BGB.,[51] sondern ist bereits in den römischen Quellen enthalten:

l. 6 C. de novat. 8, 41: *Nec creditoris creditori quisquam invitus delegari potest.*

Wäre die Anweisung Inkassovollmacht, so wäre der Angewiesene verpflichtet, die geschuldete Leistung an den Delegatar als legi-

---

daß die Bedeutung der Vollmacht auf Knüpfung und Lösung des Kausalverhältnisses zwischen Vollmachtgeber und Dritten beschränkt wird, während über die Frage, ob der Vertreter Besitz und Eigentum für sich oder den Vollmachtgeber erwerbe, grundsätzlich das zwischen diesen beiden bestehende Kausalverhältnis entscheiden soll (S. 96, 113f). Vermöge des zweiten Konstruktionselements vermag Lenel von seinem Standpunkt aus zu erklären, daß der Delegatar, trotz der ihm beigemessenen Vertreterqualität, im Deckungsverhältnis doch regelmäßig Besitz und Eigentum an der angewiesenen Leistung für sich erwirbt. Insofern werden sowohl Hupka (S. 82) wie von Tuhr (S. 8) Lenels Auffassung meines Erachtens nicht voll gerecht, wenn sie darin, daß der Anweisungsempfänger ermächtigt ist die Leistung in eigenem Namen zu erheben, ein entscheidendes Argument gegen Lenels Vollmachtskonstruktion erblicken. Lenel beschränkt eben den Vertretungsgedanken auf das Kausalverhältnis zwischen Anweisenden und Angewiesenen, s. a. a. O. S. 114.

[50] Vgl. gegen die Ausführungen Lenels in den Jahrb. für Dogm. 36 S. 116: Hupka, Vollmacht S. 80 und von Tuhr a. a. O. S. 8.

[51] § 787 Abs. 2. Es ist das Verdienst von Tuhrs, auf die grundlegende Bedeutung, welche diesem Satze für die Abgrenzung der Vollmacht von der Anweisung zukommt, energisch hingewiesen zu haben (a. a. O. S. 4 f.).

timierten Vertreter seines Gläubigers zu bewirken. Da solche Verpflichtung nicht besteht, so zeigt sich, daß die Quellen die Delegation auf Schuld nicht als Vollmacht zur Erhebung der Schuld des Delegaten auffassen, sondern als Aufforderung des Delegaten zu anderweiter Leistung, die ihm laut Erklärung des Deleganten auf seine Schuld angerechnet werden soll; mit anderen Worten, das Leistungsgeschäft des Delegaten ist gerade dadurch charakterisiert, daß aus ihm die kausale Beziehung entfernt bleibt.

Insofern zeigt die Realdelegation auf Schuld trotz der normalerweise vorhandenen Identität des Gegenstandes der Vollzugsleistung mit der geschuldeten doch insofern Verwandtschaft mit der *in solutum datio,* als der Gläubiger auch hier eine inhaltlich nicht voll identische, nämlich die abstrakte Vollzugsleistung an den Delegatar, als Erfüllung gelten läßt. Immerhin betonen die Quellen mehr die Verwandtschaft mit der *solutio* und dies wird verständlich, wenn man sich erinnert, daß der *solutio* infolge ihres historischen Ausgangspunktes ein stark voluntares Element innewohnt.

Nicht die gleichen Erwägungen gelten für den Fall, daß die Delegation vom Schuldner ausgeht, der durch die Vollzugsleistung des Delegaten den Gläubiger-Delegatar befriedigen will. Insofern, als hier der Delegant seinem Gläubiger, sei es direkt, sei es durch den Delegaten als Boten den Schuldtilgungszweck kundgibt, prägt hier der Schuldner im Valutaverhältnis (nicht, wie bei der Anweisung auf Schuld der Gläubiger im Deckungsverhältnis) der abstrakten Leistung die Bestimmung zur Schuldtilgung auf. Es liegt daher hier bei anweisungsgemäßer Leistung des Delegaten echte Erfüllung vor. Übrigens ist es selbstverständlich möglich, daß durch Realdelegation eine *in solutum datio* vollzogen wird; wenn nämlich auf Anweisung des Schuldners und im Einverständnis des Gläubigers durch den Delegaten ein anderer Gegenstand, als der geschuldete, geleistet wird.[51a] Dann beruht

---

[51a] Ebenso, wenn der anweisende Gläubiger dem Schuldner-Delegaten erklärt, daß er einem Dritten einen andern Gegenstand als den geschuldeten auf seine dem Deleganten gegenüber bestehende Schuld leisten möge, und wenn der Schuldner-Delegat dieser Anweisung nachkommt.

aber die *in solutum datio* auf der Vereinbarung anderweiter Leistung, nicht auf der Delegation als solcher.

Besonders erhebt sich für die durchgeführte Anweisung zum Versprechen die Frage, ob die von ihr herbeigeführte Wirkung nicht zu erklären ist durch eine *in solutum datio*, welche in der römischen Kreditanweisung als solcher liegt.

Die Frage hat allerdings in der Hauptsache nur ein historisches Interesse, weil sie mit dem im modernen Anweisungsrecht nicht anerkannten Satze der römischen Quellen, daß das delegationsgemäß abgegebene Versprechen sowohl im Valuta- wie im Deckungsverhältnis in bestimmtem Umfange der baren Leistung gleichsteht, zusammenhängt. Immerhin bedarf sie mit Rücksicht auf ihre Folgesätze einer kurzen Erörterung.

Bekanntlich ist der soeben für das römische Recht ausgesprochene Satz nicht unbestritten, sondern, seit von Salpius ihn aufgestellt hat,[52] Gegenstand einer lebhaften Kontroverse.[53] Mit bestimmten Einschränkungen ist meines Erachtens v. Salpius Recht zu geben. Allerdings muß gerade diejenige Stelle, auf welche er mit das größte Gewicht legt, preisgegeben werden. Es ist die

l. 8 § 3 D. ad S. C. Vell. 16, 1 (Ulpian). *Interdum intercedenti mulieri et condictio competit, ut puta si contra senatus consultum obligata debitorem suum delegaverit: nam hic ipsi competit condictio, quemadmodum, si pecuniam solvisset, condiceret: solvit enim et qui reum delegat.*

Es handelt sich hier für den Juristen darum, die Zuständigkeit der *condictio* zu begründen, nicht etwa darum, ihr Objekt durch Gleichsetzung des Versprechens mit barer Zahlung in der Richtung der Geldkondiktion festzulegen. Freilich hat man neuerdings in

---

[52] Novation und Delegation S. 100 f., 114 f.

[53] Es mag in dieser Hinsicht genügen, auf die Zusammenstellung bei Windscheid, Pandekten II (8) § 412 Note 17 S. 789 und auf die Literaturübersicht bei Wendt, Anweisungsrecht S. 234 f. hinzuweisen. Hinzuzufügen sind als Gegner des Satzes: Wendt, Anweisungsrecht S. 234 f. und Danz, Krit. Vierteljahrsschrift Bd. 37 S. 358 f.; als Verteidiger: Lenel, Jherings Jahrb. für Dogm. Bd. 36 S. 127 f.; Pflüger, Ztschr. der Savignystiftung für Rechtsgeschichte Bd. 18 S. 90.

dem Bestreben, die *condictio incerti* nicht nur dem Namen, sondern auch der Sache nach aus dem klassischen Recht hinauszuweisen, in dem Satze: „*solvit et qui reum delegat*" das Mittel erblickt, die Obligationskondiktion unter den Gesichtspunkt einer *condictio certae pecuniae* zu bringen.[54] Von diesem Standpunkte aus wäre allerdings die Gleichsetzung durchaus wörtlich zu nehmen und würde auch auf das Objekt der Kondiktion bestimmend einwirken. Meines Erachtens handelt es sich aber um ein anderes Bedenken, welches gegen die Zuständigkeit der *condictio* in unserem Falle erhoben werden könnte, und welches der Jurist durch den Satz „*solvit et qui reum delegat*" beseitigen will. Es ist dasselbe Bedenken, welches Celsus in l. 32 D. de R. C. 12, 1 aufwirft: Da nämlich die Theorie der *condictio* aufgebaut worden ist auf einem zwischen den Kondiktionsparteien geschlossenen, wenngleich unwirksamen *negotium*,[55] so verlangte der Umstand nach einer Rechtfertigung, daß hier als Kondizent auftrat, wer ein *negotium* mit dem Kondiktionsgegner nicht geschlossen hatte.[56] Dieses Bedenken zu beseitigen war die Gleichstellung der Delegation mit dem *solvere* geeignet; denn für die Leistung auf eine Nichtschuld hatte kein Geringerer als Julian die theoretische Rechtfertigung gefunden: *is, qui non debitam pecuniam solverit, hoc ipso aliquid negotii gerit.*[57]

Diese Stelle beweist also weder die Gleichsetzung des delegationsweise abgegebenen Versprechens mit barer Zahlung, noch steht sie ihr entgegen. Für SALPIUS entscheiden aber vor allem die Stellen, welche die Delegation des Drittschuldners an den Gläubiger für den Regreß des Bürgen der baren Zahlung gleichstellen. In allererster Linie steht hier die

---

[54] PFLÜGER a. a. O. S. 89/90. Auf die sonstigen Forschungen, deren Entwicklung im Texte angedeutet ist, kann hier nur kurz hingewiesen werden; vgl. besonders A. PERNICE, Labeo III S. 202f.; TRAMPEDACH, Ztschr. d. Savignystiftung f. R.-G. XVII S. 97f.; PFLÜGER, ebenda XVIII S. 75f.; VON MAYR, Condictio des röm. Privatrechts S. 215f. Derselbe in der Ztschr. der Savignystiftung für R.-Gesch. Bd. 24 S. 258f., Bd. 25 S. 188f.

[55] Vgl. oben S. 38.

[56] Vgl. Julians: „*condictio locum non habebit, quia nullum negotium inter nos contraheretur*" in l. 33 D. de cond. ind. 12, 6.

[57] l. 33 D. de cond. ind. 12, 6.

l. 18 D. de fideiuss. 46, 1 (Julian). *Qui debitorem suum delegat, pecuniam dare intellegitur, quanta ei debetur: et ideo si fideiussor debitorem suum delegaverit, quamvis eum, qui solvendo non erat, confestim mandati agere potest.*

Kein Zweifel, daß die vom Juristen betonte sofortige Zuständigkeit der Regreßklage darauf zurückzuführen ist, daß der Bürge durch Aufopferung seiner Forderung dem Hauptschuldner sofortige Befreiung verschafft hat; konsequenterweise kann er sofort seinen Rückgriff nehmen und zwar trotz der Insolvenz des delegierten Schuldners in der vollen Höhe seiner durch die Delegation getilgten Forderung. Der Satz der

l. 26 § 4 D. mand. 17, 1: „*Praeterea sciendum est non plus fideiussorem consequi debere mandati iudicio quam quod solverit*"

steht nicht entgegen. Denn durch die Vollziehung der Delegationsstipulation hat der Gläubiger die Forderung als bares Geld in Höhe ihres Nennbetrages angenommen. Bestärkt wird dieser Satz durch

l. 26 § 2 D. mand. 17, 1 (Paulus). *Abesse intellegitur pecunia fideiussori etiam si debitor ab eo delegatus sit creditori, licet is solvendo non fuerit, quia bonum nomen facit creditor, qui admittit debitorem delegatum.*[58]

[58] Ferner fällt erheblich ins Gewicht: Seneca de beneficiis VI, 5 § 2 „*pecuniam dicimur reddidisse, quamvis numeravimus pro argenteis aureos, quamvis non intervenerint nummi, sed delegatione et verbis perfecta solutio sit*", eine Stelle, welche Wendt S. 237 zu leichthin abtut, wenn er einwendet, man brauche nicht den Gedanken hineinzutragen, daß der Delegatar etwa vom Delegaten nichts erlangt hätte und brauche ebensowenig darin die Meinung zn finden, daß schon vor der Zahlung des Delegaten der Delegant für liberiert zu erachten wäre. — Wäre dem so, dann hätte Seneca das Wichtigste verschwiegen, und durch den Zusatz „*quamvis non intervenerint nummi*" zum Mißverständnis seines Ausspruchs geradezu herausgefordert. Dies wird um so klarer, als dort, wo etwas darauf ankommt, ob auf die Delegationsstipulation gezahlt worden ist, oder nicht, auf diese Frage das gebührende entscheidende Gewicht gelegt wird, vgl. l. 39 D. de don. i. v. e. u. 24, l. Vergegenwärtigen wir uns die Senecas Zeit geläufige weitere Bedeutung von *solutio*, so kann der obige Satz nichts anderes besagen, als: Die Befreiung des Schuldners, die durch Delegationsstipulation vollzogen wird, steht hinsichtlich der befriedigenden Wirkung der realen Zahlung gleich.

Hierbei ist Gewicht darauf zu legen, daß durch die Vollziehung der Delegationsstipulation als solcher die Annahme der Forderung für bares Geld im Valutaverhältnis erfolgt; für die *quaestio voluntatis,* welche sowohl WINDSCHEID Pand. II (8) § 412 Note 17, wie WENDT a. a. O. S. 238 f. entscheiden lassen wollen, ist nach Lage der Quellen kein Raum. Freilich kann der Gläubiger auf Gefahr des Schuldners stipulieren;[59] aber dieser Umstand hindert nicht, daß der Schuldner von seiner ursprünglichen Schuld frei wird, schafft vielmehr nur ein neues Klagfundament für die Regreßklage des Gläubigers: *„posse me agere tecum mandati in id, quod minus ab illo servare potero.*[60] Immerhin erleidet insoweit der Satz, daß die Delegation barer Zahlung gleichstehe, eine Einschränkung. Soweit aber der Gläubiger sich auf die Delegation einläßt, ohne sich auszubedingen, daß sie auf Gefahr des Schuldners gehe, wird der Schuldner in dem Sinne schlechthin frei, daß der Gläubiger auch nicht den erwähnten indirekten Regreß nehmen kann.[61]

---

[59] l. 45 § 7 D. mand. 17, 1 (Paulus). *„Quod mihi debebas a debitore tuo stipulatus sum periculo tuo: posse me agere tecum mandati in id, quod minus ab illo servare potero, Nerva, Atilicinus aiunt, quamvis id mandatum ad tuam rem pertineat, et merito: tunc enim liberatur is qui debitorem delegat, si nomen eius creditor secutus est, non cum periculo debitoris ab eo stipulatur.“* Vgl. l. 22 § 2 eod., l. 27 § 2 ad S. C. Vell. 16, 1.

[60] Vgl. die Stellen der vorigen Note. WENDT gegenüber kann auf die Ausführungen VON SALPIUS' S. 102 f. verwiesen werden, welche durch WENDTS Erörterungen (S. 238, 241 f.) in keiner Weise entkräftet worden sind.

[61] Übrigens ist zu beachten, daß die vollzogene Delegation sowohl im Valuta- wie im Deckungsverhältnis der baren Zahlung insoweit nicht gleichsteht, als an die Stelle der nicht möglichen Liberationswirkung eine *condictio* tritt, etwa weil das angenommene Schuldverhältnis zwischen Delegant und Delegat oder zwischen Delegant und Delegatar nicht bestand. Lehrreich in dieser Hinsicht sind einerseits l. 9 § 1 D. de c. c. d. c. n. s. 12, 4; l. 8 § 2 i. f. ad S. C. Vell. 16. 1; l. 12 D. de novat. 46, 2; andererseits, l. 8 § 3 D. ad S. C. Vell. 16, 1. Das Objekt der Kondiktion spezialisiert sich, je nachdem auf das delegationsgemäß abgegebene Versprechen schon geleistet worden ist, oder nicht. Ersterenfalls wird die Geldsumme kondiziert; letzterenfalls kondiziert der Delegat, welcher im irrigen Glauben, dem Deleganten schuldig zu sein, promittierte, seine Liberation; die delegierende Frau aber, die trotz des Schutzes des S. C. Velleianum ihren Schuldner zum Promittieren anwies, kondiziert doch wohl die dem Gläubiger verschaffte

Ist hiernach das Erlöschen der Forderung des Delegatars gegen den Deleganten infolge des Vollzugs der Delegation unter den Gesichtspunkt der *in solutum datio* zu stellen? Den Quellen scheint dieser Gesichtspunkt nicht ganz fern zu liegen[62] und in der Literatur findet er sich mehrfach vertreten.[63] Trotzdem ist diese Auffassung meines Erachtens nicht haltbar. Die befreiende Wirkung beruht nicht, wie bei der *in solutum datio*, in erster Linie auf dem Willen des Gläubigers. Sie tritt vielmehr nach Delegationsgrundsätzen und in den hierdurch gezogenen Grenzen auch dann ein, wenn der Gläubiger-Delegatar an diese Wirkung gar nicht gedacht hat; will er sie nicht, so mag er sich mit dem „*mandare actiones*" des Schuldners an ihn begnügen.[64] Andererseits greifen bei der Delegation gewisse Einschränkungen der Gleichstellung des Delegationsversprechens mit der realen Leistung Platz, welche in der vereinzelt auftretenden Rückwirkung des materiellen Rechtsverhältnisses auf die Delegation ihren Grund haben.[65]

Obligation. Hiernach scheint die Gleichstellung der vollzogenen Delegation mit barer Zahlung nur soweit gegangen zu sein, als ihre Wirkung normalerweise von den Parteien übersehen werden konnte. Überwies der Schuldner seinem Gläubiger einen Dritten zum Promittieren und der Gläubiger ging darauf ein, so mußte er wissen, daß er hinsichtlich der Tilgung seiner Forderung gegen den Deleganten das Versprechen des Delegaten für bares Geld nahm. Daß er dies auch hinsichtlich einer etwaigen *condictio indebiti* täte, die dem Deleganten bei Nichtbestehen der Forderung erwüchse, war damit noch nicht gesagt. Das Gleiche gilt mutatis mutandis für das Deckungsverhältnis.

[62] l. 5 D. ad S. C. Vell. 16, 1.

[63] Und zwar teils konkurrierend mit dem Novationsgesichtspunkt, teils unter Ablehnung dieses; vgl. z. B. Windscheid II (8) § 342 Note 15, § 353 Note 9. „Derselbe (der Liberationseffekt) kann schon erreicht werden nach dem Gesichtspunkt der *datio in solutum.*" Römer, Leistung an Zahlungsstatt S. 92/93; Fitting, Natur der Korrealobligationen S. 51.

[64] l. 3 C. de novat. 8, 41.

[65] Vgl. besonders l. 2 §§ 3, 4 D. de donat. 39, 5 i. V. mit l. 7 pr. § 1 D. de dol. exc. 44, 4 und l. 8 §§ 3, 5 D. ad S. C. Vell. 16, 1. Endlich ist die Differenz zu beachten, welche zwischen der Hingabe einer bedingten Forderung an Zahlungsstatt und der Delegation zum bedingten Versprechen besteht. Ersterenfalls würde die Forderung sofort erlöschen und auf die

Ähnlich steht es mit der befreienden Wirkung der Delegationsstipulation im Deckungsverhältnis. Die Auffassung der Quellen ist auch hier dadurch charakterisiert, daß der Delegat, welcher sich auf Anweisung des Deleganten dem Delegatar wirksam verpflichtet, damit dem Deleganten den Betrag der Forderung leistet.[66]

Es beruht also auch hier die Befreiungswirkung auf einem der *in solutum datio* ähnlichen Gesichtspunkt.[67] Es wird die wirksame Verpflichtung des Delegaten dem Delegatar gegenüber[68]

Parteiabrede würde es ankommen, ob der Schuldner dem Gläubiger bei Ausfall der Bedingung aufzukommen hat. Letzterenfalls bleibt nach l. 36 D. de R. C. 12, 1 die Urforderung bis zur Entscheidung über Eintritt oder Ausfall der Bedingung der neuen Forderung bestehen, nur daß sie bis zu diesem Augenblick nicht geltend gemacht werden kann, und wenn die Bedingung der neuen Forderung ausfällt, dauert die alte Forderung überhaupt fort.

[66] l. 21 § 1 D. de donat. 39, 5; von Salpius S. 114f. Es handelt sich um die übertragende Anwendung des Satzes: „*quod iussu alterius solvitur pro eo est, quasi ipsi solutum esset*“ auf die Delegation zum Versprechen.

[67] Soweit die Literatur sich mit dieser Frage beschäftigt hat (es ist dies stets mehr im Vorbeigehen geschehen) hat sie sich diese Wirkung auf die verschiedenste Weise zurechtgelegt. Zunächst begegnet auch hier wieder die Vorstellung, daß das Erlöschen der Forderung des Deleganten gegen den Delegaten die Folge der Novation sei, welche sich durch das Versprechen des Delegaten dem Delegatar gegenüber vollziehe. Auch hier kann nach dem dargelegten Standpunkt diese Meinung nur insoweit gebilligt werden, als es sich um eine titulierte Delegation handelt und der Delegat dasjenige verspricht, was er dem Deleganten schuldete, wenn also Aktivdelegation vorliegt. von Salpius charakterisiert die *delegatio debitoris* auf Schuld als liberatorischen Deckungsvertrag, dem er regelmäßig *ipso iure*-Wirkung zuschreibt (Novation und Delegation S. 115—117). Römer dagegen (Bedingte Novation S. 53 Note 2) will die Befreiung des Delegaten von seiner Schuld in dem Falle, daß er den Deleganten durch *expromissio* befreit, unter den Gesichtspunkt des Erlaßvertrages stellen; den der *datio in solutum* lehnt er ab, weil der Delegant nicht einen positiven Erwerb mache, sondern lediglich von seiner Schuld befreit werde. Diese Auffassung ist auf alle Fälle unrichtig, s. die folgende Note: Die Quellen enthalten denn auch die Idee eines *pactum de non petendo* in unserem Falle auch nicht in Andeutungen.

[68] Nicht etwa die für den Deleganten herbeigeführte Liberation. Denn die Befreiung des Delegaten von seiner Schuld dem Deleganten gegenüber

nach dem der römischen Delegation immanenten Gedanken der realen Leistung gleichgesetzt. Die Voraussetzung dieser Wirkung ist aber wiederum der Delegationslehre eigentümlich und deckt sich nicht allenthalben mit den Sätzen, welche aus der *in solutum datio* zu entwickeln wären. Bezeichnend ist vor allem die aus dem Schlußsatz von l. 7 pr. D. de c. c. d. c. n. s. 12, 4 hervorgehende Möglichkeit, daß die Forderung des Deleganten gegen den Delegaten nicht völlig zerstört wird, sondern dazu dient, die Abtretung einer dem Delegaten zuständig gewordenen *condictio* zu vermitteln.

Die abweichenden Konsequenzen der zu Schuldtilgungszwecken vollzogenen Delegation von der *in solutum datio* werden verständlich, wenn man die Funktion der Delegation im römischen Rechtsleben in Erwägung zieht.

Es brauchte nämlich keineswegs in der Parteiintention zu liegen, daß der Delegatar statt des Objekts der Urforderung die Forderung gegen den Delegaten erhalte. In vielen, wohl den meisten Fällen, wollte offenbar der Delegatar lediglich an Stelle der materiell individualisierten Urforderung gegen den Deleganten eine abstrakte Forderung gegen den Delegaten eintauschen. Besonders deutlich wird dies, wenn man an Fälle denkt, wo die Urforderung noch betagt oder bedingt war, so daß die Parteien noch gar keine Veranlassung hatten, der Frage der Erfüllung dieser Forderung näher zu treten, oder wo der Delegatar die Forderung gegen den Delegaten annahm, weil dieser ihm sicherer, oder der Leistungsort dieser Forderung bequemer war, als dies bei seiner ursprünglichen Forderung der Fall war.[69]

---

ist nicht von der Zweckerreichung im Valutaverhältnis abhängig. Bestand die angenommene Schuld zwischen Deleganten und Delegatar, zu deren Tilgung der Delegant seinen Schuldner überwies, nicht, so wird der Delegat durch sein Versprechen von seiner Urschuld trotzdem frei und der Delegant hat statt der für ihn entfallenden Liberation eine *condictio* gegen den Delegatar.

[69] In anderer Richtung bewegen sich die interessanten Ausführungen Lenels über den Grund des Satzes „*solvit et qui reum delegat*" in Jherings Jahrb. für Dogm. Bd. 36 S. 127f.

In diesen Fällen diente die Delegation offenbar einem Forderungsaustausch, stand mithin in ihrer wirtschaftlichen Funktion dem Kaufe bei weitem näher, als der *in solutum datio.*

§ 5.

Rechtsgeschäftliche oder faktische Natur der *solutio*?

An der rechtsgeschäftlichen Natur der altzivilen *solutio*, welche auf dem Grundsatze der Korrespondenz von Begründungs- und Tilgungsakt beruht, kann kein Zweifel bestehen. Sie ist formalisierter Tilgungsvertrag, also Rechtsgeschäft (vgl. § 1). Der Zweifel beginnt erst, wenn die Frage für die Naturalsolution gestellt wird, also für diejenige *solutio*, deren Kriterium nicht in dem formell geäußerten Tilgungswillen, sondern in der Realisierung der geschuldeten Leistung besteht. Hier herrscht ein bei dem Zustand der Quellen nicht leicht zu schlichtender Streit, ob und wieweit diese *solutio* rechtsgeschäftlichen Charakter an sich trägt.

Dieses Problem ist in doppelter Richtung erheblich. Es fragt sich nämlich einmal, wieweit die Leistungsbewirkung für sich rechtsgeschäftlicher Natur ist[1] und sodann, wieweit die Leistung von dem erklärten, auf Tilgung der Obligation gerichteten Willen begleitet sein muß und dadurch rechtsgeschäftlichen Charakter gewinnt. Die Lösung dieser Fragen wird dadurch erschwert, daß die Quellen sie an keiner Stelle *ex professo* behandeln, daß vielmehr nur aus einzelnen Aussprüchen und Entscheidungen ein Streiflicht auf sie fällt.

I. Was zunächst die Leistung betrifft, so kann sie nach der vollen Ausbildung der Obligation zweifellos rein faktischen Charakters sein. Mit Recht macht Lotmar[2] darauf aufmerksam, daß die *solutio* (angesehen nach der Wirkung der Erfüllungstatsache) verschiedene Tatbestände in sich begreife; so sei die Erfüllung des Mandats durch denjenigen, *qui rem mandato ali-*

---

[1] Das heißt, wieweit schon die Leistung als solche zu ihrer Bewirkung die Vornahme eines Rechtsgeschäfts erfordert.

[2] Über causa im röm. Recht, München 1875 S. 19/20, vgl. S. 52.

cuius accepit perferendam[3] insofern von der *solutio* des Käufers aus dem Kaufvertrage verschieden, als sie für sich betrachtet Rechtswirkung nicht habe.[4]

In dem einen Fall erschöpft sich die rechtliche Wirkung in der Erfüllung des auf die faktische Dienstleistung gerichteten Auftrags;[4a] im andern tritt die Rechtswirkung der Erfüllung der Kaufsobligation zu einer schon sonst vorhandenen, der Übereignung der Sache durch den Verkäufer hinzu.

Es fragt sich aber weiter, ob diejenigen Leistungen, welche auf die Herstellung eines rechtlichen Effekts, z. B. Begründung des Eigentums für den Gläubiger gehen, der Erfüllung mit Notwendigkeit rechtsgeschäftlichen Charakter verleihen.

Diese Frage wird in dem Fall praktisch, daß das Rechtsgeschäft, durch welches die Leistung bewirkt werden sollte, infolge eines wesentlichen rechtlichen Mangels diese Wirkung nicht erreichte, während die Wirkung unabhängig vom Rechtsgeschäft durch das Eingreifen einer anderweiten Gesetzesnorm herbeigeführt worden ist.

1. Der Schuldner hat mit fremdem Gelde bezahlt, das der Gläubiger darauf mit eigenem Gelde derartig vermischt hat, daß die Erkennbarkeit des fremden Geldes ausgeschlossen ist[5] oder er hat eine fremde bewegliche Sache ohne Zustimmung des Eigentümers geleistet und dem Gläubiger somit zunächst das Eigentum nicht verschafft. Dieser erlangt es aber später durch Ersitzung.[6] Beide Fälle haben die Eigentümlichkeit, daß der geschuldete rechtliche Effekt der Leistung nicht durch die rechtsgeschäftliche Handlung des Schuldners, sondern unabhängig davon durch die

---

[3] l. 14 § 9 D. 47, 2.

[4] Ähnlich Karlowa, Rechtsgeschäft S. 182. Verwandt damit, aber sich nicht vollkommen damit deckend, ist Brinz' Einteilung in Verbindlichkeit und Schuld (Pand. II (2) S. 33—35). Letztere erfordert Leistung aus dem Vermögen, erstere einen bloßen Kraft- oder Willensaufwand, welchem Gegensatz nach Brinz der zwischen *dare* und *facere* korrespondiert.

[4a] Noch deutlicher tritt die rein faktische Natur der Leistung hervor, wenn die Obligation auf eine Unterlassung gerichtet ist, vgl. oben S. 28f.

[5] l. 78 D. 46, 3, vgl. l. 61 D. eod.

[6] l. 60 D. 46, 3.

Rechtsordnung hergestellt worden ist. Trotzdem wird der Schuldner von seiner Verpflichtung frei.

Wird er es durch wahre Erfüllung? Aus den Quellen ist nicht einmal mit völliger Sicherheit zu entnehmen, ob er *ipso iure*, oder nur *ope exceptionis* frei wird; die Literatur nimmt, wie es scheint, durchgängig das erstere an,[7] ohne aber eine Begründung zu geben.

Auf Grund von l. 94 pr. D. de solut. 46, 3 halte ich diese Auffassung für die richtige.

Papinianus libro octavo quaestionum. *„Si is, cui nummos debitor solvit alienos, nummis integris pergat petere quod sibi debeatur, nec offerat quod accepit, exceptione doli summovebitur."*

Denn der bloß exzeptionsmäßige Schutz des Schuldners wird hier auf den Fall beschränkt, daß die gezahlten fremden Münzen noch nicht konsumiert sind, der Gläubiger aber ohne gleichzeitiges Angebot ihrer Rückgabe den Betrag der Schuld noch einmal verlangt. Hätte der Gläubiger bereits konsumiert, so bedürfte also der Schuldner der Exzeption wohl nicht.[8] Obgleich nun mit der *ipso iure*-Wirkung allein die Natur des Tilgungsaktes als echter Erfüllung noch nicht gegeben ist, so wird man die hier erörterten Fälle doch unter den Begriff der Erfüllung subsumieren können; denn die Leistung des Schuldners ist, wenn sie auch nicht direkt wirkt, doch insofern für die schließliche Herstellung des geschuldeten Erfolges kausal, als nur durch sie das Eingreifen der Rechtsordnung, welches zur Herstellung des Erfolges führte, ermöglicht worden ist.[9] Der Gläubiger hätte weder durch Ersitzung, noch durch Vermischung der gezahlten Münzen Eigentum erlangt, wenn der betreffende Gegenstand oder die Münzen nicht durch die Leistung des Schuldners in seinen Besitz gelangt wären.

---

[7] Vgl. Windscheid II (8) § 342 bei Note 7 S. 386; Sintenis II § 103 bei Note 42 S. 399; Brinz, Krit. Vierteljahrsschrift Bd. 25 S. 196.

[8] Dieses Ergebnis wird weiterhin dadurch gestützt, daß in l. 60 D. de solut. 46, 3 von *liberari* schlechthin die Rede ist, so daß doch wohl an Befreiung *ipso iure* gedacht ist. Vgl. freilich unten S. 88.

[9] Vgl. l. 13 D. de mort. c. don. 39, 6 und l. 33 D. eod. vv.: *„non ab eo videretur cepisse, cuius res fuisset, sed ab eo, qui occasionem usucapionis praestitisset."*

Man kann daher, wenn man sich auch bewußt bleiben muß, daß es sich hier um einen Grenzfall handelt, noch immer in dem Sinne von Erfüllung reden, daß infolge des späteren Eingreifens der Rechtsordnung die geschuldete Leistung realisiert worden ist. Daraus geht aber wieder hervor, daß die Leistungsbewirkung als solche selbst da nicht notwendig über den Weg des Rechtsgeschäfts geht, wo die Obligation die Herstellung eines Rechtseffekts zum Ziele hat. In den — freilich nicht häufigen Fällen — wo diese Wirkung zwar infolge der Schuldnerhandlung herbeigeführt wird, aber nicht als ihre rechtsgeschäftliche Konsequenz, ist jedenfalls die Vollziehungshandlung bei der Erfüllung nicht als Rechtsgeschäft wirksam.[10]

2. Mit dem soeben erörterten Falle steht ein anderer, regelmäßig mit ihm zusammengefaßter keineswegs auf gleicher Linie. Wird nämlich mit fremdem Gelde gezahlt, so tritt nach den Quellen Befreiung selbst dann ein, wenn der geschuldete rechtliche Effekt (die Übereignung des Geldes) überhaupt nicht hergestellt wird, wofern nur der Empfänger der fremden Münzen als um ihren Betrag reicher geworden erscheint, weil er sie gutgläubig verausgabt hat und sie ihm daher nicht mehr abgenommen werden können. Am klarsten treten die für diese Entscheidung maßgebenden Gesichtspunkte in der l. 17 D. de solut. 46, 3 zutage.

---

[10] Vgl. auch Enneccerus, Rechtsgeschäft, Bedingung und Anfangstermin S. 509. Man könnte versucht sein, die rechtsgeschäftliche Natur des Leistungsaktes durch die Anwendung des Gedankens der Konvaleszenz zu retten. So in der Tat Regelsberger, Pandekten I § 176 S. 639 Note 2. Ich halte diese Auffassung, soweit die Natur der Leistungsbewirkung in Frage steht, nicht für anwendbar. Denn soweit nicht, wie z. B. bei der Schenkung unter Ehegatten, durch positive Satzung eine besondere Konvaleszenzmöglichkeit geschaffen ist, ist dazu erforderlich, daß eine anfänglich mangelnde Voraussetzung der Wirksamkeit des Geschäfts nachträglich eintritt, wie es z. B. geschieht, wenn der Eigentümer des geleisteten Gegenstandes die Leistung nachträglich genehmigt, so daß nunmehr die rechtsgeschäftliche Willenserklärung als solche Wirksamkeit gewinnt. Hier liegt der Fall durchaus anders. Nicht gewinnt die auf Eigentumsübertragung gerichtete Willenserklärung des Schuldners nachträglich Wirksamkeit, weil ein anfänglich entgegenstehendes Hindernis beseitigt wird, sondern das Eigentum wird in der Hand des Gläubigers durch einen nicht rechtsgeschäftlichen Tatbestand begründet.

Pomponius libro nono decimo ad Sabinum. „*Cassius ait, si cui pecuniam dedi, ut eam creditori meo solveret, si suo nomine dederit, neutrum liberari, me, quia non meo nomine data sit, illum, quia alienam dederit: ceterum mandati eum teneri. sed si creditor eos nummos sine dolo malo consumpsisset, is, qui suo nomine eos solvisset, liberatur, ne, si aliter observaretur, creditor in lucro versaretur.*“

Jemand erhält Geld mit dem Auftrage, eine Schuld des Auftraggebers damit zu tilgen; er zahlt es aber auf eine eigene Schuld bei demselben Gläubiger. Entscheidung: Keiner wird befreit. Gibt aber der Gläubiger das Geld in Unkenntnis von dem Versehen oder der Unredlichkeit des Beauftragten aus, so wird dieser frei. Denn der Empfänger des Geldes unterliegt in diesem Fall weder der Vindikation oder der *actio ad exhibendum* (wie im Falle bösgläubiger Verausgabung als einer „*qui dolo desiit possidere*“) noch der Kondiktion; hat er doch das Geld nicht *sine causa* erhalten, sondern unter der *causa solvendi*, welche ihm der Beauftragte für seine eigene Schuld aufgeprägt hat. Somit erscheint infolge der gutgläubigen Verausgabung der Empfänger sogleich und definitiv um den Betrag des verausgabten Geldes reicher: es kann ihm nicht mehr abgenommen werden. Daher kann er nochmalige Zahlung nicht verlangen, weil er sonst auf Kosten des Beauftragten einen ungerechtfertigten Gewinn machen würde.[11]

Diesen Fall wird man unter den Erfüllungsbegriff nicht mehr subsumieren können, weil die geschuldete Leistung selbst in keiner Weise hergestellt wird. Es wird dem Gläubiger nur infolge des Eingreifens verschiedener Rechtssätze ein Äquivalent verschafft; der Fall steht also auf gleicher Linie mit dem *concursus duarum causarum lucrativarum.* Die Obligation erlischt unter dem Gesichtspunkt der Interessenbefriedigung des Gläubigers, nicht unter dem

[11] Daß dieser Gewinn auf Kosten des Beauftragten gehen würde, ergibt sich daraus, daß dieser entweder, bei bloßem Versehen, aus dem Auftrage, oder, bei bewußter Veruntreuung, nach l. 52 § 16 D. de furt. 47, 2 wegen Furtum auch dem Auftraggeber noch verhaftet sein würde. — Vgl. ferner l. 94 § 2 D. de solut. 46, 3; l. 19 § 1 i. f. D. de R. C. 12, 1; l. 81/83 D. de iur. dot. 23, 3.

der Realisierung ihres Inhaltes. Der Ausspruch des Paulus in l. 61 D. de solut. 46, 3 greift Platz:

„*In perpetuum quotiens id, quod tibi debeam ad te pervenit et tibi nihil absit nec quod solutum est, repeti possit, competit liberatio.*"

II. Von beiden bisher erörterten Fällen ist ein dritter wohl zu scheiden. Wie steht es, wenn der Leistende zwar Eigentümer der gezahlten Münzen ist, aber keine, oder nur beschränkte Geschäftsfähigkeit besitzt? Leistet ein Unmündiger ohne *auctoritas* des Tutors oder ein Geisteskranker, um eine Schuld zu tilgen, so leidet nicht nur das Leistungsgeschäft (die Übertragung der Münzen) an einem Mangel, welcher den Eigentumsübergang verhindert, sondern es ist auch die auf den Rechtsgrund der Übertragung bezügliche Willensbestimmung unkräftig; es müßte daher, anders als in den vorerwähnten Fällen, an sich eine *condictio sine causa* gegen den Empfänger begründet sein, wenn die Vindikation wegen Verausgabung des Geldes oder wegen ununterscheidbarer Vermischung nicht mehr möglich sein sollte.[12] Diese *condictio* tritt rein hervor, wenn von dem Unmündigen ohne *auctoritas* des Tutors oder von einem Geisteskranken eine Nichtschuld gezahlt worden ist. Nicht die *condictio indebiti* greift hier Platz, welche den Beweis erfordern würde, daß die Schuld nicht bestand, sondern die *condictio sine causa,* welche sich lediglich auf die Unwirksamkeit des Zahlungsgeschäfts gründet:

„*interdum persona locum facit repetitioni.*"[13]

Für den Fall, daß von einem nicht oder nicht voll Geschäftsfähigen auf eine wirklich bestehende Schuld gezahlt worden wäre, sollte man daher folgende rechtliche Beurteilung erwarten: Zunächst, solange die gezahlten Münzen beim Empfänger noch er-

---

[12] Vgl. über diese aus einem unwirksamen Geschäft hervorgehende *condictio* l. 11 § 2; l. 12; l. 13 pr. § 1 D. de R. C. 12, 1; l. 19 § 1 D. eod. und v. Mayr, condictio S. 289.

[13] l. 29 D. de cond. ind. 12, 6: vgl. dazu Bähr, Die Anerkennung als Verpflichtungsgrund (3) S. 60; M. Voigt, Condictiones ob causam S. 750, 760 Note 712; Vangerow, Pandekten III (7) S. 410 Ziff. 3; a. M. Brinz, Pandekten II (2) § 305 S. 553 Note 10.

kennbar vorhanden sind, Zuständigkeit der Vindikation, welcher gegenüber der Gläubiger mit seiner noch bestehenden Forderung wegen mangelnder Gleichartigkeit des Anspruchsgegenstandes nicht kompensieren kann.[14] Für den Fall ununterscheidbarer Vermischung oder gutgläubiger Verausgabung des empfangenen Geldes durch den Gläubiger *condictio sine causa*, welcher gegenüber die *exceptio doli* (l. 173 § 3 D. de R. I. 50, 17) bez. die Kompensation mit der ursprünglichen Forderung in Frage käme.[14a]

In den Quellen wird jedoch nur die Zuständigkeit der Vindikation bestätigt. Für den Fall gutgläubiger Verausgabung seitens des Gläubigers sprechen sowohl l. 9 § 2 D. de auct. et cons. tut. 26, 8 (Gaius) als l. 14 § 8 D. de solut. 46, 3 (Ulpian) von Liberation des zahlenden Mündels schlechthin.[15] Nun bezeichnet ja freilich *liberare* mitunter auch die bloß exzeptionsmäßige Befreiung;[16] aber der Sinn, in welchem es Befreiung mit *ipso iure*-Wirkung bedeutet, wiegt doch entschieden vor; schon hierdurch wird es als Meinung der römischen Jurisprudenz wenigstens wahrscheinlich gemacht, daß im Falle gutgläubiger Verausgabung des vom Unmündigen in Tilgungsabsicht gezahlten Geldes und ebenso natürlich im Falle ununterscheidbarer Vermischung die *condictio* überhaupt nicht zur Entstehung gelangt, vielmehr die Schuld, auf welche geleistet wurde, direkt getilgt wird, soweit nicht ausnahmsweise das Interesse des Unmündigen entgegensteht.

Man könnte versucht sein, die direkte Tilgungswirkung in diesem Falle darauf zurückzuführen, daß der Unmündige durch seine Willenserklärung einen Erwerb auch ohne *auctoritas* des Tutors machen kann. Als solcher Erwerb steht die Befreiung

---

[14] Vgl. auch Dernburg, Kompensation (2) § 40 S. 339f., 353/354; Siber, Kompensation und Aufrechnung S. 83.

[14a] So in der Tat Benfey in Lindes Zeitschr. f. Zivilrecht u. Prozeß Bd. 14 S. 214 Note 1; Gruchot, Zahlung der Geldschuld S. 16.

[15] Vgl. auch l. 19 § 1 D. de R. C. 12, 1 (Julian), worin zutreffend hervorgehoben wird, daß die erwähnte Wirkung erst dann eintritt, wenn die Münzen beim Drittempfänger konsumiert sind, also auch gegen diesen eine Vindikation ausgeschlossen ist.

[16] Vgl. die von H. Krüger, Beiträge z. Lehre v. d. exceptio doli S. 166 und Lenel, Jherings Jahrb. für Dogm. Bd. 36 S. 105 Ziff. 1 beigebrachten Stellen.

von seiner Schuld in Frage. Der Schluß liegt nahe, daß diese Wirkung nunmehr eintreten könne, nachdem der reale Erfolg der Leistungsbewirkung durch die Rechtsordnung hergestellt worden sei. Indessen so einfach liegt die Sache nicht. Die Befreiung steht bei der Erfüllung in untrennbarer Beziehung zur Leistungsbewirkung, denn sie ist ihre rechtliche Folge. Der ohne *auctoritas* seines Tutors leistende Unmündige kann also nicht die Befreiung erwerben, ohne die Leistung zu erbringen. Die Leistung wieder kann er wirksam nicht erbringen ohne Mitwirkung des Tutors. So liegt bei Leistungen, welche eine Veräußerung erfordern, in Wahrheit eine persönliche Unfähigkeit des Pupillen zur Vornahme des Erfüllungsgeschäfts vor, obgleich er nicht etwa schlechthin unfähig ist, durch selbständige Handlung seine Schuldbefreiung zu erlangen; denn durch den Abschluß eines abstrakten Erlaßvertrages als Schuldner wird er auch ohne Tutor frei. Die vorstehende Bemerkung ist nun deshalb für die hier zu erörternde Frage bedeutsam, weil der Grundsatz der sogenannten Konzentration des Rechtsgeschäfts hereinspielt.[16a] Soweit an die Erfüllung der streng rechtsgeschäftliche Maßstab gelegt wird, müssen die rechtlichen Voraussetzungen für die Wirksamkeit des Geschäfts im Augenblick seiner Vornahme begründet sein: *quod ab initio vitiosum est, non potest tractu temporis convalescere* (l. 29 D. de R. I 50, 17). Vom streng rechtsgeschäftlichen Standpunkt aus hätte also die direkte Tilgungswirkung und damit der Eintritt wahrer Erfüllung bei nachträglicher Herstellung des geschuldeten Erfolges nicht begründet werden können. Wenn die römische Jurisprudenz diese Annahme trotzdem gemacht hat, so beruht dies nachweisbar auf einer Durchbrechung des rechtsgeschäftlichen Standpunkts. Dieser Umstand ist höchst bedeutsam für die Würdigung der Natur der Erfüllung und verstärkt zugleich die Beweiskraft der vorstehends angeführten Stellen. Es wird mehrfach, speziell von Julian, die faktische Natur der Erfüllung in dem Sinne hervorgehoben, daß eine Abweichung von strengen Rechtsgrundsätzen damit gerechtfertigt werden soll.

[16a] Das Wort ist von Jhering geprägt, s. Geist des röm. Rechts III (3) § 53 II S. 149f., 159.

So leitet er in l. 7 § 3 D. de curat. 27, 10 aus der „faktischen“ Natur der *solutio* her, daß bei Mehrheit der Kuratoren doch einer von ihnen wirksam Zahlung für den geisteskranken Gläubiger entgegennehmen könne, indem der nicht widersprechende Vormund als genehmigend behandelt werde, während bei Angelegenheiten „*quae iuris sunt*“ ausdrückliche Mitwirkung sämtlicher Kuratoren erfordert wird. Eine ähnliche Auffassung tritt in l. 19 § 1 D. de R. C. 12, 1 zutage, indem Julian dort die bloße, ohne *auctoritas* des Tutors erfolgte Leistung des Unmündigen im Verein mit der späteren Konsumtion des Geldes als Grundlage der Liberationswirkung zwar anerkennt, aber ausdrücklich hervorhebt:

„*liberatur non alia ratione, quam quod facto eius intellegitur ad eum, qui acceperit, pervenisse.*“

Es ist also nicht allein die Leistung, die bei der Erfüllung nicht notwendig rechtsgeschäftlichen Charakter an sich trägt (I); dieser Umstand würde die Erfüllung noch nicht dem Kreise der Rechtsgeschäfte entrücken, solange der Leistung die Tilgungsbestimmung ausschließlich durch eine den rechtsgeschäftlichen Erfordernissen entsprechende Willenserklärung aufgeprägt werden könnte. Insoweit träte nur eine Eigentümlichkeit der Realgeschäfte in die Erscheinung, die vor allem Enneccerus[17] treffend hervorgehoben hat. Durch die obigen Ausführungen ist vielmehr dargetan, daß auch der voluntare Bestandteil des Erfüllungsgeschäfts nicht durchgängig rechtsgeschäftlichen Regeln folgt. Dies ist eine Eigentümlichkeit, welche mit der Natur der *causa solvendi* zusammenhängt und ihrem letzten Grunde nach daraus hervorgeht, daß der Erfüllungsbegriff zwar von der Verkörperung des Tilgungsaktes im Rechtsgeschäft ausgegangen ist, sich aber zur Idee der Verwirklichung der geschuldeten Leistung fortentwickelt hat. Auf diesem Standpunkt aber erhebt sich naturgemäß die Frage, ob es nicht auch Erfüllung sei, wenn der nicht oder nicht voll Geschäftsfähige durch die besonderen Umstände des Falles in die Lage kommt, die geschuldete Leistung selbständig zu verwirklichen. Wie weit unter der unbewußten

[17] Rechtsgeschäft, Bedingung und Anfangstermin S. 509f.

Herrschaft dieses Gedankens schon die römischen Quellen den Erfüllungsbegriff über die Grenzen des Rechtsgeschäfts ausdehnen, ist nicht leicht zu sagen. Haben sie, wie der Leistung des Pupillen, so auch der des Geschäftsunfähigen in dem soeben erwähnten Falle den Charakter wahrer Erfüllung zugesprochen? Es scheint, daß diese Frage verneint werden muß. Anders als beim Pupillen sprechen die Quellen hier niemals direkt von Liberation. In den oben genannten Stellen wird bei Besprechung der nachträglichen Befreiung nur der Pupill, nicht auch der Geisteskranke aufgeführt.[18] So scheint bei der Leistung des Geisteskranken l. 29 D. de cond. ind. 12, 6 uneingeschränkte Geltung zu beanspruchen und also dessen Befreiung auch da, wo der geschuldete Effekt durch das Eingreifen der Rechtsordnung nachträglich hergestellt wird, nicht *ipso iure*, sondern nur *ope exceptionis* einzutreten.[19]

Es muß also zugegeben werden, daß die letzten Konsequenzen des oben erwähnten Standpunkts in den Quellen noch nicht hervorgetrieben worden sind. Immerhin geht schon aus der Be-

---

[18] l. 9 § 2 D. 26, 8; l. 14 § 8 D. 46, 3; l. 19 § 1 D. 12, 1.

[19] Für eine verschiedene Behandlung des Geisteskranken und des Unmündigen sprechen auch zwei Stellen aus der Delegationslehre l. 66 D. de solut. 46, 3 und l. 16 D. de exc. dol. 44, 4. In der ersten Stelle zahlt der Schuldner eines Pupillen, in der zweiten der Schuldner eines Geisteskranken auf die selbständig erteilte Anweisung hin an die Gläubiger der Deleganten. Nach bekannten Anweisungsgrundsätzen leistet der Delegat nicht auf die Schuld des Deleganten hin, sondern auf seine eigene dem Deleganten gegenüber. Die Bestimmung der Leistung zur Schuldtilgung im Valutaverhältnis wird ihr also in beiden Fällen von den Deleganten, d. h. vom Unmündigen einerseits, vom Geisteskranken andererseits aufgeprägt. Die erste Stelle läßt nun keinen Zweifel, daß der Unmündige mit *ipso iure*-Wirkung befreit wird; denn in den Worten: „*pupillum quidem a creditore liberat, sed ipse manet obligatus: sed exceptione se tueri potest*" wird das *liberare* im Hinblick auf den Pupillen in direktem Gegensatz zu der bloß exceptionsmäßigen Befreiung des Leistenden von seiner Schuld dem Pupillen gegenüber gebraucht. In dem Parallelfall der l. 16 D. de exc. dol. 44, 4 dagegen, welcher die Leistung auf Anweisung des Geisteskranken betrifft, wird die Wirkung auf das Valutaverhältnis nur mit den Worten „*quod in rem furiosi processit*" gestreift, wobei die Natur der Wirkung offen bleibt. Vgl. dazu Lenel in Jherings Jahrb. für Dogm. Bd. 36 S. 119 und Note 1 daselbst gegen Wendt, Anweisungsrecht S. 33.

handlung des Zahlungsgeschäfts des Pupillen soviel hervor, daß die römische Jurisprudenz in der Erfüllungslehre den rechtsgeschäftlichen Standpunkt nicht streng festgehalten hat. Die Entwicklung drängte zu dem freilich noch nicht allseitig durchgeführten Satze: Erfüllung liegt auch dann vor, wenn der geschuldete Erfolg auf Grund eines Handelns, welches rechtsgeschäftlichen Erfordernissen nicht entspricht, herbeigeführt worden ist, wofern dieser Erfolg nur kraft eines Satzes des objektiven Rechts eintritt, ohne daß der Gläubiger eine Einbuße erleidet.[20]

Mit diesem Satze ist es nun aber durchaus verträglich, daß der Gläubiger sich nicht auf den Eintritt dieses Erfolges vertrösten zu lassen braucht. Denn der Schuldner muß durch sein Angebot die Situation schaffen, daß der Gläubiger unmittelbar durch seine Annahme den rechtlichen Erfolg der Leistung gewinnt. Er braucht sich nicht darauf verweisen zu lassen, daß nach der Annahme durch das Eingreifen anderweiter Rechtssätze, z. B. durch Ersitzung oder Vermischung der rechtliche Erfolg hergestellt werden würde, falls der Schuldner nicht in der Lage sein sollte, ihn zu verschaffen.[21] Daher kann der Gläubiger in solchen Fällen die angebotene Leistung zurückweisen, ohne in Verzug zu geraten, arg. l. 94 pr. D. 46, 3. Nimmt der Gläubiger freilich an und die eingreifenden Rechtssätze führen den ge-

---

[20] Wenn Brinz in seinen Pand. II § 290 bei Note 50 S. 449 ausführt: „Ob es an der Dispositionsmacht nun aber wegen fehlenden Eigentums oder wegen abgängiger Handlungsfähigkeit oder aus Mangel an einer Vollmacht gebricht: hier wie dort ersetzt der Erfolg das Recht; Konsumtion, Vermengung, Usukapion verwandeln die bloß gewollte aber verfehlte Zahlung nachträglich in wirkliche Zahlung,“ so antizipiert er eine Entwicklung, die in den Quellen angedeutet, aber noch nicht durchgeführt ist, die jedoch dem Geiste des neueren Erfüllungsbegriffs durchaus entspricht. Daß die Quellen hinsichtlich des *furiosus* so wenig Farbe bekennen, macht fast den Eindruck, als hätte die römische Jurisprudenz die letzten Konsequenzen des eingenommenen Standpunkts mit bewußter Scheu umgangen. S. ferner Brinz in der Krit. Vierteljahrsschrift Bd. 25 S. 196.

[21] In diesem Sinne behält der Satz der Institutionen (§ 2 i. f. J. quib. alien. lic. 2, 8) seine volle Richtigkeit: *pupilli vel pupillae solvere sine tutore auctore non possunt, quia id quod solvunt non fit accipientis, cum scilicet nullius rei alienatio eis sine tutoris auctoritate concessa est.*

schuldeten Leistungserfolg herbei, so liegt Erfüllung vor. Kurz, da, wo zur unmittelbaren Herbeiführung des geschuldeten Erfolges ein Rechtsgeschäft erforderlich ist, ist ein bei der Leistung zutage tretender rechtsgeschäftlicher Mangel von schlechthin entscheidender Bedeutung nur für die Frage, ob der Gläubiger durch ein derartiges Angebot in Annahmeverzug versetzt wird. Dagegen kann nicht behauptet werden, daß eine Leistung, welche der Gläubiger, ohne in Annahmeverzug zu geraten, hätte zurückweisen können, im Fall ihrer Annahme niemals zur Erfüllung führen könne. Sie kann es allerdings, wenn der der Leistung im Augenblick ihrer Erbringung anhaftende Mangel, wie in den vorstehends erörterten Fällen, später gehoben wird. Hieraus ergibt sich die vielfach nicht genügend berücksichtigte Konsequenz, daß das Realangebot, welches bei Zurückweisung der Leistung durch den Gläubiger zum Gläubigerverzug führt, sich in seinen Erfordernissen keineswegs schlechthin mit derjenigen Tätigkeit deckt, welche bei vorliegender Erfüllung im konkreten Falle von seiten des Schuldners entwickelt worden ist. Wie es scheint, hat gerade das Übersehen dieses Unterschiedes der Auffassung Vorschub geleistet, daß die Erfüllung stets rechtsgeschäftlichen Charakter trage. Denn das ist freilich richtig, daß da, wo zur unmittelbaren Herstellung der geschuldeten Leistung ein Rechtsgeschäft erforderlich ist, der Gläubiger, ohne in Verzug zu geraten, das Angebot zurückweisen kann, wenn ein rechtsgeschäftlicher Mangel zutage liegt, welcher den unmittelbaren Eintritt des Leistungserfolgs hindern würde. Somit ist für die Lehre vom Annahmeverzug die hier erwähnte Eigentümlichkeit der Leistung allerdings von ausschlaggebender Bedeutung. Aber dasselbe Leistungsangebot, welches den Gläubiger nicht in Annahmeverzug zu versetzen vermöchte, kann doch, wenn der Gläubiger es annimmt, infolge der späteren Herstellung des geschuldeten Erfolgs durch die Rechtsordnung zu echter und rechter Erfüllung führen.

Zweiter Teil.

Dogmatischer Teil.

A. Grundlegung.

§ 6.

Die moderne Literatur und Theorie der Erfüllung.

Am Eingange der neueren Literatur über die Erfüllung stehen zwei hochbedeutsame Darstellungen: Die Schrift des Brissonius de solutionibus et liberationibus[1] und die systematische Erörterung DONELLS im 16. Buche seiner Commentarii de iure civili. Die erste ist das scharfsinnige Jugendwerk des hervorragenden Gelehrten, der zur Zeit der Veröffentlichung der Schrift (1557/58) erst im 24. Lebensjahre stand;[2] die Darstellung DONELLS zählt zu den hinterlassenen Büchern, die von Scipio Gentilis 1595 herausgegeben worden sind.[3]

Beide Schriftsteller, von denen DONELL die nachhaltigere Einwirkung auf die spätere Literatur ausgeübt hat, bringen in lichtvoller Erörterung die Solutionstheorie der Quellen zur Anschauung. Hierbei eröffnet Brissonius die Behandlung seines Themas mit einer eingehenden, noch heute wertvollen Betrachtung der Terminologie der Quellen, während DONELL, wie von dem großen Synthetiker nicht anders zu erwarten, das Hauptgewicht auf die systematische Eingliederung der Lehre in das System

---

[1] Am besten in der Ausgabe der Opera minora varii argumenti von TREKELL, Lugduni 1749.

[2] Vgl. TREKELL in der *praefatio* der erwähnten Ausgabe.

[3] R. STINTZING, Geschichte der deutschen Rechtswissenschaft I S. 378.

der Obligationstilgungsgründe legt. Obgleich besonders bei Brissonius das Arbeiten mit den Hilfsmitteln der Philologie und die Verwertung auch außerjuristischer Quellen deutlich in die Erscheinung tritt,[4] so ist doch die historische Schichtung der römischen Solutionslehre nicht zur Darstellung gebracht worden.

Dieses für die Erkenntnis der historischen Bedingtheit der römischen Solutionstheorie so bedeutsame Moment entzog sich vor der Auffindung von Gaius Institutionen, die uns auch in dieser Richtung neues historisches Material von hoher Bedeutung geschenkt haben, der näheren Beachtung.

In dogmatischer Hinsicht bedeuten beide Darstellungen einen Hochstand, der nicht überschritten worden ist. Die spätere monographische Literatur fließt nur spärlich und die letzte ausführliche Bearbeitung der Lehre durch Gruchot[5] erhebt sich wenig über den Rang einer Materialiensammlung. Die wissenschaftlich hochstehenden Erörterungen von Brinz (Pand. II 2. Aufl. 289 und 290 S. 434f.), Sintenis (Das praktische gemeine Zivilrecht II §§ 103f. S. 385f., 3. Aufl. S. 394f.), Windscheid (Pand. II §§ 342 bis 344 S. 384f.), Dernburg (Pand. II §§ 2 und 55) sind mit Rücksicht auf ihre Eingliederung in ein umfassendes System dem Umfang nach beschränkt. Das gleiche gilt für die zum Teil trefflichen Bearbeitungen der Lehre, die sich in partikularrechtlichen Schriften z. B. in Kochs Recht der Forderungen II (2) S. 610f.; Förster-Eccius Bd. I §§ 91f.; Dernburg, Preuß. Priv.-Recht II §§ 30, 92f. und neuerdings in den Hand- und Lehrbüchern und Kommentaren des neuen bürgerlichen Rechts finden.[5a] Die gründlichen Darstellungen Goldschmidts (Handbuch des Handelsrechts §§ 102f.) und Cohns bei Endemann, Handbuch des Handelsrechts III S. 998f. betreffen großenteils handelsrechtliche Spezialfragen der Erfüllungslehre. Eine größere Ausbeute gewähren die Abhandlungen, die einzelne für die Erfüllungslehre wichtige

---

[4] So wird z. B. zur Erläuterung der Terminologie auf Seneca, de beneficis VI, 5 Bezug genommen (Opera minora p. 114).

[5] Die Lehre von der Zahlung der Geldschuld nach heutigem deutschen Rechte, Berlin 1871.

[5a] Von der Aufzählung dieser Werke wird abgesehen, da sie unten in der Darstellung der Theorie der Erfüllung berücksichtigt sind.

Punkte behandeln; sie finden sich teils auf dem Gebiete dieser Lehre selbst, wie z. B.:

Henrici, Über die Frage, auf welche von mehreren Forderungen eine geleistete Zahlung abzurechnen ist? In den Jahrbüchern f. Dogm. Bd. 14 S. 428f.

Struckmann, Beitrag zur Lehre von der Zahlung, in den Jahrb. f. Dogm. Bd. 15 S. 251f.

Römer, Beiträge zur Lehre von der Erfüllung der Obligation (in der Tübinger Festschrift von 1877 S. 1f. und in der Zeitschrift f. d. ges. Handelsrecht Bd. 23 S. 1f.);

Unger, Fragmente aus einem System des österr. Obligationenrechts in Grünhuts Zeitschr. Bd. 15 S. 529f.;

Örtmann, Die Zahlung fremder Schulden, im Archiv f. d. civ. Praxis Bd. 82 S. 367f.;

Henrici, Über den § 267 des Entwurfes des bürgerlichen Gesetzbuches für das Deutsche Reich, in Jherins Jährb. für Dogm. Bd. 32 S. 99f.

E. Alexander, Rechtliche Natur der Erfüllung, Rostocker Diss. 1902;

O. Bagel, Die Mitwirkung des Gläubigers bei der Erfüllung eines Schuldverhältnisses, Leipziger Diss. 1903;

P. Klein, Natur der *causa solvendi,* Bonner Diss. 1903;

E. Havenstein, Das Erlöschen der Schuldverhältnisse durch Erfüllung nach dem BGB., Bonner Diss. 1904.

ferner verschiedene Abhandlungen über die Vorbehaltszahlung:

Neisser, Der Vorbehalt des Zahlenden in den Beiträgen zur Erläuterung des deutschen Rechts Jg. 34 S. 275f.;

Liebknecht, Vorbehaltszahlung und Eventualaufrechnung, Berlin 1899;

Martinius, Die Vorbehaltszahlung, in den Beiträgen zur Erläuterung des deutschen Rechts Jg. 47 S. 760f.;

teils in den angrenzenden und verwandten Lehren; hierher gehört die reichhaltige Literatur über die Quittung, über die Annahme an Erfüllungsstatt, die Hinterlegung, den Gläubigerverzug, die Novation, die Aufrechnung, die Abrechnung, die Anweisung, die liberatorischen Verträge, die Rückgabe des Schuldscheins.

Von besonderer Bedeutung sind endlich diejenigen Schriften, welche sich in einem höheren Zusammenhange mit der Erfüllungslehre auseinanderzusetzen haben. Hierzu hat sich in der neueren Literatur namentlich bei der Behandlung des Rechtsgeschäfts und der *causa* sowie des Wesens der Obligation Anlaß geboten. Es würde kaum möglich und jedenfalls nicht angebracht sein, die hier in Betracht kommenden Schriften an dieser Stelle einzeln aufzuführen. Die Darstellung wird sich mit ihnen einschlagenden Orts auseinanderzusetzen haben.

Das Studium dieser Literatur führt zu einem bemerkenswerten Ergebnis. Während nämlich die Lehre von der Erfüllung sich bis vor kurzem in einem Zustande der Erstarrung befand, indem immer dieselben Kontroversen mit Argumenten erörtert wurden, die von denen der älteren Literatur wenig verschieden sind — gehen von der an der Peripherie der Lehre gelegenen Literatur Anregungen aus, die gebieterisch Berücksichtigung verlangen. Vorläufig freilich haben diese neuen Einflüsse vielfach nicht klärend, sondern verwirrend gewirkt. Dies ist eine Folge der Verschiedenheit des begrifflichen Ausgangspunkts. Die Beschäftigung mit einem bestimmten Rechtsgedanken führt leicht dazu, daß diesem die umfassendste Bedeutung für das System beigelegt wird. Widerstrebende Erscheinungen des Rechtslebens werden dann nicht selten unter diesen Gedanken gepreßt. Die Theorie des Rechtsgeschäfts und namentlich des Vertrags hat sich in dieser Richtung nicht frei von Übergriffen gehalten, die auf dem Gebiete der Erfüllungslehre Schwierigkeiten geschaffen haben. In anderer Richtung hat der Zusammenhang der Erfüllungslehre mit dem Obligationsbegriff auf die hier behandelte Lehre eingewirkt. Auch hier läßt sich verfolgen, wie die Gesichtspunkte, die zur Klarstellung des Obligationsinhalts herangezogen wurden, Einfluß auf die Theorie der Erfüllung gewonnen haben. Ein markant hervortretendes Beispiel ist die Verwertung des Zweckbegriffes durch Hartmann zur begrifflichen Umgrenzung sowohl der Obligation, wie der Erfüllung, ein Vorgehen, das in der Literatur des neuen bürgerlichen Rechts bereits Nachfolge gefunden hat.[6]

[6] Auf diesem Standpunkte steht, wenn auch mit Einschränkung, vor allem Siber, Rechtszwang im Schuldverhältnis, besonders S. 160; ein-

Es entspricht einem grundlegenden systematischen Bedürfnis, daß vor allem die Frage ventiliert worden ist, ob die Erfüllung Rechtsgeschäft ist, oder nicht, und weiter, ob sie bei Bejahung der rechtsgeschäftlichen Natur vertragsmäßigen Charakter an sich trägt. Die Elemente dieser Kontroverse finden sich sämtlich bereits auf dem Gebiete des römischen und des Pandektenrechts; der Gesetzgeber hat absichtlich vermieden, durch die Fassung der einschlägigen Bestimmungen für eine der vorhandenen Meinungen Partei zu ergreifen.

Vgl. Mot. II S. 81.

Dies hat den erwünschten Erfolg gehabt, die wissenschaftliche Erörterung des Themas frei zu halten von den Fesseln einer im Gesetz selbst enthaltenen Konstruktion. Andererseits ist die vorhandene Meinungsverschiedenheit fast in ihrem ganzen Umfange in die Literatur des neuen bürgerlichen Rechts übernommen worden, ja, an verschiedenen Stellen finden sich Ansätze zu neuen Streitpunkten.

In der Tat sind zwischen den denkbaren Extremen: die Erfüllung sei niemals Rechtsgeschäft[7] und: sie sei stets Vertrag[8] fast alle möglichen Schattierungen vertreten. Den mittleren Meinungen ist gemeinsam, daß sie eine Variation des rechtlichen Erfüllungscharakters je nach der Natur der zu erbringenden Leistung annehmen.

Aber das Ergebnis ist verschieden. Die eine Gruppe von Schriftstellern nimmt an, daß die Erfüllung zwar in der Mehrzahl der Fälle Rechtsgeschäft sei, in gewissen Fällen aber nicht; und zwar namentlich dann nicht, wenn die geschuldete Leistung in einem Unterlassen oder einer rein tatsächlichen Verrichtung besteht. Diese Ansicht geht auf HARTMANN zurück, der sie in seiner Schrift über die Obligation S. 33 zum ersten Male implizite ausgesprochen hat, indem er ausführt, „daß auch ein zur Vor-

---

schränkend S. 154/155. Das weitere Fortwirken dieser Ideen zeigt die jüngst erschienene Schrift KLEINS, Untergang der Obligation durch Zweckerreichung, Berlin 1905 S. 64f.

[7] So allein PFERSCHE, Bereicherungsklagen S. 100.

[8] So neuerdings PETER KLEIN, in seiner (Bonner) Dissertation über die Natur der *causa solvendi*.

nahme von Rechtsgeschäften absolut Unfähiger, z. B. ein *furiosus*, doch noch zu obligationslösenden Handlungen (*operae* und dergl.) persönlich fähig sein könne". Noch schärfer hat diesen Standpunkt BRINZ[9] formuliert. Ihnen folgt von den Schriftstellern des neuen bürgerlichen Rechts

OERTMANN, Kommentar zum Recht der Schuldverhältnisse Bem. 4a zu § 362 S. 97;

ENNECCERUS, Bürgerliches Recht I § 206 S. 503;

und in eingehender Ausführung

LANDSBERG, Recht des Bürgerlichen Gesetzbuchs I § 106 S. 356/357 mit wichtigen praktischen Folgerungen.[10]

Vielfach wird diese Einschränkung der rechtsgeschäftlichen Natur nicht gemacht[11] oder wohl auch ausdrücklich die Ansicht verfochten, daß die Erfüllung stets Rechtsgeschäft sei.[12]

---

[9] Pandekten II (2) S. 268: „Zur Lösung von Obligationen, welche nur auf *operae* oder *opera* gehen, gehört nurmehr die Vollbringung des Werkes, nicht einmal der auf Lösung der Obligation gerichtete Wille, allein derlei Werke sind gar keine Rechtsgeschäfte mehr."

[10] Nicht ganz klar ersichtlich ist DERNBURGS theoretischer Standpunkt; denn einerseits will er rechtsgültige Erfüllung auch durch den geschäftsunfähigen Schuldner da anerkennen, wo es sich um „bloß persönliches Tun" handelt (Das bürgerliche Recht II, 1 [3] § 114 S. 288 VIII); andererseits verlangt er bei der grundsätzlichen Erörterung der Erfüllungserfordernisse (a. a. O. § 113 S. 280 Ziff. 2) ohne Andeutung einer Ausnahme die auf Schuldtilgung gerichtete Absicht des Erfüllenden. Ähnlich CROME, System I § 182, S. 231, 233.

[11] So PLANCK, Bem. 2b zu § 362 I (3) S. 209.

[12] So in der gemeinrechtlichen Literatur LOTMAR, Über *causa*, besonders S. 20f., 22, 26, in der des neuen bürgerlichen Rechts MATTHIASS, Lehrbuch des Bürgerlichen Rechtes I (3) § 92 II A. S. 415 und 416, dem sich insoweit die Verfasser zweier Rostocker Dissertationen (ALEXANDER, Rechtliche Natur der Erfüllung 1902 S. 32 und BAUER, Rechtliche Natur der Erfüllung 1903 S. 91) angeschlossen haben. Neuerdings hat auch KOHLER in der von ihm herausgegebenen HOLTZENDORFFschen Enzyklopädie in § 68 seiner Darstellung des bürgerlichen Rechts seine frühere Meinung, daß die Erfüllung kein Rechtsgeschäft sei, ausdrücklich zurückgenommen und verteidigt nunmehr (S. 668 daselbst) die Ansicht, daß die Erfüllung ohne Rücksicht auf die Art der geschuldeten Leistung stets Rechtsgeschäft sei. Allerneuestens wieder eine Schwenkung: Siehe KOHLER, Bürgerliches Recht II, 1 (1906) § 70 III S. 185.

Hiermit sind aber die strittigen Punkte nicht erschöpft. Die am meisten erörterte Kontroverse bezieht sich vielmehr darauf, ob die Erfüllung, soweit sie rechtsgeschäftlichen Charakter trägt, durchgängig einseitiges Rechtsgeschäft ist, oder ob sie unter Umständen, oder gar durchgängig Vertragscharakter annimmt.[13]

In der älteren gemeinrechtlichen Literatur und Praxis überwog entschieden die Annahme, daß die Erfüllung Vertrag sei.[14] Auch in den Partikularrechten herrschte dieser Standpunkt.[14a] Der mit ganz unzulänglichen Mitteln unternommene Versuch Gruchots,[15] diese Annahme zu ersetzen durch die Idee eines zweiseitigen Erfüllungsgeschäfts, das aber nicht Vertrag sei, konnte wegen der Unklarheit der Formulierung und Durchführung des Gedankens die herrschende Lehre nicht erschüttern.[16] Erst Kohlers Bekämpfung des Vertragsgedankens in seiner bekannten Abhandlung über Annahme und Annahmeverzug in Jherings Jahrbüchern XVII S. 262f. hat bedeutsame Spuren in der späteren Literatur zurückgelassen.

---

[13] Nur im Vorbeigehen ist von einzelnen Autoren die der neueren Systematik angehörende Frage gestreift worden, wieweit die Erfüllung als einseitiges empfangsbedürftiges Rechtsgeschäft zu qualifizieren sei. Verneinend beantwortet sie Alexander a. a. O. S. 68—70, kurz bejahend Hupka, Vollmacht S. 300, die Möglichkeit der Bejahung offen lassend Landsberg, Recht des Bürgerlichen Gesetzbuchs I S. 357 Note 1.

[14] Man darf sich dafür nicht, wie dies gewöhnlich geschieht (s. z. B. Cohn in Endemanns Handbuch des Handelsrechts III S. 1000 Note 13; Endemann, Lehrbuch des Bürgerlichen Rechts I (8) S. 795 Note 8) auf Savigny, System III S. 312 berufen, denn dieser sagt dort nur, daß der Vertrag bei Auflösung der Obligation vorkomme, nicht, daß die Erfüllung sich schlechthin als Vertrag darstelle. Wohl aber ist die Vertragskonstruktion ausdrücklich vertreten durch Windscheid, Pandekten II § 343 Note 2b; Regelsberger, Kritische Vierteljahrsschrift 15 S. 161; Struckmann, Jahrb. für Dogm. 15 S. 253; Römer, Beitr. zur Lehre v. d. Erfüllung, Zeitschr. f. Handelsrecht Bd. 23 S. 1; Henrici, Jahrb. für Dogm. Bd. 14 S. 430/431, in der Rechtsprechung durch ROHG. Bd. 23 S. 143.

[14a] Vgl. Dernburg, Preuß. Priv.-Recht II (3) § 92 S. 219 (5) S. 225. Unger, System des österr. allg. Priv.-Rechts II (3) S. 170 Note 5; Wächter, Württemb. Privatrecht II S. 636 Note 2.

[15] a. a. O. S. 12f.

[16] Vgl. die Kritik Regelsbergers in der Kritischen Vierteljahrsschrift 15 S. 161.

Der gewichtige Einwand KOHLERS besteht vor allem in der Hervorhebung des Gedankens, daß auch da, wo zur Bewirkung der geschuldeten Leistung ein zweiseitiges Rechtsgeschäft erforderlich sei, es doch nur des Rechtseffekts, nicht der Erfüllung wegen erforderlich sei, wobei die Idee zur Geltung gebracht wird, daß die Erfüllung lediglich die Erzeugung eines bestimmt geeigenschafteten Effektes sei, ohne daß es weiter darauf ankomme, in welcher Weise und durch welche Mittel der entsprechende Effekt erzeugt worden sei.[17] Mag auch der Boden für diese Beweisführung vorbereitet gewesen sein durch Gedankengänge, welche sich in verwandter Richtung bewegten,[18] so muß doch KOHLER das Verdienst zugesprochen werden, den schwachen Punkt der Vertragstheorie bloßgelegt zu haben. Immerhin fand die Vertragstheorie auch jetzt noch Verteidiger. Hierher ist vor allem WINDSCHEID zu zählen,[19] der auch vor recht bedenklichen Konsequenzen seines Standpunktes nicht zurückschreckte,[20] ferner COHN in seiner Abhandlung über die Zahlungsgeschäfte.[21] Dagegen steht M. VOIGT in seiner quellenmäßigen Untersuchung des Wesens der *solutio*[22] der ablehnenden Auffassung näher, wenn er hervorhebt, daß die Solution im allgemeinen kein Vertrag, sondern einseitiges Rechtsgeschäft sei; daß allerdings die Solution in die Form des zweiseitigen Rechtsgeschäfts verwiesen sei, sofern die geschuldete Leistung in einem *dare* bestehe, daß

---

[17] S. 261, 262 a. a. O.

[18] Z. B. JHERINGS Idee von der Unabhängigkeit der Tradition von der Solution, ausgeführt in den Jahrbüchern für Dogm. Bd. 2 S. 136f., 4 S. 419f., Geist des röm. Rechts III § 55 Note 265a; ferner die Darlegung FR. MOMMSENS in seinen Beiträgen zum Obligationenrecht III S. 134, 135, daß der Gläubiger keineswegs in gleicher Weise zur Annahme der Erfüllung verpflichtet werde, wie der Schuldner zur Erfüllung.

[19] Pand. II § 343 Note 2b (8) S. 399.

[20] S. die in Note 2c daselbst gezogenen Folgerungen.

[21] In ENDEMANNS Handbuch des Handelsrechts III S. 1000: Die Zahlung sei kein bloßes Faktum, sondern ein Rechtsgeschäft und zwar nach der in Theorie und Praxis mit Recht herrschenden Meinung ein auf Übertragung, bzw. Erwerbung an den dazu verwandten Geldstücken gerichteter, in Form der Tradition sich manifestierender Vertrag.

[22] XII Tafeln Bd. 2 § 118 S. 454.

aber in der Zulässigkeit der Dereliktion und Deposition auch hier noch ihr ursprüngliches Naturell zutage trete.

In der Literatur des neuen bürgerlichen Rechts kann von einer vorzugsweisen Herrschaft des Vertragsgedankens nicht mehr gesprochen werden. Er wird noch festgehalten von ENDEMENN,[23] übrigens in einer Fassung, die gegenüber der noch in der 5. Aufl. (S. 628) festgehaltenen entschieden vorsichtiger ist; von MATTHIASS,[24] OERTMANN,[25] PLANCK[26] und, wie bereits bemerkt, im weitesten Umfange von P. KLEIN.[27] Im übrigen wird fast durchgängig die Meinung vertreten, daß das Erfordernis rechtlicher Mitwirkung des Gläubigers die Erfüllung keineswegs zum Vertrage stempele. So der Reihe nach STAMMLER,[28] SCHOLLMEYER,[29] DERNBURG,[30] E. ALEXANDER,[31] LANDSBERG.[32]

Diese kurze Übersicht über die Grundformen der theoretischen Auffassung der Erfüllung läßt erkennen, wie weit die Zersplitterung geht, welcher die Lehre anheimgefallen ist. Die historische Wurzel dieses Zustandes ist im ersten Teile der Arbeit klarzulegen versucht worden. Seine Beseitigung kann nicht auf dem Wege rein negativer Kritik der verschiedenen Ansichten erstrebt werden. Denn jede hat gewichtige Argumente für sich; ferner ist die Natur der Beziehungen der Erfüllung zum Schuldverhältnis einerseits, zum liberatorischen Rechtsgeschäft andererseits von der Art, daß eine geringfügige Verschiedenheit des

---

[23] BR. I (8) § 141 S. 795.

[24] BR. I § 92 II A. S. 416.

[25] Kommentar zum Recht der Schuldverhältnisse Bem. 5 zu § 362 S. 97.

[26] Bem. 2c zu § 362 S. 209f. (nicht ohne Ausdruck des Zweifels).

[27] *Causa solvendi* bes. S. 19f., 21f., 26f., 46f., 53f.

[28] Recht der Schuldverhältnisse in seinen allgemeinen Lehren S. 221/222.

[29] Kommentar zum Recht der Schuldverhältnisse S. 275 (im wesentlichen KOHLER folgend).

[30] Bürgerliches Recht II, 1 (3) § 113 S. 281: wenn die Übereignung von Sachen geschuldet werde, beruhe die Übereignung auf Vertrag, nicht die Erfüllung.

[31] a. a. O. S. 62 unten.

[32] BR. I § 106 S. 356/357. Zurückhaltender führt CROME, System I § 182 S. 233 Ziff. 2 aus: Die Erfüllung sei nicht notwendig Vertrag, soweit sie aber nur bei Annahme der Leistung möglich sei, komme sie nicht ohne Vertrag zustande.

praktischen Standpunktes vielfach wichtige theoretische Abweichungen nach sich zieht. Es wird daher zunächst der positive Aufbau der Lehre versucht werden; hierbei wird sich Gelegenheit bieten, auf die verschiedenen Ansichten näher einzugehen. Für die Erkenntnis der rechtlichen Natur der Erfüllung ist die Betrachtung der realen und der voluntaren Seite von ausschlaggebender Bedeutung. Diese Untersuchung soll vorbereitet werden durch eine kritische Erörterung der dogmatischen Gesichtspunkte, welche für die Abgrenzung des Erfüllungsbegriffs in Betracht kommen.

§ 7.

Die dogmatischen Gesichtspunkte für die Differenzierung der obligationstilgenden Akte.

Dafür, daß aus der Fülle der Obligationstilgungsakte ein engerer Begriff als Erfüllung herausgehoben worden ist, ist das systematische Bedürfnis maßgebend gewesen: einzelne Akte stehen dem Tatbestande oder der Wirkung nach in vorzugsweise enger Beziehung zum Inhalt oder zum Ziel der Obligation. Wenn der Schuldner die geschuldete Leistung erbringt, wenn die Parteien ein auf Befriedigung des Gläubigers gerichtetes Rechtsgeschäft vornehmen, wenn das Interesse des Gläubigers durch den Empfang des geschuldeten Gegenstandes gestillt wird: so weichen die an diese Akte geknüpften Wirkungen praktisch erheblich von denjenigen ab, welche Platz greifen, wenn der Obligationszweck vereitelt wird; sei es daß die geschuldete Leistung, ohne daß eine der Parteien dafür aufzukommen hat, unmöglich wird, daß eine höchst persönliche Obligation durch Tod des Gläubigers oder des Schuldners erlischt, oder daß das Schuldverhältnis ohne gleichzeitige Befriedigungswirkung durch Vereinigung von Forderung und Schuld in einer Person untergeht.[1]

---

[1] Dieser Gegensatz tritt besonders deutlich in der Lehre von den gegenseitigen Verträgen zutage; auch abgesehen hiervon insofern, als die Konfusion, soweit ihr die Wirkung der Befriedigung abgeht, das Pfandrecht bestehen läßt; vgl. hierzu Brinz, Pand. II § 289 S. 438 Note 25 und wegen des Rechts des BGB. meine Theorie der Konfusion S. 228 und Note 19

Es erhebt sich aber eine Schwierigkeit mit der Frage, welcher der oben erwähnten Gesichtspunkte für die Abgrenzung der Erfüllung von den andern Obligationstilgungsakten maßgebend sein soll. Denn die Wahl des einen oder des andern bringt eine Verschiebung der Begriffsgrenzen mit sich, die mit Rücksicht auf die Existenz von Sondernormen für den Tatbestand und die Rechtsfolge der Erfüllung von erheblicher praktischer Bedeutung ist. Die Rücksichtnahme auf die rechtsgeschäftliche Natur des Tilgungsaktes zieht dem Begriffe engere Schranken, als die Erhebung der Zweckerreichung zum ausschlaggebenden Gesichtspunkt; die Idee der Konkretisierung des Obligationsinhalts bedeutet dem Zweckgesichtspunkt gegenüber ebenfalls eine Einschränkung, dem rechtsgeschäftlichen Standpunkt gegenüber aber teils eine Erweiterung, teils eine Beschränkung; eine Erweiterung insofern, als es Leistungsbewirkungen nicht rechtsgeschäftlichen Charakters gibt, wie z. B. das einer Unterlassungspflicht entsprechende Verhalten; eine Einschränkung insofern, als nicht jeder Fall, wo durch Rechtsgeschäft der geschuldete Gegenstand gewährt wird, sich als Konkretisierung der schuldnerischen Verpflichtung darstellt. So ist die Leistung des geschuldeten Gegenstandes durch den Dritten in eigenem Namen zwar liberatorisches Rechtsgeschäft, aber nicht Konkretisierung der Schuldnerverpflichtung.

Die Auffassung des Bürgerlichen Gesetzbuchs liegt nicht ohne weiteres zutage. Freilich geht es im § 362 davon aus, daß die Erfüllung „Bewirkung der geschuldeten Leistung" ist: aber es behandelt unter dem Titel „Erfüllung" auch die Annahme an Erfüllungsstatt; und es läßt an verschiedenen Stellen durchblicken, daß es sich die Erfüllung vorwiegend als Rechtsgeschäft denkt.[2]

Selbst wenn aber das Gesetz für die Formulierung des Erfüllungsbegriffs eine bequemere Handhabe böte, als dies (und zwar gerade infolge des Bestrebens des Gesetzgebers, der Wissenschaft freie Hand zu lassen) der Fall ist, so würde die Theorie

---

daselbst, während bei dem satisfaktorischen obligationstilgenden Akte (zu unterscheiden von der Einlösungszahlung) das Pfandrecht stets erlischt.

[2] Vgl. besonders §§ 181, 407 BGB. und dazu die Motive zum E. I Bd. 2 S. 81.

zwar an die positiven gesetzlichen Bestimmungen, nicht aber an die Konstruktion des Gesetzgebers gebunden sein; sie würde also immer noch das letzte Wort über die Bildung des Begriffs zu sprechen haben. Denn der Begriff ist das Mittel, eine möglichst große Anzahl gesetzlicher Beziehungen zur Einheit zusammenzuschließen; jeder systematische Fortschritt beruht darauf, daß solche Zusammenfassung vollkommener, widerspruchsloser als unter dem älteren Gesichtspunkte gelingt; diese Arbeit kann nicht der Gesetzgeber, der mit überkommenen Begriffen arbeitet, sondern nur die vergleichende und das Erkannte zu neuen Gedankenreihen ordnende Wissenschaft vollbringen.

Der unbefriedigende Zustand der heutigen Erfüllungslehre beruht nun aber in der Hauptsache darauf, daß dem Begriffe die einheitliche Durchbildung mangelt.

Der Urgrund für diese Unstimmigkeit liegt, wie in dem Kapitel über die historische Entwicklung des Solutionsbegriffs ausgeführt worden ist,[3] schon im römischen Recht. Die Idee des liberatorischen Rechtsgeschäfts und die der Verwirklichung des Obligationsinhalts haben, obgleich sie zum Teil unvereinbar sind, nebeneinander auf die Ausgestaltung des Erfüllungsbegriffs eingewirkt.

Die moderne Literatur hat durch Einführung des Zweckgedankens in die Erfüllungslehre noch ein weiteres Element der Zersplitterung in den Begriff hineingetragen. So wird die Klärung des Erfüllungsbegriffs nur dadurch zu erreichen sein, daß die Konsequenzen der einzelnen Prinzipien gezogen und auf dieser Grundlage ihr dogmatischer Wert geprüft wird.

1. Soweit der Zweckgedanke als begriffskonstituierendes Moment des Erfüllungsbegriffs verwendet wird, ist es für diesen charakteristisch, daß die Abgrenzung von andern obligationstilgenden Akten nach dem Gesichtspunkte der Wirkung erfolgt. Stillung des die Grundlage der Obligation bildenden Interesses ist der Gesichtspunkt, unter dem die begriffliche Synthese sich vollzieht. Es liegt auf der Hand, daß ein Einblick in die Verschiedenheit der Tatbestände, welche zu dieser Wirkung

---

[3] Vgl. oben § 4 am Schlusse.

führen, vom reinen Zweckgesichtspunkt aus nicht gewonnen werden kann. So ist es vom Hauptvertreter dieses Standpunkts, HARTMANN, nur konsequent, daß er dem Tatbestande nach so verschiedene Akte, wie Bewirkung der geschuldeten Leistung und *concursus duarum causarum lucrativarum* durch den Gesichtspunkt der Zweckerreichung zusammenkoppelt.[4]

Der Gesichtspunkt der Zweckerreichung der Obligation kann hiernach bei vorsichtiger Verwertung allerdings als heuristisches Prinzip dienen; er führt auf Fälle, wo die Befriedigung des Gläubigerinteresses unter Umständen erfolgt, welche die Befreiung des Schuldners als Postulat der Gerechtigkeit erscheinen lassen.[5] Zur Herausarbeitung der Individualität des rechtlichen Aktes aber, welche für die praktische Anwendung und die systematische Durchdringung des Rechtsstoffs so wichtig ist, ist die Zweckbetrachtung durchaus ungeeignet.[6]

2. Abweichend vom Zweckgedanken geht die rechtsgeschäftliche Auffassung vom Tatbestande aus. Sie legt Gewicht darauf, daß dem liberatorischen Akte in seiner Erscheinung als Rechtsgeschäft wichtige Folgen anhaften, welche dem nicht rechtsgeschäftlichen abgehen. Vor allen Dingen gewinnt hier der Tatbestand selbständige rechtliche Bedeutung; es drängen sich auch die Fälle des liberatorischen Geschäftes der Betrachtung auf, bei denen der bezweckte Erfolg nicht oder nicht völlig erreicht worden ist, sei es, daß das Schuldverhältnis, auf welches hin geleistet wurde, nicht bestand, oder daß die Leistung dem Obligationsinhalt nicht

---

[4] HARTMANN, Die Obligation S. 32/33, 66. Neuerdings hat PETER KLEIN, Untergang der Obligation durch Zweckerreichung S. 66, vgl. auch S. 49, 52, 60, 78, 98—104 hierüber Gedanken vorgebracht, die jedenfalls noch erheblicher Klärung bedürfen, ehe sie für die Erfüllungslehre verwendbar sind. Es kann nicht zugegeben werden, daß die von ihm gemachte Unterscheidung zwischen „näherem und entfernterem realen Zweck der Obligation, bez. des Anspruchs“ und „Zweckerreichung in weiterem und engerem Sinne“ das hier in Rede stehende Problem fördere.

[5] Vgl. die Begründung der l. 108 § 4 D. de leg. I (30) und WINDSCHEID, Pandekten II § 343a.

[6] Vgl. zu dieser Frage auch A. PERNICE in der Zeitschr. f. H.-R. Bd. 21 S. 319f.

voll entsprach. Der systematische Schwerpunkt des so gebildeten Begriffs liegt in seiner Beziehung zum Rechtsgeschäft, nicht in seiner Beziehung zum Obligationsinhalt.

Für die dogmatische Wertung des so gebildeten Erfüllungsbegriffs hat dies einmal die Bedeutung, daß ihm manche Rechtsfolgen mit dem liberatorischen Rechtsgeschäft überhaupt, besonders mit der Annahme an Erfüllungsstatt gemeinsam sind. Andererseits fordert dieser Standpunkt die Anwendung der für das Rechtsgeschäft im allgemeinen gewonnenen Sätze heraus. Dadurch kommt es in wichtigen Punkten zur Kollision mit der Auffassung der Erfüllung als Bewirkung der geschuldeten Leistung. Die rechtsgeschäftliche Auffassung der Erfüllung wird z. B. in der Drittleistung (unter welcher hier die Leistung eines Dritten für den Schuldner in eigenem Namen verstanden wird) eine „Erfüllung zugunsten eines Dritten" sehen; bei Zugrundelegung der Idee der Konkretisierung der Leistung kann dagegen ein solches Geschäft als Erfüllung in strengem Sinne nicht mehr angesehen werden (vgl. oben S. 36 und unten § 9).

3. Die Idee der Verwirklichung des Obligationsinhalts bringt den Erfüllungsbegriff in die engste systematische Beziehung zur Obligation. Der Schuldner wird frei, weil und sofern er durch sein Verhalten dem Inhalt der ihm obliegenden Verpflichtung gerecht wird. Diese begriffliche Synthese weist dem rechtsgeschäftlichen Moment keine selbständige Bedeutung für den Erfüllungsbegriff zu; denn auf die Verwirklichung des Obligationsinhaltes kommt es an, nicht darauf, ob diese durch Rechtsgeschäft eintritt oder nicht. Nur eine sekundäre Bedeutung des Rechtsgeschäfts greift insofern Platz, als bei gewissem Leistungsinhalt diesem seine Bestimmung zur Tilgung einer bestimmten Obligation normalerweise durch Willensakt aufgeprägt wird. *Petitio principii* aber wäre die Annahme, daß solche Inbezugsetzung der Leistung zu einer bestimmten Obligation sich nur durch Willensakt vollziehen könnte. Das Recht kann solchen Zusammenhang als vorhanden anerkennen, oder auch unter gewissen Voraussetzungen von sich aus herstellen. Letzteres findet sich bei den Anrechnungsbestimmungen des § 366 II, welche dispositives Recht, keine bloßen Auslegungsregeln darstellen. Ersteres wird um so leichter ein-

treten, je individueller die geschuldete Leistung, je deutlicher daher die Kongruenz des Verhaltens des Schuldners mit dem Inhalt einer bestimmten bestehenden Obligation ist. Unterläßt jemand der Konkurrenzklausel gemäß die Gründung eines Konkurrenzgeschäfts, so hat er erfüllt, weil sein Verhalten die ihm obliegende Verpflichtung verwirklicht hat. Zur vollen Erfüllung noch die Erklärung des Schuldners zu verlangen, daß er die Geschäftsgründung im Hinblick auf seine Verpflichtung unterlasse, würde eine Hypostasierung des Rechtsgeschäftsbegriffs bedeuten, zu der das Gesetz keinerlei Anlaß gibt. Dem hier an die Spitze gestellten Gedanken gemäß gibt es also Fälle, in denen die Erfüllung sowohl im Hinblick auf die Natur der Leistung, wie auf die Bestimmung zur Forderungstilgung nichts vom Rechtsgeschäft an sich trägt. Seine dogmatische Legitimation aber findet der hier erörterte Erfüllungsbegriff darin, daß er diejenigen Fälle in sich faßt, in denen der Schuldner durch die Herstellung des geschuldeten Erfolges, nicht durch den Willen des Gläubigers befreit wird.

Dieser innere Grund der Befreiungswirkung liegt überall da zutage, wo der Schuldner die Leistung ihrer Natur nach ohne die rechtliche Mitwirkung des Gläubigers erbringen kann; so besonders, wenn eine Unterlassung, oder eine faktische Dienstleistung den Inhalt des Schuldverhältnisses bildet. Viel schwerer erkennbar ist die Tatsache, daß der Schuldner nur durch die Realisierung seiner Verpflichtung und nicht durch den Willen des Gläubigers frei wird in den Fällen, wo zur Bewirkung des Leistungserfolges eine rechtliche Mitwirkung des Gläubigers erforderlich ist, also namentlich da, wo das Schuldverhältnis auf eine Rechtsübertragung hinausläuft. Immer wieder taucht hier die Vorstellung auf, daß der Gläubiger, indem er die Mitwirkung vornehme, eine aktive Rolle bei der Befreiung des Schuldners spiele; und doch erschöpft sich die Bedeutung des Gläubigerwillens in der Rolle, die ihr bei der Perfektion des Leistungsgeschäfts zukommt.[7]

---

[7] So schon Kohler in den Jahrbüchern f. Dogm. Bd. 17 S. 261/262; abweichend derselbe in der von ihm neu herausgegebenen Holtzendorffschen Enzyklopädie § 68 S. 668.

Das heißt: Der Gläubiger, welcher die Leistung definitiv annimmt, kann ihr selbst durch ausdrücklichen Widerspruch die Tilgungswirkung nicht entziehen; nähme er das gezahlte Geld mit der Erklärung an, daß er es auf keinen Fall zurückgeben, aber auf eine andere als die vom Schuldner bestimmte, ihm zuständige Forderung verrechnen, oder als Darlehen oder als Schenkung behalten wolle, so würde die Forderung trotz seines Widerspruchs durch Erfüllung erlöschen.[8]

Diese schon für das römische Recht richtige Ansicht[9] wird für das Recht des BGB. unwiderleglich bewiesen durch die Regeln, welche es über die Anrechnung einer Leistung auf mehrere Schuldverhältnisse aufstellt. § 366 Abs. 1 BGB. erkennt grundsätzlich das einseitige Bestimmungsrecht des Schuldners an.

„Ist der Schuldner dem Gläubiger aus mehreren Schuldverhältnissen zu gleichartigen Leistungen verpflichtet und reicht das von ihm Geleistete nicht zur Tilgung sämtlicher Schulden aus, so wird diejenige Schuld getilgt, welche er bei der Leistung bestimmt."

Zum Erlöschen des vom Schuldner bezeichneten Schuldverhältnisses durch Erfüllung wird hiernach nichts weiter vorausgesetzt, als daß die Leistung nach Inhalt und Umfang zur Tilgung geeignet ist und daß sie vom Schuldner bewirkt worden ist („das von ihm Geleistete"). Soweit der Schuldner die Leistung nicht ohne Mitwirkung des Gläubigers bewirken kann, liegt darin allerdings, daß der Gläubiger die Leistung angenommen hat; aber nicht zugleich, daß er sie als Erfüllung angenommen hat. Wer dies behauptet, müßte letzteres Erfordernis erst aus anderen Gründen beweisen und dann in die vorliegende Gesetzesstelle hineintragen. Darin gelegen ist es nicht. Noch klarer wird dieses Ergebnis durch die Berücksichtigung der Anrechnungsregel,

---

[8] Hiermit wird die Meinung abgelehnt, daß die vom Schuldner bezeichnete Forderung ungetilgt bleibe und diesem dafür ein Rückforderungsanspruch aus ungerechtfertigter Bereicherung zustände — oder gar auf Grund nicht eingetretener Übereignung (weil etwa der Übertragungsakt durch die Verwendung zu dem vom Schuldner angegebenen Zwecke bedingt gewesen sei).

[9] S. oben S. 39f.

welche § 367 enthält. Dort wird nämlich das Bestimmungsrecht des Schuldners in gewisser Hinsicht abgeschwächt, wenn er zur Tilgung einer mit Zinsen und Kosten verbundenen Hauptschuld eine Leistung anbietet, die zur Tilgung der ganzen Schuld nicht ausreicht. Will hier der Schuldner nicht die vom Gesetz aufgestellte Normalverrechnung (zunächst auf Kosten, dann auf Zinsen, dann erst auf die Hauptleistung) befolgen, sondern etwa die Leistung zunächst auf die Hauptschuld angerechnet wissen, so kann der Gläubiger, ohne in Annahmeverzug zu geraten, die Leistung ablehnen (§ 367 Abs. 2). Er kann dies selbst dann, wenn das Angebot, für sich betrachtet, allen an die Leistung zu erhebenden Anforderungen entspricht; wenn diese etwa zur Tilgung der Hauptsumme und der selbständigen Zinsforderung ausreichte, während der Schuldner lediglich die Kostenzahlung noch zurückhalten wollte. In dieser rechtlich begründeten Möglichkeit, hier ohne Verzugsgefahr abzulehnen, erschöpft sich aber auch die dem Gläubiger gewährte Befugnis. Dies ist in der Fassung des Gesetzes mit aller Deutlichkeit durch den Absatz 2 des § 367 zum Ausdruck gebracht worden.[10]

Nimmt der Gläubiger an, so kann er demnach selbst hier, wo das Bestimmungsrecht des Schuldners in dem erwähnten Maße abgeschwächt ist, nicht eine abweichende Anrechnung dem Schuldner gegenüber durchsetzen, oder dessen Tilgungsbestimmung die Wirkung entziehen. Um so weniger kann dies dort der Fall sein, wo das Bestimmungsrecht des Schuldners uneingeschränkt sich geltend macht.

Man hat versucht, dieses in den Imputationsregeln zutage tretende einseitige Bestimmungsrecht des Schuldners als eine Singularität darzustellen, welche ausschließlich Platz greife, wenn

---

[10] Zum Überfluß mag auf die Kommissionsprotokolle über die erste Lesung des Entwurfs des BGB. hingewiesen werden, wo S. 1393 als Sinn der dem § 367 entsprechenden Bestimmung des Entwurfs festgestellt wird: „Man ging davon aus: Habe der Schuldner die Abrechnung bestimmt und nehme der Gläubiger die Leistung an, so verbleibe es bei der Bestimmung des Schuldners, möge der Gläubiger der Bestimmung des Schuldners widersprechen, oder nicht.“ Es bedarf jedoch dieser Bestätigung des Sinnes nicht. Das Gesetz spricht deutlich genug.

der Schuldner dem Gläubiger aus mehreren Schuldverhältnissen zu gleichartigen Leistungen verpflichtet sei.[11]

Dem gegenüber erhebt sich doch die Frage, aus welchem Grunde wohl die Erklärung des Schuldners, die Leistung werde zur Tilgung seiner Darlehnsschuld bewirkt, dem Gläubiger gegenüber wirksam sein soll in dem Fall, daß daneben noch eine weitere Schuld des Leistenden besteht, auf welche der Gläubiger die definitiv angenommene Leistung anrechnen zu wollen erklärt; nicht aber in dem, daß solche weitere Schuld nicht einmal nach der Behauptung des Gläubigers besteht, der vielmehr erklärt, er wolle das Gezahlte als Schenkung annehmen? Soll die Bestimmung des Schuldners weniger Kraft haben in einem Falle, wo der Gläubiger nicht einen Schatten von Recht für sich anführen kann, die Leistung einer anderen Verwendung als der vom Schuldner bestimmten zuzuführen, als in dem, wo immerhin eine *causa* unter den Parteien besteht, zu welcher in Beziehung gesetzt zu werden die Leistung objektiv tauglich ist? Man sollte doch meinen, daß dem die Leistung definitiv annehmenden Gläubiger im ersten Falle noch weniger die Macht zustehen könne, die Bestimmung des Schuldners zu durchkreuzen, als im zweiten Falle. Daß im Gesetze das Recht des Schuldners gerade bei einer Leistung besonders hervorgehoben wird, welche noch andere Schulden bei demselben Gläubiger zu begleichen übrig läßt, zu deren Tilgung sie objektiv geeignet wäre, hat einen praktischen Grund, der zweifellos schon im römischen Recht in derselben Richtung wirksam gewesen ist.

Gerade in Fällen dieser Art nämlich wird der Gläubiger in Versuchung geraten können, eine andere, als die vom Schuldner gewollte Verrechnung der Leistung vorzunehmen. Dagegen wird kaum jemals ein Gläubiger die Stirn haben, die ihm vom Schuldner tilgungshalber überwiesene Leistung endgültig anzunehmen, sie aber offen zu einer noch gar nicht bestehenden *causa* in Beziehung setzen zu wollen. Somit tritt gerade bei einer Mehrheit von Schulden — mit gleichartigen Leistungen demselben Gläubiger gegenüber — die einseitige Natur der

---

[11] So Planck, Kommentar zum BGB. II (3) Bem. 3c zu § 362 S. 210; Endemann I (8) § 141 S. 803 Note 45.

Tilgungsbestimmung praktisch besonders hervor. Daß sie dementsprechend auch das Gesetz hier besonders hervorhebt, ist also kein Beweis ihrer Regelwidrigkeit. Wenn das einseitige Bestimmungsrecht des Schuldners gleichwohl als eine Abweichung von der durch die Natur des Erfüllungsgeschäfts gebotenen Behandlung empfunden worden ist und noch vielfach in der Literatur des neuen Rechts empfunden wird, so erweist sich hier eine Ansicht wirksam, die so festgewurzelt ist, daß sie vielfach im Gewande eines Axioms auftritt. Es ist die Meinung: soweit der Gläubiger zur Annahme der Leistung mitzuwirken habe, trage nicht nur das Leistungsgeschäft, sondern auch die *causa solvendi* vertragsmäßigen Charakter an sich. Von hier aus mußte man allerdings, um das Dogma zu retten, die einseitige Bestimmungsbefugnis des Schuldners als regelwidriges Recht charakterisieren; es sei denn, daß es gelang, die Einseitigkeit des Bestimmungsrechts des Schuldners mit der Vertragsmäßigkeit der Tilgungskausa in Einklang zu setzen. Auch vor dieser Aufgabe ist man nicht zurückgeschreckt, wie die oben (S. 41 Note 12) erwähnten Ausführungen STRUCKMANNs und besonders HENRICIs beweisen.

Hiergegen ist schon a. a. O. Stellung genommen worden. Bei der Bedeutung jedoch, welche einer kritischen Erörterung des Problems in konstruktiv-methodischer Hinsicht zukommt, sei es gestattet, kurz auf diesen Punkt zurückzukommen.

STRUCKMANN sowohl, wie HENRICI glauben das einseitige Bestimmungsrecht des Schuldners mit der Vertragsmäßigkeit der *causa solvendi* dadurch vereinigen zu können, daß sie in dem Widerspruch des Gläubigers gegen die Tilgungsbestimmung des Schuldners bei definitiver Annahme der Leistung eine *protestatio facto contraria* erblicken. Der zureichende Grund hierfür wird darin erblickt, daß man bei dem Gläubiger nicht die Absicht einer widerrechtlichen Handlungsweise voraussetzen dürfe; solche würde aber angenommen werden müssen, wenn man der Gläubigerhandlung, die sich als definitive Annahme der Leistung darstelle, nicht trotz des Widerspruchs des Gläubigers die Auslegung gebe, den Zahlungsantrag zum Abschluß zu bringen.[12]

[12] Vgl. STRUCKMANN in den Jahrbüchern für Dogm. Bd. 15 S. 256. Ähnlich HENRICI in JHERINGS Jahrb. für Dogm. Bd. 32 S. 106.

Hierbei wird übersehen, daß die der Auslegung von Willenserklärungen gezogenen Schranken weit überschritten werden. Es liegt die unzweideutige Erklärung des Gläubigers vor, nicht auf die vom Schuldner bezeichnete Schuld annehmen zu wollen. Richtig ist, daß dieser Willenserklärung der definitiven Annahme der Leistung gegenüber die Wirkung zu versagen ist; aber nicht deshalb, weil die Annahme der Leistung im Sinne eines Einverständnisses des Gläubigers mit dem Vorschlage des Schuldners gedeutet werden könnte. Was ist es anders, als eine Fiktion, in dem tatsächlichen Verhalten des Gläubigers eine Willenserklärung von einem Inhalt zu erblicken, dem der ernstlich und ausdrücklich geäußerte Wille diametral zuwiderläuft! Eine Fiktion, die nur eingeführt wird, um den Mangel des Einverständnisses zu verdecken, das man wegen des prästabilierten Vertragscharakters der Erfüllung nicht glaubt entbehren zu können! — In der Tat wirkt das Verhalten des Gläubigers nicht als Willenserklärung, sondern lediglich als das die Leistung des Schuldners vollendende Moment; das heißt nichts anderes, als daß die Erklärung des Gläubigers, die Leistung als Erfüllung anzunehmen, nicht von konstitutiver Bedeutung für den Erfüllungsbegriff ist.

In der Literatur des neuen bürgerlichen Rechts steht der Auffassung Struckmanns und Henricis am nächsten die „Generalkonsenstheorie“ Matthiass'[13] Er verlangt nämlich, um die von ihm angenommene Vertragsnatur der der Mitwirkung des Gläubigers bedürftigen Erfüllung gerecht zu werden, auch in unserem Falle die Annahme der Leistung als Erfüllungsleistung durch den Gläubiger; jedoch nur als Annahme im allgemeinen; Willensübereinstimmung bezüglich der konkreten Schuld sei nicht erforderlich; es genüge Generalkonsens; doch sei man nicht genötigt, die Spezialkonsenstheorie für das Erfüllungsgeschäft überhaupt zu verwerfen; es liege eine Ausnahmebestimmung vor.

Dagegen ist zu erinnern, daß hier aus einer theoretischen und erst zu erweisenden Voraussetzung (Vertragsnatur der *causa solvendi* bei vertragsmäßigem Charakter des Leistungsgeschäfts) eine Einschränkung des schuldnerischen Bestimmungsrechts her-

[13] Lehrbuch des bürgerlichen Rechts I (3) § 92 Ziff. 4 S. 423.

geleitet wird, welche den hier in Betracht kommenden Gesetzesstellen (§ 366 I und 367 II) fremd ist. Denn diese verlangen zur Tilgung der vom Schuldner bezeichneten Forderung schlechthin nicht, daß der Gläubiger die Leistung als Erfüllung angenommen hat, sondern nur, daß der Schuldner unter Tilgungsbestimmung geleistet hat; soweit die Leistung nicht ohne rechtliche Mitwirkung des Gläubigers erfolgen kann, ist hierin allerdings gelegen, daß der Gläubiger bei der Empfangnahme der Leistung mitgewirkt haben muß; für die Frage, wieweit auch zur Zwecksatzung sein Einverständnis vorhanden sein muß, ist hiermit noch nichts entschieden.[14]

In einer Arbeit, welche sich speziell die Untersuchung der Natur der *causa solvendi* zum Ziele gesetzt hat, hat endlich Peter Klein[15] die Ansicht vertreten, daß die Erfüllung schlechthin Vertrag sei, welche Natur auch immer die Leistung an sich tragen möge. Wie Klein seine Auffassung mit den Bestimmungen der §§ 366 und 367 BGB. glaubt in Einklang setzen zu können, möge man bei ihm selbst S. 26/27 nachlesen. Indem er der Erörterung gerade des Falles ausweicht, an dem, wie vorstehend dargelegt, die Vertragstheorie ihre Probe zu bestehen hat, gibt er einem Zweifel über die Tragweite seiner Ausführungen Raum, der die Klarheit derselben erheblich beeinträchtigt. Was er aber an Beweis für die Vertragsnatur der *causa solvendi* beibringt, läuft auf folgende Deduktion hinaus: Zur Vermögenszuwendung genüge in der Regel die einseitige Zwecksatzung durch den Leistenden nicht; damit nämlich der Effekt irgend welcher Zwecksatzung erreicht werden könne, müsse erst das Vermögen des Empfängers der Einwirkung des Leistenden eröffnet werden, da der Vermögensherr „an der Grenze seines Machtbereichs einem jeden den Eintritt verwehren“ könne. Soweit nun nicht die Rechtsordnung aus höheren Rücksichten von sich aus die Eröffnung des Vermögens

---

[14] Die grundsätzliche Unabhängigkeit der Natur der *causa* von der der Zuwendung ist besonders von Burckhard in seiner Schrift über Schenkungsannahme (1892) S. 37—44 (namentlich S. 41, 43) überzeugend ausgeführt worden. Aus der Literatur zum BGB. vgl. Zitelmann, Recht des BGB., Allgemeiner Teil S. 129f.; P. Klein, Natur der *causa solvendi* S. 19 f.; Havenstein, Erlöschen der Schuldverhältnisse S. 22/23.

[15] Die Natur der *causa solvendi* (Bonner Diss. 1903) S. 45f.

anordne, müsse der Vermögensherr solche Eröffnung vornehmen, wenn der Effekt der betreffenden Zwecksatzung erreicht werden solle, d. h. er müsse sich mit dem Leistenden über die Zwecksatzung der Leistung verständigen; hieraus folge, daß, soweit nicht der erwähnte Ausnahmefall vorliege, ein Causavertrag erforderlich sei. Da nun bei der Erfüllung keine höheren Interessen die Eröffnung des Vermögens geböten, so sei man gezwungen, die *causa solvendi*, das Mittel zur Herbeiführung des stets gleichen Solutionseffekts, immer als Vertrag aufzufassen, möge es sich um Erfüllung durch ein Tun oder Unterlassen, durch eine rechtsgeschäftliche oder lediglich faktische Leistung handeln.

Klein stützt sich hierbei auf eine Äußerung Kohlers,[16] schiebt ihr aber einen vollkommenen anderen Sinn unter. Denn Kohler will mit der Bemerkung, daß das Vermögen des Einzelnen, ebenso wie seine genießende Persönlichkeit selbst in der Regel gegen Dritte abgeschlossen seien, nur anschaulich machen, weshalb die Bewirkung der Leistung regelmäßig die Mitwirkung des Gläubigers erfordere. Er faßt also die Abgeschlossenheit des Vermögens in dem Sinne, daß regelmäßig die Leistung nicht ohne Mitwirkung desjenigen, dem sie erbracht werden soll, bewirkt werden, d. h. der Leistungsgegenstand regelmäßig nicht ohne solche Mitwirkung in das Vermögen des Destinatärs eintreten kann. Klein dagegen bringt den Satz durch einen offenbaren logischen Sprung in Beziehung zur Zwecksatzung. Bei ihm bedeutet die Abgeschlossenheit des Vermögens, daß selbst die bewirkte und in das Vermögen des Destinatärs eingetretene Leistung[17] sich dort ohne rechtfertigenden Grund befindet, solange nicht — von den erwähnten Ausnahmefällen abgesehen — der Empfänger sich mit dem Leistenden über die Zwecksatzung verständigt hat.

Welchen Wert bei dieser *quaternio terminorum*[18] der Schluß

[16] In den Jahrbüchern für Dogm. Bd. 17 S. 263.

[17] Diese Möglichkeit, daß die Leistung vor dem Einverständnis über die Zwecksatzung in das Vermögen des Destinatärs eintrete, erkennt Klein S. 51 a. a. O. an, indem er ausführt: „daß die Zwecksatzung sich von der Leistung trennen, ihr nachfolgen und voraufgehen kann".

[18] S. 48 Note 1 wird als Stütze für den Satz, daß der einzelne an

besitzt, daß die *causa* dort vertragsmäßigen Charakter an sich tragen müsse, wo die Rechtsordnung nicht aus höheren Rücksichten das Vermögen des Destinatärs der Leistung eröffne, ist leicht einzusehen. Nicht durch aprioristische Spekulationen über die Natur der *causa* kann man zur Erkenntnis des Wesens der Erfüllung gelangen, sondern durch Betrachtung der positivrechtlich gegebenen Eigentümlichkeit der *causa solvendi.* Und hier fällt entscheidend ins Gewicht, daß das dem Inhalt der Obligation entsprechende Verhalten des Schuldners Ausdruck und Verwirklichung einer ihm obliegenden ethischen Pflicht ist.

Seine Leistung erscheint juristisch nicht als bloße Zweckleistung, sondern als Folge eines ethischen Gebots, dessen Realisierung der rechtlichen Norm entspricht.[19] Hiermit verknüpft sich aber die

---

der Grenze seines Machtbereichs einem jeden den Eintritt verwehren könne, das heißt also, daß für die Perfektion der Zuwendung im KLEINschen Sinne das Einverständnis des Empfängers mit der Zwecksatzung erforderlich sei, auf — § 903 BGB. Bezug genommen!

[19] Die Bedeutsamkeit dieses Umstandes muß abweichenden Auffassungen gegenüber aufrecht erhalten werden. Ich denke hierbei zunächst an JHERING, der (Zweck im Recht S. 18) auf die Erfüllung ausschließlich die Zweckbetrachtung anwenden will. Dieser Gesichtspunkt ist in der Tat insoweit gerechtfertigt, als es sich um die psychologische Erkenntnis der Motive handelt, welche den Schuldner zur Leistung bestimmen. Von der psychologischen Natur dieser Handlung ist nun aber die Normierung der Erfüllung durch die Rechtsordnung nur in beschränktem Maße, jedenfalls nicht in erster Linie abhängig. Die ausschließliche Hervorhebung des psychologischen Gesichtspunkts führt unweigerlich zu einer Verwischung des Unterschiedes zwischen der *causa solvendi* und anderer *causae*, speziell der *causa credendi.* Es ergibt sich dies mit aller Deutlichkeit aus der konsequenten Durchführung des Zweckgedankens bei JUNG, die Bereicherungsansprüche S. 62/63. Es ist aber ein wesentlicher Unterschied der *causa solvendi* von der *causa credendi*, daß bei ersterer der Leistende ein Sollen verwirklicht, bei letzterer nicht. Die römischen Juristen heben diesen Unterschied treffend hervor und knüpfen praktische Konsequenzen daran; vgl. die für beide Fälle auseinandergehende Entscheidung des Paulus in l. 24 § 4 D. de min. 4, 4 und die Begründung: „*Quia aes alienum ei solvitur, quod facere necesse est, credere autem non est necesse.*" Freilich kann auch die Vornahme eines *credere* durch rechtlichen Zwang geboten sein, aber insoweit ist die Bewirkung der Leistung *credendi causa* zugleich ein *solvere* (z. B. Erfüllung eines Vorvertrags), das Zahlungsgeschäft wird bewirkt „*in duas causas*" (l. 44 D. de solut 46, 3).

weitere Vorstellung, daß der Schuldner, der diesem Gebote nachkommt, eben dadurch von der Verpflichtung sich löst: Erfüllung ist Befreiung durch Realisierung der Verpflichtung, nicht durch Gnadenakt des Gläubigers.

Ein weiteres Argument für die Richtigkeit dieser Auffassung liefern die Rechtssätze über die Hinterlegung (§§ 372 f. BGB.). Insofern, als die Rechtsordnung dem Schuldner unter bestimmten Voraussetzungen, namentlich bei Annahmeverzug des Gläubigers das Recht einräumt, sich durch Hinterlegung des geschuldeten Gegenstandes unter Verzicht auf das Recht der Rücknahme zu befreien, schafft sie ein Surrogat für die vom Gläubiger nicht geleistete Mitwirkung bei der Leistungsannahme: Der Gläubiger erlangt auf Grund des vom Schuldner mit der Hinterlegungsstelle geschlossenen Vertrags sowohl einen Anspruch gegen die Hinterlegungsstelle auf Herausgabe des hinterlegten Gegenstandes wie dessen mittelbaren Besitz.

Entsprechend ein Surrogat zu schaffen für die zur Erfüllung angeblich erforderliche Erklärung des Gläubigers, daß er die Leistung als Erfüllung annehme, ist der Rechtsordnung nicht eingefallen. —

Das Ergebnis der Betrachtungen dieses Paragraphen läßt sich dahin zusammenfassen: Das auf Befreiung des Schuldners durch Befriedigung des Gläubigers gerichtete Rechtsgeschäft und die Erfüllung als Verwirklichung des Obligationsinhalts müssen begrifflich auseinandergehalten werden. Sie beherrschen getrennte Gebiete; nur insoweit schneiden sich ihre Kreise, als im konkreten Falle eine Willenserklärung des Schuldners erforderlich ist, um der Leistung die Beziehung zur Schuldtilgung aufzuprägen, und ferner, soweit die Leistungsbewirkung als solche ein Rechtsgeschäft erforderlich macht. Der Inhalt dieses Rechtsgeschäfts hebt sich aber insofern von anderen satisfaktorischen Rechtsgeschäften ab, als dem Gläubigerwillen nicht, wie in denjenigen Fällen, wo die Leistung nicht dem Obligationsinhalt kongruent ist (Hauptfall die Annahme an Erfüllungsstatt) konstitutive Bedeutung für die Befreiungswirkung zukommt. In der Tat ist dieses Kriterium auch materiell von großer Bedeutung; es spielt, wie später nachzuweisen, eine wichtige Rolle in der

Frage, wieweit beim liberatorischen Geschäft die auf Gesetz beruhende Vertretungs- und Verfügungsmacht reicht und wieweit der realen Leistung Bestärkungswirkung gegenüber dem unwirksamen Vertrage zukommt.

§ 8.

Das Verhältnis der Erfüllung zum tilgenden Realgeschäft.

Im vorhergehenden Paragraphen ist im allgemeinen nachgewiesen worden, daß die Begriffe der Bewirkung der geschuldeten Leistung einerseits, des *solvendi causa* mit Tilgungsbestimmung vorgenommenen Rechtsgeschäfts andererseits sich nicht decken, ja in gewisser Hinsicht disparat sind. Denn die Bewirkung der geschuldeten Leistung kann sich zwar als liberatorisches Rechtsgeschäft darstellen, braucht es aber nicht;[1] die Bewirkung der geschuldeten Leistung hat ferner nach § 362 I die notwendige Folge, daß das Schuldverhältnis insoweit erlischt, während dem mit Tilgungsbestimmung vorgenommenen Rechtsgeschäft nicht notwendig tilgende Wirkung zukommt.

Es kommt nämlich unter gewissen Voraussetzungen als ein Tatbestand in Betracht, an den sich anderweite Rechtswirkungen anschließen. Diese können einmal obligatorischer Natur sein; dies dann, wenn auf eine nicht oder nicht wirksam bestehende Forderung im irrigen Glauben an ihr Bestehen geleistet worden ist; denn hier wird für den Leistenden der Anspruch wegen ungerechtfertigter Bereicherung begründet, welcher die besonderen Eigentümlichkeiten der Rückforderung wegen Leistung auf eine Nichtschuld an sich trägt.[1a] Es kommen ferner unter der Voraussetzung, daß der Gläubiger eine ihm als Erfüllung angebotene Leistung als Erfüllung angenommen hat, gewisse Rechtswirkungen in Betracht, deren gemeinsames Ziel eine Verstärkung der Position des Leistenden ist. Hierher gehört zunächst die Verschiebung der Beweislast, welche unter der Voraussetzung des § 363 eintritt. Hierunter fällt aber auch die Verwirkung materieller Befugnisse, vermöge deren an sich die Befreiungswirkung der Leistung in Frage gestellt werden könnte. Diese Erscheinung

---

[1] Vgl. oben S. 107/108 und unten § 10. [1a] §§ 813, 814 BGB.

begegnet beim Kauf und beim Werkvertrage, wenn der Käufer oder der Besteller eine mangelhafte Leistung in Kenntnis des Mangels als Erfüllung annehmen, ohne sich bei der An- oder Abnahme ihre Rechte wegen des Mangels vorzubehalten (§§ 464, 640 II). Endlich kann sich an das mit Tilgungsbestimmung versehene Realgeschäft die Wirkung knüpfen, daß dem Empfänger der Leistung bestimmte Befugnisse erwachsen. Dies tritt z. B. ein, wenn der Gläubiger auf eine bestimmte Forderung hin eine andere als die geschuldete Leistung an Erfüllungsstatt angenommen hat und nunmehr ein Mangel im Recht oder ein Mangel der Sache zutage tritt. Handelt es sich nämlich um einen Mangel im Rechte, so hat der Gläubiger auf Grund der §§ 325 bis 327, die hier nach § 365 entsprechend anzuwenden sind, u. a. auch das Recht, vom Vertrage zurückzutreten. Ist die Sache mit einem physischen Mangel behaftet, so erwächst dem Gläubiger das Recht zu wandeln oder zu mindern. Überall handelt es sich hier um ein Recht, auf eine vorhandene Rechtslage in einem gewissen Sinne einzuwirken.[2]

Greift so das liberatorische Rechtsgeschäft hinsichtlich der Rechtsfolgen erheblich über die der Bewirkung der geschuldeten Leistung zukommende Tilgung des Schuldverhältnisses hinaus, so ist das gleiche der Fall in betreff des Mittels, durch welches die Tilgung bewirkt wird. Das Tilgungsgeschäft kann ein rein voluntares sein, wie beim Erlaß; es kann aber auch, wie die Bewirkung der geschuldeten Leistung selbst einen realen Bestandteil enthalten, wenn nämlich die Tilgung des Schuldverhältnisses auf Grund der Erbringung einer Leistung sich vollziehen soll, wie bei der Annahme an Erfüllungsstatt, der Drittleistung, der Anweisung zu Tilgungszwecken. Die Bewirkung der geschuldeten Leistung ist da, wo ihr rechtsgeschäftlicher Charakter zukommt, eine Unterart des realen Tilgungsgeschäfts; worin besteht aber die spezifische Differenz? sie beruht darin, daß die Erbringung der geschuldeten Leistung als solche, weil sie Pflichterfüllung

---

[2] Um ein „Recht des rechtlichen Könnens" in Zitelmannschem Sinne (vgl. Zitelmann, Internationales Privatrecht I S. 48f., II S. 32f., 42f.; Recht des BGB., Allgemeiner Teil S. 23), um ein „rechtfertigendes Recht" im Sinne Sohms (Der Gegenstand S. 84, 85).

ist, den Schuldner befreit und nicht der Wille des Gläubigers; während bei jeder Abweichung der Leistung von derjenigen, durch die er sich nach dem Inhalte der Obligation befreien kann, der Wille des Gläubigers als konstitutives Element erforderlich ist, damit Befreiung eintrete, soweit nicht etwa aus besonderen Gründen die Rechtsordnung unmittelbar von sich aus eine anderweite Leistung mit tilgender Kraft begabt.[3]

Im Hinblick auf das positive Recht gewährt zunächst § 362 I die Befugnis, die Erfüllung in dem soeben erörterten Sinne als denjenigen realen Tilgungsakt zu fassen, welcher wegen seiner Eigenschaft als Umsetzung der geschuldeten Leistung in die Wirklichkeit, als Pflichterfüllung, wirkt und also jede konstitutive Bedeutung des Gläubigerwillens für die Befreiungswirkung ausschließt. Dieses Ergebnis wird bestärkt durch § 366 I BGB., welcher die richtunggebende Kraft des Schuldnerwillens für die Erfüllung mit der oben S. 109f. dargelegten wichtigen praktischen Konsequenz sicherstellt.

Es könnte die Meinung auftauchen, die hier erörterten begrifflichen Unterschiede lägen auf der Hand und es sei unnötig, auf sie, wie hier geschehen, einzugehen. Die Wahrheit ist aber, daß keineswegs eine reinliche Scheidung der Begriffe herrscht, daß vielmehr die Erfüllung fast tagtäglich mit dem *solvendi causa* vorgenommenen Rechtsgeschäft zusammengeworfen wird.

Die unvollkommene begriffliche Scheidung hat sogar in den älteren Gesetzgebungen einen systematischen Niederschlag hinterlassen. So ist im Preußischen Allgemeinen Landrecht die Rückforderung einer aus Irrtum geleisteten Zahlung in demselben Abschnitt mit der Lehre von der Erfüllung der Geldschulden behandelt (ALR. I. 16. Titel 2. Abschn. §§ 166f.). Die gleiche systematische Stellung nimmt die Lehre im Österreichischen Allgemeinen BGB. ein, indem sie in das 3. Hauptstück des 3. Teils

---

[3] Wie bei der Hinterlegung die dem Gläubiger verschaffte Forderung gegen die Hinterlegungsstelle, sobald das Rücknahmerecht des Schuldners ausgeschlossen ist, oder bei der Aufrechnung die Schuldbefreiung, welche der Gläubiger infolge der Aufrechnungserklärung erhält. Zu letzterem vgl. G. Kretschmar, Secum pensare S. 16; Siber, Kompensation und Aufrechnung S. 134.

(Von Aufhebung der Rechte und Verbindlichkeiten §§ 1431 f.) verwiesen worden ist.

Entsprechend wird in der Literatur des neuen bürgerlichen Rechts öfter der Fehler begangen, auf Grund der Paragraphen, welche die Voraussetzungen der *condictio indebiti* behandeln (§§ 813, 814), den Schluß auf die Notwendigkeit des *animus solvendi* bei der Erfüllung zu ziehen.[4] Und doch ist die Erfüllung von der Leistung auf eine — irrig als bestehend angenommene — Verbindlichkeit hin nicht nur in betreff der Rechtsfolgen verschieden; es hat auch der *animus solvendi* bei beiden eine ganz verschiedene Bedeutung. Bei der Leistung auf eine irrig als bestehend vorausgesetzte Verbindlichkeit hin muß der *animus solvendi* vorhanden sein, wenn überhaupt die Rückforderung des Geleisteten unter dem eigentümlichen Gesichtspunkt der *condictio indebiti* in Frage kommen kann. Es beruht darauf vor allem die dieser Art des Bereicherungsanspruchs eigentümliche Beweislastverteilung.[5] Daher wird jenes Begriffselement in den §§ 813 und 814 BGB. vom Gesetz ausdrücklich hervorgehoben.

Bei der Erfüllung dagegen kann die besondere Beziehung der Leistung zu der zu tilgenden Obligation auch ohne den Willen des Leistenden hergestellt werden, z. B. wenn einer Unterlassungspflicht entsprochen wird, ohne das der Schuldner um diese seine Verpflichtung weiß. Daher hütet sich hier (§ 362 1) das Gesetz, die rechtsgeschäftliche Tilgungsbestimmung als durchgreifendes Kriterium aufzustellen.[6]

[4] So z. B. MANIGK, Das Anwendungsgebiet der Vorschriften für die Rechtsgeschäfte, Breslau 1901 S. 48/49 mit einer Begründung, welche recht wenig in die Tiefe geht, ferner KLEIN, Natur der *causa solvendi* S. 15 unten.

[5] Näheres hierüber im speziellen Teile der Arbeit.

[6] Es sollte daher auch in der wissenschaftlichen Terminologie scharf zwischen beiden Fällen geschieden und nicht für die Bewirkung einer Leistung auf eine irrig als bestehend angenommene Schuld der Ausdruck „Erfüllung“ angewendet werden. Zurzeit ist die Vermengung beider noch häufig. So bemerkt LENEL im Archiv für die zivil. Praxis Bd. 74 S. 223: „Eine Schuld und also auch eine irrig vorausgesetzte Schuld kann erfüllt werden, ohne daß der wirkliche oder vermeintliche Gläubiger auch nur von der Leistung selbst irgend etwas weiß“; und DERNBURG, Das bürgerliche Recht II § 375 S. 596: „Erfüllung an einen Nichtgläubiger .... befreit den Schuldner in der Regel nicht.“

Indem die moderne Theorie bisher zwischen dem tilgenden Realgeschäft und der Erfüllung nicht gehörig schied und die erstere Lehre nicht unter einem gemeinsamen Gesichtspunkt behandelte, hat sie die Erfüllungslehre mit fremdartigem Stoffe belastet. Überall da nämlich, wo der Gläubiger eine in irgend einer Hinsicht von der geschuldeten abweichende Leistung mit tilgender Kraft begabt, verliert der Tilgungsakt seine für die Erfüllung charakteristische Eigentümlichkeit, daß der Wille des Gläubigers für die Tilgungswirkung unwesentlich ist; [7] soweit der Gläubiger eine an ihn erfolgende, vom Obligationsinhalt abweichende Leistung als Erfüllung annimmt, erhält das Tilgungsgeschäft notwendig vertragsmäßigen Charakter. Dies zeigt sich nicht nur bei der in *solutum datio,* sondern auch da, wo eine Leistung an einem andern, als dem Leistungsorte vom Gläubiger angenommen wird, ferner bei der Drittleistung (die nicht höchst persönliche Leistung wird von einem Dritten behufs Tilgung der fremden Obligation in eigenem Namen erbracht und in diesem Sinne vom Gläubiger auch angenommen). Die Eigentümlichkeit dieser Fälle kann erst dann klar erkannt werden, wenn sie nicht mehr, wie bisher, unter den Erfüllungsbegriff gezwängt, sondern als besondere Erscheinungsformen des tilgenden Realgeschäfts erkannt und behandelt werden. Daß dies bisher nicht geschehen ist, beruht offenbar auf einer, wenn auch unbewußten, Nachwirkung des römischen Solutionsbegriffs, der, wie oben dargelegt, seinen Ausgangspunkt von dem zweiseitigen liberatorischen Rechtsgeschäft niemals ganz hat verleugnen können. Die zu lösende Aufgabe ist daher nicht nur die Darstellung der Erfüllungslehre unter dem einheitlichen Gesichtspunkte der Konkretisierung des Obligationsinhalts, sondern auch die Behandlung des tilgenden Realgeschäfts.

Soviel ist freilich richtig, daß diejenigen Fälle, in denen die Erfüllung den Charakter eines Rechtsgeschäfts annimmt, d. h. nicht nur Bewirkung der geschuldeten Leistung, sondern zugleich tilgendes Realgeschäft ist, nicht nur praktisch besonders hervortreten, sondern auch theoretisch zu einer besonderen Gruppe zu-

---

[7] Vgl. oben S. 119/120.

sammengefaßt werden müssen. In dieser Gruppe laufen die Eigentümlichkeiten der Erfüllung und des tilgenden Realgeschäfts wie in einem Brennpunkt zusammen. Aber so wenig diese Gruppe dem Rechtsgeschäft *solvendi causa* eine ausreichende Unterkunft bietet, so wenig umschließt sie alle Fälle der Erfüllung.

§ 9.

Das Verhältnis der Erfüllung zum Obligationsinhalt.

Die enge systematische Beziehung, welche zwischen dem Obligationsbegriff und der Erfüllung besteht, tritt darin zutage, daß jede Verschiedenheit in der Formulierung des Obligationsbegriffs eine Rückwirkung in der Auffassung der Erfüllung nach sich zu ziehen pflegt. Für den wichtigsten und ältesten Gegensatz in der Auffassung der Obligation — ob Haftung oder Verpflichtung des Schuldners als wesentliches konstitutives Element in den Obligationsbegriff aufzunehmen ist — ist dies bereits im § 2 dieser Arbeit ausführlich dargetan worden, so daß betreffs dieses Punktes auf den genannten Paragraphen einfach verwiesen werden kann. Dieser Gegensatz, welcher hauptsächlich infolge der Restauration des altrömischen Haftungsbegriffs durch Brinz die moderne Theorie wieder lebhaft beschäftigt hat, ist nicht der einzige, der sich innerhalb des Obligationsbegriffs bemerkbar macht. Zu erwähnen ist einmal die von ZIEBARTH[1] aufgeworfene Frage, ob nicht der moderne Obligationsbegriff eine spezifische Veränderung im Verhältnis zum römischen dadurch erfahren habe, daß mit der deutschrechtlichen Erweiterung der Realexekution die Obligation ein relativ dingliches Recht als neuen Bestandteil in sich aufgenommen habe. Wenn ZIEBARTH diese Frage bejaht und die Realexekution der Obligation als Ausfluß des in ihr bereits enthaltenen relativ dinglichen Bestandteils faßt, so leitet dies auf das Problem hin: Unterfällt nicht auch die zwangsweise Beitreibung des geschuldeten Gegenstandes dem Gesichtspunkte der Erfüllung, weil auch sie Realisierung des Obligationsinhalts ist?

[1] Realexekution und Obligation S. 30, 176, 179f., 192f.

Diese Frage ist — von abweichenden Prämissen freilich — neuerdings von SIBER[2] ausführlich erörtert und energisch bejaht worden.

Aber auch solche Schriftsteller, die nicht eine teilweise Umbildung, sondern nur eine „stufenweise Verfeinerung“ bei wesentlich gleichbleibendem Begriffsinhalt annehmen (wie HARTMANN, Obligation S. 25), kommen doch zu einer von der früher herrschenden wesentlich abweichenden Formulierung des Obligationsbegriffs. In erster Linie steht hier HARTMANN selbst mit seinem Versuche, den Zweckgesichtspunkt zum ausschlaggebenden Faktor im Obligationsbegriffe zu erheben; denn nach ihm bildet die Grundlage der Obligation ein vermögensrechtliches Interesse des Gläubigers, in dessen Befriedigung die Gebundenheit des Schuldners „begriffsmäßig Zweck und Ziel findet“.[3] Es ist bereits ausgeführt worden, daß durch diese Verwendung des Zweckes der Erfüllungsbegriff HARTMANNS weit über die quellenmäßigen Grenzen hinaus ausgedehnt wird. Dies beruht darauf, daß HARTMANN den Erfüllungsbegriff seinem erweiterten Obligationsbegriff anpaßt, aus dem er das Moment der schuldnerischen Leistungspflicht entfernt hat. Hiernach unterfallen dem HARTMANNschen Erfüllungsbegriffe alle Akte, welche das die Grundlage der Obligation bildende Interesse des Gläubigers befriedigen, ohne Rücksicht darauf, ob sie sich als Realisierung der schuldnerischen Verpflichtung darstellen oder nicht, also z. B. auch der *concursus duarum causarum lucrativarum.*

Ferner machen sich in neuester Zeit germanistische Einflüsse dahin geltend, dem spezifisch deutschrechtlichen Gegensatz zwischen Schuld und Haftung[4] Eingang in das moderne Obligationenrecht zu verschaffen.[5] Wieweit von hier aus Einflüsse

---

[2] Rechtszwang im Schuldverhältnis S. 10, 156f., 160.

[3] S. 31 a. a. O.

[4] Vgl. dazu v. AMIRA, Nordgermanisches Obligationenrecht I § 7 S. 39, 191f.; II § 8 S. 65f., 73; PUNTSCHART, Schuldvertrag und Treugelöbnis S. 99f., 112f.

[5] Zuerst PAPPENHEIM in der Zeitschrift für Handelsrecht Bd. 47 S. 142; neuestens ISAY JHERINGS Jahrbücher für Dogm. Bd. 48 S. 187f., vgl. auch die dort S. 190 Note 4 Angeführten.

auf den Erfüllungsbegriff hervorgehen können, wird im speziellen Teile dieser Arbeit ins Auge zu fassen sein.

Endlich bedarf noch ein Punkt einer kurzen Behandlung. So weit auch die hier erörterten Anläufe zur Modifikation des Obligationsbegriffs auseinandergehen, eine gewisse Gemeinsamkeit der Tendenz ist doch unverkennbar. Sie läuft darauf hinaus, das Moment persönlicher Verpflichtung im Obligationsbegriff zurückzudrängen, oder doch abzuschwächen.[6]

Trotz all dieser Angriffe hat aber die Überzeugung, daß die Verpflichtung des Schuldners als wesentliches konstitutives Element des Obligationsbegriffs festzuhalten sei, in der modernen Literatur nicht wesentlich erschüttert werden können.[7]

Es ergibt sich jedoch hier die bereits im § 2 erörterte Schwierigkeit, den so gefaßten Obligationsbegriff in das richtige Verhältnis zum Erfüllungsbegriff zu setzen. Wenn nämlich die Obligation als Verpflichtung des Schuldners und die Erfüllung als Realisierung dieser Verpflichtung gefaßt wird, wie kann dann Erfüllung vorliegen, wenn ein Dritter die dem Schuldner obliegende Leistung von sich aus bewirkt?

Hier haben sich die Vertreter dieses Obligationsbegriffs nicht anders als durch eine Ausweichung zum Zweckgesichtspunkt zu helfen gewußt. Am klarsten tritt dies bei Dernburg[8] hervor, welcher ausführt, daß scharf zwischen dem Inhalt der Obligation und der Frage, was zu ihrer Erfüllung genüge, zu scheiden sei; woran er die Bemerkung knüpft: Es scheine auf den ersten Blick, daß beides sich decken müsse; da aber in der Regel die Leistung durch einen Nichtschuldner den Erfolg, der erzielt werden solle,

---

[6] Vgl. besonders Hartmann, die Obligation S. 64: „Der Grund für eine so allgemeine Verkennung eines so klaren Sachverhalts liegt, wie schon bemerkt, vor allem in der gewöhnlichen Überschätzung des Moments der Handlung". Ziebarth hält zwar noch am Handlungsbegriffe fest, betont aber ausdrücklich, daß dieser Bestandteil des Begriffs in der modernen Obligation nur in erheblicher Abschwächung noch lebendig sei.

[7] Vgl. Kohler, Archiv für die zivil. Praxis Bd. 91 S. 174; neuestens Lehrbuch des Bürgerlichen Rechts II, 1 § 4 S. 10f.; Siber, Der Rechtszwang im Schuldverhältnis S. 253f. Unten S. 126 f.

[8] Pandekten II (7) § 2 S. 5, vgl. jetzt: Das Bürgerliche Recht II, 1 (3) § 6 S. 19.

nicht minder bewirke, als eine persönliche Leistung des Schuldners, so müsse dies zur Tilgung der Obligation genügen.[9]

Diese Auffassung bedeutet den Verzicht darauf, die Erfüllungslehre von einem einheitlichen Grundgedanken aus aufzubauen, der ihre zentrale Stellung im System der Obligationstilgungsgründe zum Ausdruck brächte. Mag diese Resignation begründet gewesen sein unter der Herrschaft des Pandektenrechts, wo der zwiespältige historische Ausgangspunkt der Solutionslehre keinen einheitlichen Bau hat zustande kommen lassen; unter der Herrschaft des Bürgerlichen Gesetzbuchs ist diese Nötigung, wie ich hoffe darlegen zu können, nicht mehr vorhanden. Der hauptsächlichste Stein des Anstoßes ist auch hier die Neigung, die Drittleistung (Bewirkung der dem Schuldner obliegenden Leistung durch einen Dritten in eigenem Namen) als echte Erfüllung aufzufassen. Sie ist hervorgerufen durch den Einfluß der römischen Quellen, welche die Drittleistunz als ein *„solvere"* bezeichnen. Die Bedeutung dieses historischen Arguments schwindet, wenn der oben (§§ 1, 2) versuchte Nachweis gelungen ist, daß die Anwendung des Solutionsgesichtspunkts auf die Drittleistung nur ein Nachklang der älteren römischen Solutionstheorie ist, deren positivrechtliche Gestaltung durch die Auffassung der Obligation als Haftung des Schuldners, und durch die Form des Solutionsaktes als zweiseitigen Rechtsgeschäfts bestimmt worden ist.

Nach § 241 BGB. ist der Gläubiger „kraft des Schuldverhältnisses berechtigt, von dem Schuldner eine Leistung zu fordern". Das Element der persönlichen Verpflichtung ist hiernach vom Gesetze festgehalten worden. Die mannigfachen, bei der Beratung des Gesetzes hervorgetretenen Bestrebungen, den

---

[9] Ähnlich Windscheid in seinen Pandekten II (8) § 250 Note 2: „Ich möchte glauben, daß in allen Fällen, wo die Obligation durch ein Bekommen des Gläubigers getilgt wird, welches nicht direkt oder indirekt vom Schuldner ausgeht, dies eine Konsequenz nicht aus dem Begriff, sondern aus dem Zweck der Obligation sei." Vgl. noch Scheurl in der Kritischen Vierteljahrsschrift Bd. 18 S. 485 und, Dernburgs Unterscheidung zustimmend, Endemann, Lehrbuch des Bürgerlichen Rechts I (8) § 96 Note 20 S. 578.

vom Schuldverhältnis angestrebten Erfolg zum konstitutiven Element des Begriffs zu erheben und das persönliche Element zu verflüchtigen, sind resultatlos geblieben. Dieses Ergebnis wird nicht etwa durch § 267 BGB. beeinträchtigt. Freilich kann nach Abs. 1 dieses Paragraphen auch ohne Einwilligung des Schuldners ein Dritter die Leistung bewirken, wenn die Leistung nicht höchstpersönlichen Charakter an sich trägt; man könnte die Frage aufwerfen, ob diese Bestimmung nicht eine Abschwächung des persönlichen Elements des Schuldverhältnisses in sich schließe, in dem Sinne, daß bei Leistungen nicht höchstpersönlichen Charakters es zum Inhalt des betreffenden Schuldverhältnisses gehöre, daß nicht nur der Schuldner, sondern auch ein Dritter die Verpflichtung durch Leistung realisieren könne;[10] bei konsequenter Durchführung dieses Gedankens käme man dann zu der bei Hartmann[11] theoretisch verwirklichten Verflüchtigung des persönlichen Elements der Obligation und zu ihrer Bestimmung als eines „irgendwie rechtlich gesicherten Soll". Für solche Auffassung könnte ein Argument daraus entnommen werden, daß § 267 unter dem Abschnitt über dem Inhalt der Schuldverhältnisse steht. Aber diese Meinung ist nicht durchführbar.

Daß der Dritte nicht als Schuldner leistet, liegt auf der Hand. Er leistet weder als eventueller Schuldner noch in dem Sinne, daß er durch die Leistung in die Obligation einträte; sonst bedeutete jede in eigenem Namen auf eine fremde Schuld hin bewirkte Leistung eine Schuldübernahme, welche in dem Falle, daß die Leistung aus irgend einem Grunde die Tilgung nicht bewirkte, praktisch werden müßte. Ebensowenig besteht nach dem BGB. sonst die Möglichkeit, die Leistung seitens des Dritten irgendwie als zum Inhalt des Schuldverhältnisses gehörig zu denken. Der klarste Beweis liegt darin: Der Gläubiger kann nach § 267 II BGB., ohne in Annahmeverzug zu geraten, die vom

---

[10] In der Tat findet sich diese Auffassung in der Literatur des neuen bürgerlichen Rechts sehr häufig; so bei L. Goldschmidt, Kritische Erörterungen zum Entwurf eines BGB. Leipzig, 1889 I S. 87/88; Landsberg, Das Recht des BGB. I § 91 S. 305; neuestens Kohler, Lehrbuch des Bürgerlichen Rechts II, 1 (1906) § 15 S. 44 Ziff. 3.

[11] Die Obligation S. 161, 173.

Dritten ausgehende Leistung dann ablehnen, wenn der Schuldner widerspricht. Wie ließe sich dies von dem Standpunkte aus, daß die Leistung des Dritten *in obligatione* sei, rechtfertigen? Man müßte geradezu annehmen, daß die Leistung des Dritten durch den Widerspruch des Schuldners diesen Charakter verlöre. Nun kann aber der Gläubiger trotz des Widerspruchs des Schuldners die zur Tilgung der Forderung angebotene Leistung des Dritten annehmen; und tut er dies, so wird der Schuldner frei. Danach müßte nun doch wieder die Leistung des Dritten dem Inhalt des Schuldverhältnisses entsprechen. Der Ausgangspunkt, der auf solchen unlöslichen Widerspruch führt, muß also unrichtig sein, das heißt: § 267 hat direkte Bedeutung nicht für die Lehre vom Inhalt der Obligation, sondern nur für die Lehre von ihrer Tilgung. In einem Punkte freilich berührt er die Lehre vom Obligationsinhalt und dies hat wohl die Veranlassung zur Unterbringung dieses Paragraphen in dem Abschnitt vom Inhalt der Schuldverhältnisse gegeben.

Gewisse Schuldverhältnisse tragen entweder vermöge der Natur der Leistung, für deren Bewirkung es auf die Persönlichkeit des Schuldners ankommt, oder vermöge der Vereinbarung der Parteien einen derart persönlichen Charakter, daß sie selbst durch einen Stellvertreter nicht erfüllt werden können, sondern nur in Person. Andere dagegen gestatten nach der Natur der Leistung die Erfüllung durch einen Stellvertreter. An diesen Gegensatz knüpft § 267 an. Er greift aber weiter, indem er für die Schuldverhältnisse mit nicht höchstpersönlichem Leistungsinhalt die Möglichkeit, daß ein Dritter leiste, in einem Umfange festsetzt, welcher aus dem Inhalt dieser Schuldverhältnisse nicht ableitbar ist. Soviel freilich würde sich auch ohne die Bestimmung des § 267 aus allgemeinen Grundsätzen ergeben, daß bei nicht höchstpersönlichen Schuldverhältnissen ein Dritter als Stellvertreter des Schuldners leisten könnte. Auch soweit der Schuldner befugt wäre, Hilfspersonen zur Bewirkung der Leistung zuzuziehen, könnte bei ordnungsmäßiger Ausführung nicht in Zweifel gezogen werden, daß hier Realisierung der schuldnerischen Verpflichtung vorliege. Denn in beiden Fällen ist es, rechtlich betrachtet, der Schuldner selbst, welcher durch Erbringung der Leistung seiner obligatorischen Verpflichtung Genüge leistet. § 267 geht aber darin weiter, daß er bei nicht höchstpersönlichem Charakter der Obligation auch derjenigen Leistung Tilgungswirkung beilegt, welche der Dritte weder als Stellvertreter, noch als bloßes Leistungsinstrument des Schuldners vornimmt, der er vielmehr selbständig die Bestimmung zur Tilgung der fremden Schuld aufprägt;[12] mit der einzigen Einschränkung, daß der Gläubiger „die Leistung ablehnen" kann, wenn der Schuldner widerspricht (§ 267 II). Dies bedeutet also, daß die Tilgungsbestimmung durch den Schuldner nicht konstitutives Element für die Tilgungswirkung ist, und daß selbst der Widerspruch des Schuldners die Tilgung nicht hindert, wenn der Gläubiger annimmt. Vielmehr hat der Widerspruch des Schuldners lediglich die Wirkung, für den Gläubiger eine ihm sonst nicht zuständige Befugnis zu schaffen. Bei Leistungen, die zu ihrer Erbringung der Mitwirkung des Gläubigers bedürfen, hat diese Befugnis den nächsten Inhalt, die Entgegennahme der Leistung des Dritten ablehnen zu können, ohne in Annahmeverzug zu geraten, d. h. also schon die Perfektion der Leistung selbst ohne Rechtsnachteil zu hindern. Aber hiermit erschöpft sich offenbar die dem Gläubiger nach § 267 II eingeräumte Befugnis nicht. Er kann „die Leistung", nicht nur „die Annahme der Leistung" ablehnen. Man wird aus dieser Fassung der Gesetzesbestimmung schließen dürfen, daß der Umstand, daß die Leistung als solche bereits erbracht ist, nicht schlechthin die Befugnis des Gläubigers ausschließt, sie zurückzuweisen. Er kann es natürlich dann nicht mehr, wenn in dem Empfang der Leistung bereits die definitive Annahme zur Tilgung zu erblicken ist. Dies braucht aber nicht immer zuzutreffen, und namentlich sind die Fälle zu beachten, in denen die Leistung ohne Mitwirkung des Gläubigers erbracht werden kann. In all den Fällen, wo der Dritte von dieser Möglichkeit Gebrauch macht und nun nach bewirkter Leistung ein Widerspruch des Schuldners einläuft, dem der Gläubiger stattgeben möchte, kann die Befugnis des § 267 nur in dem Sinne in Wirksamkeit treten, daß der Gläubiger es ablehnt, die erbrachte Leistung als zur Forderungs-

[12] Vgl. hierzu Hellwig, Verträge auf Leistung an Dritte, S. 142.

tilgung bewirkt gelten zu lassen, wodurch für den Dritten, der geleistet hatte, ein Anspruch wegen ungerechtfertigter Bereicherung entsteht, während der Schuldner verpflichtet bleibt.

Nach dem vorstehends, besonders S. 127 Ausgeführten kann die Drittleistung nicht als Realisierung der schuldnerischen Verpflichtung aufgefaßt werden. Daher vermeidet es auch § 267, die Leistung des Dritten als Bewirkung der „geschuldeten" Leistung zu bezeichnen, denn der Dritte schuldet nicht. Daß aber die Erfüllung Realisierung der Verpflichtung des Schuldners, nämlich Bewirkung der „geschuldeten" Leistung ist, hält das BGB. fest (§ 362). Die Drittleistung ist also nicht wahre Erfüllung. Sie steht vielmehr als besondere Tilgungsart mit Befriedigungscharakter neben der Erfüllung. Dies ist deshalb von praktischer Bedeutung, weil sich daraus die Nötigung ergibt, von Fall zu Fall zu prüfen, wieweit die für die eigentliche Erfüllung geltenden Regeln (z. B. die Imputationsregeln, die Sätze über die Quittungsleistung, über die Rückgabe des Schuldscheins) auf die Drittleistung anwendbar sind.

Dieses Ergebnis ist nun noch gegen anderweite, in der Literatur hervorgetretene Fassungen des Obligations- und Erfüllungsbegriffs sicherzustellen. In der Literatur zum neuen bürgerlichen Recht ist es besonders Siber, welcher in seiner Schrift über den Rechtszwang im Schuldverhältnis teils unter dem Einfluß des Hartmannschen Zweckgedankens, teils unter scharfer Hervorkehrung des Anspruchselements im Schuldverhältnisse zu abweichender Auffassung sowohl des Inhalts des Schuldverhältnisses, wie des Erfüllungsbegriffes gelangt. Seine Auffassung der Obligation gipfelt in dem Satze, daß das gesetzliche Leistungsgebot an den Schuldner und die Macht des Gläubigers über den Schuldner einander durchaus ebenbürtig seien; beide bildeten in ihrer Vereinigung zu dem gemeinsamen Zweck, dem Gläubiger etwas zu verschaffen, den Hauptbestand des heutigen Schuldverhältnisses (S. 160). Er tritt damit in bewußten Gegensatz zu der Auffassung Savignys, welcher[13] das Moment des dem Gläubiger zur Seite stehenden Zwangs als etwas Untergeordnetes ansieht und

[13] Das Obligationenrecht I § 2 S. 5.

das „eigentliche Wesen" der Obligation in der Leistungspflicht des Schuldners erblickt.

Jene Betonung des Zwangsmoments im Schuldverhältnis geht in letzter Linie zurück auf die Hervorhebung seines anspruchsmäßigen Bestandes, der ja überhaupt in der Literatur zum neuen bürgerlichen Rechte mit besonderer Vorliebe erörtert worden ist. Hand in Hand damit geht die Einschränkung des Begriffs des Schuldverhältnisses auf die Fälle, in denen die Leistung dem Widerstrebenden gegenüber im Prozeßwege und geeignetenfalls durch Selbsthilfe erzwungen werden kann (S. 68/69), womit die Naturalobligation ausscheidet, „die auch im römischen Recht nur mißbräuchlich zu den Obligationen gezählt worden sei".

Die Konsequenz dieser Betonung der im Schuldverhältnis liegenden Zwangsmacht zeigt sich in Sibers Erfüllungslehre in dem Satze, daß auch die zwangsweise Realisierung des Schuldverhältnisses Erfüllung sei. (S. 156, 160.)

Es braucht nicht näher ausgeführt zu werden, daß diese Subsumtion der Zwangsbeitreibung unter den Begriff der Erfüllung mit der gesetzlichen Definition der letzteren im § 362 BGB. nicht in Einklang steht. Bei der Zwangsbeitreibung wird nicht die „geschuldete Leistung" bewirkt, sondern vielmehr die vom Schuldner nicht zu erlangende Leistung dadurch ersetzt, daß ein für den Gläubiger gleichwertiger Erfolg hergestellt wird. Immerhin bleibt zu prüfen, ob nicht, wenn Sibers Auffassung des Inhalts des Schuldverhältnisses berechtigt ist, der Erfüllungsbegriff in dem von ihm geforderten Umfang erweitert werden muß.

Siber kommt, wie bereits bemerkt, zur Hervorhebung des Zwangsmoments im Schuldverhältnis durch die Analysierung des darin enthaltenen Anspruchs. Der Anspruch „schließt eine Macht des Gläubigers zum Leistungszwang in sich" (S. 70). Soweit das Recht der Partei auf Duldung der staatlichen Verurteilung und Vollstreckung, sowie auf Duldung der Befriedigung durch Selbsthilfe sich gegen den Gegner richtet, ist es „Bestandteil des privatrechtlichen Anspruchs" (S. 78). Nun bedarf es nur noch der S. 81 versuchten Identifizierung des Inhalts des Anspruchs mit dem der Leistungspflicht, um die zwangsweise Durchsetzung des Anspruchs als Realisierung des Inhalts des Schuldverhältnisses, also als echte Erfüllung erscheinen zu lassen.

Am letzten Ende ist es also die Identifizierung des Anspruchs mit dem zur zwangsweisen Geltendmachung fähigen Forderungsrecht des Gläubigers, welche dazu führt, die zwangsweise Herstellung des Erfolgs einer Handlung, zu deren freiwilliger Vornahme der Schuldner nicht zu bewegen ist, gleichfalls als Erfüllung aufzufassen. Diese Identifizierung ist nun freilich der neueren Literatur durchaus geläufig, obgleich mitunter einige Einschränkungen und Vorbehalte gemacht werden.[14] Doch meine ich, daß die Identifizierung von Forderungsrecht und Anspruch wichtige Verschiedenheiten verwischt, deren Betonung nicht nur vom theoretischen, sondern auch vom praktischen Standpunkt aus geboten ist. Während der Inhalt des Forderungsrechts nur darin besteht, daß der Gläubiger ein Recht auf eine freie Handlung des Schuldners hat:[15] er kann die Leistung „fordern“ — gehen in den Anspruchsbegriff alle die Veränderungen ein, welche mit der Geltendmachung und zwangsweisen Durchsetzung des Gläubigerrechts verknüpft sind. Das Forderungsrecht kann demgegenüber als subjektive Seite des obligatorischen Rechtsverhältnisses nur so gedacht werden, daß der Inhalt dieses Rechts auf ein Leistensollen des Schuldners geht. Der privatrechtliche Anspruch geht zwar insofern auf das Schuldverhältnis zurück, als er in diesem seine rechtliche Grundlage hat. Als zum Inhalt des Schuldverhältnisses gehörig kann er aber nur so lange betrachtet werden, als nicht Begriffselemente in ihn eingehen, welche mit dem rechtlichen Charakter des Forderungsrechts in Widerspruch stehen, wie dies bei der Erzwingung der Leistung der Fall ist.[16]

Die verschiedene Synthese beider Begriffe wird klar, wenn

---

[14] Vgl. z. B. Regelsberger, Pandekten I § 52 S. 215 und Siber selbst a. a. O. S. 89.

[15] Das Verdienst, dies mit aller Schärfe betont zu haben, gebührt Sohm, (bei Grünhut IV S. 472).

[16] Vgl. hierzu Degenkolb, Krit. Vierteljahrsschrift Bd. 9 S. 206. Nicht ganz klar ist die Stellungnahme Kohlers zu dieser Frage im Archiv für die zivil. Praxis Bd. 91 S. 175/176.

es zur Zwangsvollstreckung kommt, weil der Schuldner auf keine Weise zur Erfüllung seiner Verpflichtung und damit zur Verwirklichung des eigentlichen Inhalts des Gläubigerrechts bewogen werden kann: Die Zwangsvollstreckung führt zur Befriedigung des Anspruchs, sie ist aber nicht Erfüllung der Verpflichtung des Schuldners. Erfüllen geht auf ein Verhalten des Schuldners, welcher seine Verpflichtung dadurch konkretisiert; Befriedigen kann sich auch der Berechtigte durch darauf abzielende Tätigkeit. Die bloße Befriedigungswirkung ist aber nicht geeignet, der Zwangsvollstreckung den Charakter der Erfüllung aufzuprägen, da sie auch andern Akten zukommt, die nicht Erfüllung sind (*concursus duarum causarum lucrctivarum,* Annahme an Erfüllungsstatt). Es besteht aber ein dogmatisches und praktisches Interesse, diejenigen Akte, bei denen das Schuldverhältnis durch das seinem Inhalt entsprechende Verhalten des Schuldners erlischt, zusammenzufassen.

Die Erfüllung ist Verwirklichung des Obligationsinhalts, Umsetzung des abstrakten Gebots, zu leisten, in konkretes, diesem Gebot entsprechendes Verhalten des Schuldners. Sie kann daher der gebotenen Leistung nur entsprechen wie Konkretes dem Abstrakten, wie die Tat der Idee: die verwirklichte Leistung wird daher vielfach individuelle Züge an sich tragen, welche im Obligationsinhalt noch nicht gegeben waren. Dies ist von der größten Bedeutung für die Klarstellung des Verhältnisses, welches beim Wahlschuldverhältnis und der Gattungsschuld zwischen dem Obligationsinhalt und der Leistungsbewirkung besteht. Es ist keineswegs notwendig, sich dies Verhältnis so zu denken, daß die Gattungsschuld sich in eine Speziesschuld verwandelt haben, die Wahlschuld sich auf einen Gegenstand konzentriert haben müsse, damit beide überhaupt erfüllbar seien. Beide sind erfüllbar schon insofern, als der Erfüllungsakt das verwirklicht, wofür im obligatorischen Soll der weitere Rahmen aufgestellt war. Für die Gattungsschuld erklärt sich hieraus ungezwungen, daß sie auch nach geschehener Leistung noch in gewisser Hinsicht ihren Charakter als Gattungsschuld bewahren kann; in der Tat tritt dies in der Bestimmung zutage, daß der Gläubiger, dem eine mangelhafte Sache geliefert worden ist, statt der Wandlung oder

Minderung verlangen kann, daß ihm an Stelle der mangelhaften Sache eine mangelfreie geliefert werde (§§ 480, 493, 515, vgl. § 524 Abs. 2, 2183 BGB.).[17]

Betreffs der Wahlschuld führt die vorstehende Betrachtung zur Verwerfung eines Satzes, welcher in der Literatur dieser Lehre mitunter wie ein Axiom auftritt; daß nämlich das Wahlschuldverhältnis „bevor es sein letztes Ziel erreichen könne, zu einem einfachen Schuldverhältnis werden müsse"; daß die Wahlschuld „solange sie Wahlschuld sei, überhaupt nicht tilgungsfähig sei".[18]

Dieser Satz verhindert es, im Zusammenhang mit einer sich auf den Wortlaut der §§ 262 bis 265 versteifenden Auslegung, die Bedeutung der Leistung eines der geschuldeten Gegenstände, welche ohne Wahlerklärung erfolgt, richtig zu würdigen. Indem man nämlich aus den genannten Paragraphen schloß, daß die Konzentration der Wahlschuld, abgesehen von dem Falle anfänglicher oder später eintretender Unmöglichkeit einer Leistung nur durch Wahlerklärung erfolgen könne, kam man zur Aufstellung des besonders von Litten S. 164f. konsequent durchgeführten Satzes, daß nur der Leistungsvollzug konzentrierend und also tilgend wirke, welcher zugleich eine Wahlerklärung in sich schließe. Litten schließt hieraus u. A., daß in folgendem Falle trotz der vom Schuldner in Kenntnis seines Wahlrechts bewirkten Leistung die Unbestimmtheit nicht gehoben worden sei: A. ist dem B. gegenüber verpflichtet, entweder ihm ein Pferd, oder dem C. 1000 zu leisten. Der Schuldner leistet nicht dem Gläubiger B. sondern dem zum Empfang der 1000 berechtigten Nicht-

---

[17] Erinnert sei hier auch an die Kontroverse, ob dem Schuldner, der auf die Gattungsschuld hin „das zur Leistung einer solchen Sache seinerseits Erforderliche getan hat" (§ 243 II), unter gewissen Umständen noch freisteht, eine andere Sache zu leisten; dazu Planck in seinem Kommentar zum Bürgerlichen Gesetzbuch Bem. 4 zu § 243 Bd. II (3) S. 12, 13; Schollmeyer, Kommentar zum Recht der Schuldverhältnisse, Bem. 6c zu § 243; Berndorff, Gattungsschuld S. 97f.

[18] So besonders Litten, Die Wahlschuld usw. S. 122, 124, 164f.; ähnlich schon Stammler, Recht der Schuldverhältnisse in seinen allgemeinen Lehren S. 136. Dagegen Pescatore, Wahlschuldverhältnisse S. 183f.

gläubiger C. LITTEN meint, daß, soweit C. nicht als zur Vertretung des Gläubigers in der Empfangnahme der Wahlerklärung berechtigt angesehen werden könne, das Wahlrecht des A. fortbestehe.[19] Aus dem oben dargelegten Verhältnis der Leistung des Geschuldeten zum Obligationsinhalt folgt nun aber, daß sehr wohl die Leistung — als Umsetzung des zunächst nur als ideelles Sollen existierenden Leistungsgebots in die Wirklichkeit — Bestimmtheiten an sich tragen kann, welche dem Obligationsinhalt mangeln. Soweit infolge solcher Eigenschaft der Leistung der Inhalt der Wahlschuld konkretisiert wird, tritt Tilgung unter dem Gesichtspunkt der Erfüllung ein, ohne daß es einer durch Wahlerklärung herbeigeführten Konzentration der Wahlschuld bedürfte. Dies greift zweifellos dann Platz, wenn der Wahlberechtigte die Leistung in Kenntnis seines Wahlrechts zur Erfüllung der Wahlschuld bewirkt oder annimmt, wofern die Leistung nur sonst obligationsgemäß ist.[20] Daß sie zugleich die stillschweigende Erklärung der Wahl enthielte, ist nicht erforderlich. Daher ist die Wahlschuld in dem obigen Beispiel LITTENs definitiv getilgt und der Schuldner kann nicht gegen das Angebot der anderen Leistung die gemachte zurückfordern.

Eine gewisse Schwierigkeit wird der hier vertretenen Auffassung der Erfüllung dadurch bereitet, daß es Obligationsgestaltungen gibt, bei denen der Schuldner sich durch eine andere Leistung als die geschuldete von seiner Schuld befreien kann.

---

[19] A. soll also noch die Lieferung des Pferdes wählen und dann von C. die 1000 zurückfordern können. Dagegen und gegen den Irrtum, der hinsichtlich der Person des Kondiktionsgegners untergelaufen ist, s. PESCATORE S. 185 und Note 8, der ebenda auch stichhaltige Einwendungen gegen weitere, von LITTEN S. 166 behandelte Fälle vorbringt.

[20] Wieweit dieses Ergebnis sich modifiziert, wenn die Leistung in Unkenntnis des Wahlrechts bewirkt oder angenommen worden ist (über diese Streitfrage LITTEN a. a. O. S. 149f.; PESCATORE a. a. O. S. 186f. und die bei diesem S. 186 Note 1, S. 190 Note 4 Angeführten) gehört nicht in diesen Zusammenhang, sondern teils in die Lehre von der Anfechtbarkeit der Willenserklärung wegen Irrtums (wenn nämlich in der Leistung eine stillschweigende Willenserklärung erblickt werden konnte), teils in die Kondiktionslehre. — A. M. PESCATORE a. a. O.

Es sind die Fälle der sogenannten alternativen Ermächtigung (*facultas alternativa*) des Schuldners.[21]

Im Gegensatz zur Wahlschuld ist hier die eine der für die Lösung des Schuldners in Betracht kommenden Leistungen nicht *in obligatione*. Der Gläubiger kann diese nicht verlangen; und soweit das Schicksal der Obligation vom Leistungsgegenstande abhängig ist, wie bei anfänglicher oder nachträglicher Unmöglichkeit der Leistung, bestimmt es sich bis zur Leistungsbewirkung ausschließlich nach der *in obligatione* befindlichen Leistung; auch die Einstandspflicht des Schuldners besteht nur im Hinblick auf diese. Aber der Schuldner ist und zwar nach dem Inhalte der Obligation ermächtigt, sich durch Bewirkung einer andern, als der geschuldeten Leistung zu befreien. Nach der Ausdrucksweise der römischen Quellen ist diese andere Leistung lediglich „*in solutione*".[22]

Macht der Schuldner von der ihm zuständigen Ermächtigung Gebrauch, so hat er den Inhalt der Obligation in dem sonst gebräuchlichen Sinne nicht realisiert. Er hat nicht diejenige Leistung vollzogen, deren Individualität für die konkrete Gestaltung der obligatorischen Verpflichtung ausschlaggebend ist. In anderem Sinne ist er doch dem Inhalt der Obligation gerecht geworden. Denn zum Inhalt der Obligation gehört auch die Befugnis des Schuldners, sich durch die für die Obligationsgestaltung sonst nicht maßgebliche Leistung zu befreien. Daher liegt auch hier Erfüllung, nicht bloße Annahme an Erfüllungsstatt vor.[23] Dies ist deshalb von großer praktischer Bedeutung, weil für die kon-

[21] Vgl. hierzu besonders Kipp bei Windscheid II § 255 S. 24 Note 5a, 28f.; Crome, System II § 153 Ziff. 2 S. 91; Chamitzer, Natur, Gebiet und Grenzen der Wahlschuld § 9 S. 68f; Litten, a. a. O. § 19 S. 92f.; Siber, Rechtszwang im Schuldverhältnisse § 10 S. 64f.; Pescatore, Wahlschuldverhältnisse § 33 S. 280f. Bei letzterem Note 1 weitere Literaturangaben.

[22] Im weiteren Sinne gehört auch der Fall hierher, daß dem Schuldner vertragsmäßig das Recht eingeräumt worden ist, die Leistung an eine andere Person, als an den Gläubiger zu bewirken (*solutionis causa adiectus*).

[23] Letzteres ist die Ansicht Littens, wenn auch im Anschluß an Regelsberger, Jahrbücher für Dogm. Bd. 16 S. 166 u. 167 mit der Wendung, daß der Schuldner ein Recht auf Hingabe an Erfüllungsstatt habe. Dagegen auch Pescatore S. 282 bei Note 5.

stitutive Bedeutung des Gläubigerwillens, welche bei der Annahme an Erfüllungsstatt hervortritt, hier kein Raum ist.

Daher tritt insbesondere die Befreiung des Schuldners durch die Leistungsbewirkung ohne Rücksicht darauf ein, ob der Gläubiger ihr diese Wirkung beilegen will, ja selbst bei seinem ausdrücklichen Widerspruch, wofern er sie nur in Kenntnis ihrer Tilgungsbestimmung angenommen hat (vgl. oben S. 111 f.). Daher greifen vor allem die Anrechnungsbestimmungen der §§ 366, 367 auch dann Platz, wenn der Schuldner bei einer Leistung auf mehrere Schuldverhältnisse — von seiner Befugnis Gebrauch machend, sich durch eine andere Leistung als die geschuldete zu befreien — einen dem Leistungsgegenstand der andern Schuldverhältnisse gleichartigen Gegenstand leistet. Daraus, daß die Befugnis, sich durch einen andern Gegenstand als den geschuldeten zu lösen, dem Obligationsinhalt selbst entspringt, geht ferner hervor, daß in solchem Fall der Schuldner, nachdem er den Gläubiger in Annahmeverzug gesetzt hat, berechtigt ist, die mit Lösungskraft begabte, nicht geschuldete Leistung zu hinterlegen.[24]

Abweichend von diesen Fällen alternativer Ermächtigung des Schuldners erfordern die der alternativen Ermächtigung des Gläubigers eine besondere Betrachtung nicht. Soweit sie das Charakteristikum an sich tragen, daß auch hier zunächst nur eine Leistung *in obligatione* ist, begründet der Gläubiger, wenn er die ursprünglich nicht *in obligatione* befindliche Leistung wählt, doch stets eine hierauf gerichtete Leistungspflicht des Schuldners; daß deren Verwirklichung echte Erfüllung ist, kann gar nicht in Zweifel gezogen werden.

§ 10.

Ist die auf Unterlassen gerichtete Obligation erfüllbar?

Es ist ein Problem, welches eng mit der Frage nach dem Wesen der Obligation einerseits, mit der rechtlichen Natur der Erfüllung andererseits zusammenhängt, ob die auf eine Unter-

---

[24] Auf andere aus der Erfüllungsnatur im Gegensatz zur bloßen *in solutum datio* hervorgehende Konsequenzen macht PESCATORE, Wahlschuldverhältnisse S. 283 aufmerksam.

lassung gerichteten Obligationen der Erfüllung überhaupt zugänglich sind. Erfüllt derjenige, welcher sich obligatorisch verpflichtet hat, binnen einer bestimmten Frist nicht in ein Konkurrenzgeschäft einzutreten, bei einer Versteigerung nicht mitzubieten, den Nachbarn nicht an dem Überschreiten seines Grundstücks zu hindern, durch die Unterlassung der ihm untersagten Handlungen die Obligation? Hierüber hat von jeher Meinungsverschiedenheit geherrscht.

Einerseits wird bestritten, daß die Verpflichtung zu einer Unterlassung als eine vom Schuldner zu erbringende Leistung aufgefaßt und der Begriff der Erfüllung auf das bloße Nichtzuwiderhandeln des Schuldners angewendet werden könne. In dieser Richtung hat namentlich KOHLER Eindruck gemacht mit seine Begründung, daß derjenige, welcher eine *obligatio non faciendi* übernehme, nur die Sphäre der für ihn zulässigen Handlungen begrenze, weshalb hier nicht von einer Nichtleistung, sondern nur von einer Übertretung die Rede sein könne, was wichtige Konsequenzen besonders für die Art und Weise des rechtlichen Zwanges habe.[1]

Auf anderm Wege war THON, Rechtsnorm und subjektives Recht (1878), zu dem gleichen Ergebnisse gelangt: Indem er hervorhob, daß die Rechtsordnung nicht mehr fordere, als daß das Untersagte unterbleibe, nicht aber, daß der Schuldner sich bewußterweise zu solcher Unterlassung bestimme, gelangte er zu dem Ergebnis, daß die negative Obligation überhaupt nicht auf eine Willensbestimmung gerichtet, daß ihr eine auf Befriedigung hinzielende Spannung überhaupt fremd[2] sei. Und vom Standpunkt des neuen bürgerlichen Rechts aus vertritt STAMMLER die Meinung, das auf eine Unterlassung gerichtete Schuldverhältnis erlösche

---

[1] Jahrb. für Dogm. Bd. 17 S. 263, neuerdings Archiv für zivil. Praxis Bd. 91 S. 179/180. Aufgenommen ist diese Begründung besonders von FISCHER, Recht und Rechtsschutz S. 72, 79—83, in seiner Polemik gegen die Subsumtion des Unterlassens unter den Begriff der Leistung; auch bei den Vorarbeiten zum Bürgerlichen Gesetzbuch taucht sie auf (Verh. der II. Kommission Prot. 31 S. 400f., I S. 200).

[2] a. a. O. S. 195/196, 200—201.

nicht durch die Unterlassung, sondern durch Ablauf der Zeit, für die es eingegangen sei.[3]

Dagegen ist die umgekehrte Meinung, auch die Obligation auf Unterlassung sei erfüllbar, die Nichtvornahme der untersagten Handlung bedeute Erfüllung, zwar gleichfalls in der Literatur vertreten, aber den oben erwähnten Angriffen gegenüber nicht eigentlich ausreichend begründet worden. Die Begründung geht nämlich durchgängig von der nackten Antithese der Behauptung der Gegner aus. Der Ausgangspunkt wird von dem Satze genommen, daß bei der negativen Obligation die Verpflichtung zur Unterlassung den eigentlichen Inhalt der Obligation bilde, der Schuldner somit durch entsprechendes Verhalten die Obligation erfülle. Mit dieser Argumentation soll der Einwand der Gegner zurückgeschlagen werden, daß eine erfüllbare Leistung bei der auf ein Unterlassen gerichteten Obligation erst vom Augenblick der Zuwiderhandlung in Betracht komme, nämlich als Inhalt des dann für den Gläubiger entstehenden positiven Anspruchs auf Beseitigung der Beeinträchtigung. Auf diesem Wege ist Brinz vorangegangen[4] und hat damit den Anstoß zu einer Gedankenreihe gegeben, die gleichfalls bis in die Gegenwart und in die Theorie des neuen Rechts hinüberreicht. So führt z B. Ryk[5] aus, daß die Obligation auf ein Nichttun ihren Charakter als solche nicht durch die Verletzung verliere. Das Geldäquivalent sei bei ihr wie bei den andern Obligationen nur ein sekundäres Moment, nicht dieses, sondern die Leistung bilde ihren eigentlichen Gegenstand. Und neuerdings warnt für das Recht des BGB. Hellwig (Lehrbuch des Deutschen Zivilprozeßrechts I (1903) S. 220) eindringlich vor der Verwechslung des Anspruchs auf Unterlassung, den der Verpflichtete fortdauernd durch Unterlassen der Zuwiderhandlung erfülle, mit dem positiven Anspruch auf

---

[3] Recht der Schuldverhältnisse S. 215—217. Stammler will damit seine Auffassung stützen, daß nicht das Schuldverhältnis als solches, sondern die einzelne, ihm entspringende Forderung durch Leistung getilgt werde.

[4] Archiv für die zivil. Praxis Bd. 70 S. 380.

[5] Lehre von den Schuldverhältnissen 1889 S. 112.

Beseitigung der durch Zuwiderhandlung herbeigeführten Beeinträchtigung.[6]

Das Bürgerliche Gesetzbuch subsumiert in § 241 Satz 2 die Verpflichtung zu einer Unterlassung unter den Begriff der „Leistung" und stellt im § 362 den Satz auf, daß das Schuldverhältnis erlischt, wenn die geschuldete Leistung an den Gläubiger bewirkt wird. Weitere Anhaltspunkte für die Auffassung des Gesetzes liefern die §§ 339 und 345. Die Vertragsstrafe wird für den Fall versprochen, daß der Schuldner seine Verbindlichkeit nicht oder nicht in gehöriger Weise erfüllt. Dies gilt unterschiedslos für das auf eine positive Leistung gerichtete Schuldverhältnis, wie für dasjenige, welches eine Unterlassung zum Gegenstande hat. Daher kann sich — wiederum unterschiedslos — der Schuldner der Einforderung der Vertragsstrafe gegenüber darauf berufen, daß er seine Verbindlichkeit erfüllt habe (§ 345 BGB.). Ein Unterschied in der Behandlung des positiven und des negativen Schuldverhältnisses besteht nur insofern, als die Voraussetzungen der Verwirkung der Vertragsstrafe (§ 339 BGB.) und die Beweislast (§ 345 BGB.) verschieden normiert sind.

Wenn hiernach feststeht, daß sowohl die römischen Quellen, als das BGB. den Gesichtspunkt der Erfüllung auch auf die Erbringung einer negativen Leistung anwenden, so ist damit noch keineswegs die Grundfrage entschieden, in welchem Sinne man beim negativen Schuldverhältnis von seiner „Erfüllung" reden könne. Der Gesetzgeber stellt, indem er das als Gegenstand der obligatorischen Verpflichtung gedachte Unterlassen unter den Begriff der Leistung, das der Verpflichtung entsprechende Verhalten des Schuldners unter den Begriff der Erfüllung subsumiert, Blankettvorschriften auf, deren wahre Tragweite erst durch eine Prüfung, wie weit die für die Leistung schlechthin gegebenen Vorschriften auf die in einer Unterlassung bestehende überhaupt anwendbar sind, bestimmt werden kann.

Denn so sicher es ist, daß wichtige Bestimmungen über

---

[6] Vgl. auch die in der gleichen Richtung sich bewegenden Ausführungen Langheinekens, Anspruch und Einrede S. 248—252, besonders S. 250.

Leistung und Erfüllung auch auf die Schuldverhältnisse mit negativem Inhalt Anwendung finden, z. B. über die Zeit der Leistung (§ 271 I. BGB.),[7] über die Unwirksamkeit der Vertragsstrafe wegen Unwirksamkeit des Hauptversprechens (§ 344), so gewiß ist es, daß manche Vorschriften, in denen das BGB. von „Leistung" schlechtweg spricht, auf das Schuldverhältnis mit negativem Inhalt nicht anwendbar sind. So kommen die Vorschriften über Verzug des Gläubigers und über die Hinterlegung sämtlich nicht in Betracht; ebensowenig sind z. B. die §§ 793 und 1281 anwendbar.[8] Hierin tritt zutage, daß ein reines Unterlassen in anderm Sinne eine vom Schuldner zu bewirkende Leistung ist, als eine positive Handlung des Schuldners.[9]

In welchem Sinne kann nun bei dem negativen Schuldverhältnis von „Leistung" und „Erfüllung" gesprochen werden? Der Schuldner, welcher die Verpflichtung zu einer Unterlassung auf sich nimmt, z. B. bei dem Ausscheiden aus einem Geschäft sich dem bisherigen Prinzipal gegenüber verbindlich macht, an demselben Orte in kein Konkurrenzgeschäft einzutreten, errichtet damit eine Schranke für die von ihm zu erstrebenden Handlungen. Das Moment der Bindung des Willens enthält daher das auf eine Unterlassung gerichtete Schuldverhältnis nicht weniger, als das auf eine positive Leistung gerichtete: Hinsichtlich der Erfüllung dagegen spielt das Willensmoment bei beiden Arten von Schuldverhältnissen eine verschiedene Rolle. Die Erfüllung einer auf Handlung gerichteten Obligation verlangt eine Willensaktion, während die negative Obligation ganz ohne Willensaktion erfüllt werden kann — nicht notwendig muß. Denn es ist Willensaktion, wenn sich der Schuldner im Hinblick auf seine Verpflichtung

---

[7] Wegen des Leistungsortes vgl. unten S. 143.

[8] Über weitere hier einschlägige Fragen, deren Verfolgung an dieser Stelle zu weit führen würde, vgl. Kisch in der Kritischen Vierteljahrsschrift Bd. 44 S. 511; Wendt, Archiv für die zivile Praxis Bd. 92 S. 53f.; Lehmann, ebenda Bd. 96 S. 68f.; Dernburg, Lehrbuch des Bürgerlichen Rechts II, 1 (3) § 7 S. 20/21.

[9] Hierüber besonders Wendt in seiner grundlegenden Abhandlung über Unterlassungen und Versäumnisse im Archiv für die zivil. Praxis Bd. 92 S. 6f.

dazu bestimmt, eine Handlung, die er an sich vornehmen möchte, nicht zu unternehmen, weil sie dem Inhalt des Schuldverhältnisses widerstreitet.

Dies steht keineswegs im Widerspruch zu dem vorstehend Ausgeführten. Denn ein rechtliches Verbot beschränkt zwar den Willen, indem es Zuwiderhandlungen verbietet. Aber es begnügt sich auch damit, daß Zuwiderhandlungen nicht vorgenommen werden. Aus welchem Grunde sie unterbleiben, ist bei der rechtlichen Unterlassungspflicht gleichgültig. Werden Zuwiderhandlungen nicht vorgenommen, so ist dem Verbot Genüge geschehen, ohne Rücksicht darauf, ob das beschränkte Subjekt sich des Verbots bewußt gewesen und gerade im Hinblick darauf sich der Zuwiderhandlung enthalten hat.

Daß man bisher diese Unterscheidung nicht gemacht hat, ist meines Erachtens die Ursache für manche Schwierigkeit gewesen. Bald nämlich schloß man von der Erscheinung, daß die Unterlassungspflicht ohne Willensaktion erfüllt werden kann, darauf, daß bei der negativen Obligation von Willensbindung nicht gesprochen werden könne. Bald wurde man umgekehrt von der Tatsache, daß auch die obligatorische Unterlassungspflicht eine Beschränkung der schuldnerischen Willenssphäre mit sich bringt, zu dem Versuche gedrängt, auch bei dem negativen Schuldverhältnis die Erfüllung unter allen Umständen auf einen Willensentschluß des Schuldners zurückzuführen.

Ein besonders interessantes Beispiel hierfür liefert ein Urteil des Reichsgerichts v. 6. V. 1902 (Entscheidungen des Reichsgerichts Bd. 51 S. 311 f.). Der Beklagte hatte bei seinem Austritt aus einer Firma vertragsmäßig die Verpflichtung übernommen, bei der Eröffnung eines neuen Geschäfts keinen Zusatz zu gebrauchen, in welchem auf seine frühere Beteiligung an jener Firma hingewiesen werde; dann hatte er seinen damaligen Wohnsitz von Langenweddingen in einen andern Gerichtssprengel verlegt. Später erhob der Kläger wegen angeblicher Zuwiderhandlungen gegen die erwähnte Vertragsbestimmung Klage bei dem Gericht des Ortes, an welchem der Beklagte zur Zeit des Vertragsschlusses seinen Wohnsitz gehabt hatte. Es fragte sich, ob dieses Gericht auf Grund der §§ 269 I BGB., 29 CPO. als Gericht des Erfüllungsortes zuständig sei. Das Berufungsgericht hatte diese Frage aus dem Grunde verneint, daß die Unterlassungspflicht überhaupt nicht lokal beschränkt sei. Langenweddingen (der frühere Wohnort) sei nur einer der vielen, ihrer Zahl nach unbegrenzten Orte, wo die dem Beklagten untersagte Handlung vorgenommen werden könne. Demgegenüber führt das Reichsgericht aus, die Verpflichtung zur Unterlassung werde dadurch erfüllt, daß der Verpflichtete die Handlung, zu deren Unterlassung er sich verpflichtet habe, nicht vornehme, sich demnach in Beziehung hierauf untätig verhalte. Dieses untätige Verhalten beruhe auf einem Willensentschlusse, den der Verpflichtete, wenn man die Vertragstreue unterstelle, gleichzeitig mit der Übernahme der Verpflichtung gefaßt haben müsse und der während der ferneren Vertragsdauer keiner Erneuerung bedürfe, denn: „der dem Vertrage entsprechende, auf einem einheitlichen Willensentschlusse beruhende Zustand der Untätigkeit dauert so lange fort, bis der Verpflichtete der Vertragsbestimmung zuwider die untersagte Handlung vornimmt."

Mir scheint, daß hier der Inhalt der Verpflichtung mit der Erbringung der Leistung verwechselt ist. Zur Übernahme der Unterlassungsverpflichtung ist allerdings ein Willensakt erforderlich. Dieser Willensakt ist, als vertragsmäßig geäußerter, der Rechtsgrund für die Unterlassungsverpflichtung, er ist aber nicht notwendig der psychologische Grund für das Unterbleiben der Zuwiderhandlung. Das Unterbleiben der Zuwiderhandlung auf einen einheitlichen in dem Verpflichtungsakt sich manifestierenden Willensentschluß zurückzuführen, ist eine reine Fiktion. Es tritt dies sofort zutage, wenn man an eine vererbliche Unterlassungspflicht denkt (z. B. an das obligatorische Versprechen, welches der Grundstückseigentümer für sich und seinen Erben abgibt, den Nachbarn nicht am Betreten einer bestimmten Grundstücksparzelle zu hindern). Möglicherweise hat hier der Erbe keine Kenntnis von der Verpflichtung, welche sein Erblasser übernommen hatte, hindert aber trotzdem aus irgend welchen Gründen (Gefälligkeit, Unkenntnis von dem Betreten der Parzelle durch den Nachbar) diesen nicht. Will man hier sagen, daß der Willensentschluß des Erblassers in der Person des Erben, der davon gar keine Kenntnis hat, noch fortwirke? Oder soll das Verhalten des Erben keine Erfüllung mehr sein, weil es sich nicht als Konsequenz eines einheitlichen Willensentschlusses mehr denken läßt, obgleich es doch genau wie das des Erblassers dem Inhalt der Verpflichtung entspricht und dem Gläubiger alles gewährt, was er beanspruchen kann?

Es bleibt also bei dem oben S. 141 f. Ausgeführten: Für die Erfüllung eines negativen Schuldverhältnisses ist das Vorhandensein des hierauf gerichteten Willens des Verpflichteten nicht wesentlich; es genügt, daß sein Verhalten dem Inhalt der übernommenen Verpflichtung entspricht, daß eine Zuwiderhandlung nicht erfolgt. Eine andere Frage ist es, ob nicht auch bei der negativen Obligation die Erfüllung auf einer Willensaktion des Verpflichteten beruhen kann; dies ist zweifellos dann der Fall, wenn der Schuldner sich im Hinblick auf seine Verpflichtung dazu bestimmt, eine Handlung, die er vornehmen möchte, nicht zu unternehmen, weil sie dem Inhalt des Schuldverhältnisses widerstreitet. Auch ist es keineswegs ausgeschlossen, daß der auf die Erfüllung gerichtete Wille nach außen hervortritt, z. B. der Schuldner erklärt dem Gläubiger, daß er eine beabsichtigte Handlung mit Rücksicht auf die ihm obliegende Unterlassungspflicht nicht vornehme.

Aber diese Handlung geht dann neben der eigentlichen Erfüllung her, ist nicht wesentlicher Bestandteil des Erfüllungsaktes, denn nicht auf die Erklärung, sondern auf die bloße Unterlassung ist die Obligation gerichtet.

§ 11.

Leistung zur Befriedigung nicht obligatorischer Ansprüche.

Zum Schlusse ist die Frage der Betrachtung zu unterziehen, ob die tilgungshalber erfolgende Befriedigung solcher Ansprüche, die nicht auf dem Boden eines Schuldverhältnisses erwachsen sind, dem Gesichtspunkt der Erfüllung zu unterstellen ist. Die Frage kann an sich für alle aus absoluten Rechtsverhältnissen hervorgegangenen Ansprüche gestellt werden; erheblichere praktische Bedeutung hat sie jedoch nur für diejenigen unter ihnen, welche vermögensrechtlichen Charakter an sich tragen, und unter diesen vorzugsweise für die sachenrechtlichen Ansprüche. Die hierüber in der Literatur vorhandenen spärlichen Erörterungen kommen zu verschiedenen Ergebnissen. Für das Pandektenrecht hat von Bethmann-Hollweg[1] die Ausdehnung des Solutionsgedankens auf die dem dinglichen Anspruch gegenüber erfolgende Restitution des Besitzes strikt abgelehnt. Auch Brinz beläßt die *solutio* im engsten Zusammenhang mit der *obligatio*, wobei nur zu bemerken ist, daß sein Obligationsbegriff als *pignoris obligatio* zum Teil auf das Sachenrecht übergreift.[2] Beide Schriftsteller ziehen hieraus Folgerungen für den Umfang der *condictio indebiti*, welche sie nur insoweit zulassen, als Leistung auf obligatorische Verpflichtung in Frage steht.[3] Aber schon im Pandektenrecht macht sich dem gegenüber das Bestreben geltend, die über die Erfüllung geltenden Sätze, vielfach ohne nähere Prüfung, auf die Befriedigung des dinglichen Anspruchs zu übertragen. Es handelt sich hier um die Teilerscheinung einer durch die Ausbildung des Anspruchsbegriffs geförderten literarischen Strömung, welche dahin geht, die aus der Verletzung des absoluten Rechts hervorgegangenen Ansprüche als relative Rechte mit den Obligationen systematisch zusammenzufassen.[4] Ausdrücklich will G. Rümelin in seiner Abhandlung über Obligation und Haftung[5] die für die Erfüllung geltenden Sätze auf den dinglichen Anspruch anwenden. Der dingliche Anspruch werde dadurch, daß der Verpflichtete tut, was der Berechtigte fordert, ganz ebenso aufgehoben, wie das Forderungsrecht; es sei mithin nur ein Namensunterschied, wenn der Ausdruck *solutio* in den Quellen im Hinblick hierauf nicht vorkomme.

In der Literatur zum neuen bürgerlichen Rechte ergibt sich der gleiche Standpunkt ohne weiteres für diejenigen, welche den dinglichen Anspruch mit dem Schuldverhältnis identifizieren.[6]

[1] Versuche über einzelne Teile des Zivilprozesses S. 149 Note 15. Für das ältere römische Recht ebenso Voigt, XII Tafeln II S. 451f.

[2] Brinz, Pandekten II § 213 S. 18/19.

[3] Bethmann-Hollweg, a. a. O.; Brinz, Pandekten II § 304 Note 6 S. 542. Dagegen Windscheid, Pandekten II § 426 Note 2 S. 835.

[4] Nachweisungen hierüber in meiner Theorie der Konfusion S. 51.

[5] Archiv für die zivil. Prax. Bd. 68 S. 187/188.

[6] Dies geschieht z. B. von Hellwig, Anspruch und Klagrecht S. 5, 30

Soweit dagegen die Identifizierung von Anspruch und Schuldverhältnis abgelehnt wird,[6a] liegt die Notwendigkeit, die Frage der Subsumtion der Anspruchsbefriedigung unter den Gesichtspunkt der Erfüllung einer Prüfung zu unterziehen, auf der Hand.[7]

Vorauszuschicken ist, daß die Frage eine direkte Lösung im Gesetze nicht gefunden hat. Das Gesetz vermeidet es mit einer Beständigkeit, die den Eindruck der Absicht macht, von „Erfüllung" des „Anspruchs" schlechthin zu reden. In einer einzigen Wendung tritt der Ausdruck „Erfüllung" in Verbindung mit einem speziellen Anspruch, dem Unterhaltsanspruch auf (§§ 1615, 1713); sonst wird auch hier von Erfüllung der „Unterhaltspflicht" gesprochen (§§ 528, 529, 829, 1613). Der Anspruch wird nach der Terminologie des BGB. nicht „erfüllt", sondern „befriedigt" (§§ 209, 222, 223, 974, 1000, 1003 II, 1088).

Im übrigen verwendet das Gesetz, wo die Erfüllung spezifisch obligatorischer Verbindlichkeiten in Frage steht, den Ausdruck „Verpflichtung",[7a] auch „Schuld" (§ 762 II), „Forderung" (§ 853), „Versprechen" (§§ 519, 656, 1446, 2113) oder, mit speziellem Hinweis auf die Natur des Schuldverhältnisses „Vermächtnis" (§§ 2181, 2186, 2187, 2269 II, 2280, 2318, 2323). Sonst treten uns die neutralen Ausdrücke „Pflicht" (§§ 528, 529, 679, 1613, 1846, 2222), „Obliegenheit" (§ 2217), „Vertrag" (§§ 179, 326, 337, 454,

---

und von Stälin, Über die dinglichen Ansprüche des BGB., Tüb. Diss. 1902 S. 56f., s. auch Mot. III S. 398/399. Sehr nahe steht dieser Auffassung Siber, Rechtszwang im Schuldverhältnis S. 99f., 139; vgl. auch Planck in seinem Kommentar zum BGB. II (3) S. 4/5.

[6a] S. Kipp bei Windscheid, Pandekten II (8) § 251 S. 7f.; Hölder im Archiv. f. d. zivil. Prax. Bd. 93 S. 20f.; Langheineken, Anspruch und Einrede § 3 S. 49—51; Endemann, Bürgerliches Recht I (8) § 86 Note 12 a. E. S. 452; Kohler, Lehrbuch des Bürgerlichen Rechts I (1906) § 58 S. 178.

[7] Dies ist nicht immer berücksichtigt worden, z. B. nicht von Langheineken, der a. a. O. S. 127 die Anwendbarkeit der Erfüllungsgrundsätze auf den Anspruch schlechthin ohne weitere Untersuchung als ausgemachte Sache behandelt. In der umgekehrten Richtung der Bekämpfung der Anwendbarkeit geht meines Erachtens zu weit: Kohler, Lehrbuch des Bürgerlichen Rechts I § 58 S. 178.

[7a] §§ 113, 261, 348, 440, 571, 572, 578, 579, 618, 708, 723, 1039, 1251, 1314, 1359, 1430, 1444, 1619, 1670, 1760.

468, 542, 1644, 1824), besonders aber „Verbindlichkeit"[7b] entgegen. Die Terminologie gibt also keinen Aufschluß darüber, ob und in welchem Umfange das Gesetz die Regeln über die Erfüllung auch auf den dinglichen Anspruch angewendet wissen will.

Es erscheint vorteilhaft, bei der Erörterung dieser Frage vom Eigentumsanspruch, dem Prototyp der dinglichen Ansprüche und hier wieder vom Herausgabeanspruch auszugehen. Käme in ihm ausschließlich die Idee des verletzten dinglichen Rechts zur Geltung,[8] so könnte der Gedanke an eine Erfüllung dieses Anspruchs durch den Anspruchsgegner überhaupt nicht aufkommen. Es handelte sich dann lediglich um die Wiederherstellung der Herrschaftsbeziehung zur Sache durch den Eigentümer selbst („*rem persequitur*"), während der Besitzer nichts zu leisten oder zu gewähren, sondern lediglich der Verwirklichung des Eigentumsrechts zuzusehen hätte, oder, wie Jhering die Idee der ursprünglichen *rei vindicatio* formuliert: (S. 185 a. a. O.) „die Sache haftet, die Sache leistet, die Person des Beklagten hat nur die Bedeutung, daß sie zwischen dem Kläger und dem Objekt seines Anspruchs in der Mitte steht und darum durch den Prozeß erst hinweggeschoben werden muß." Gerade Jhering hat nun durch seine bekannten Ausführungen an der genannten Stelle[9] die Aufmerksamkeit darauf gelenkt, daß schon im späteren römischen Recht der Eigentumsanspruch und die dinglichen Ansprüche überhaupt in hohem Maße mit obligatorischen Elementen durchsetzt worden sind.[10]

[7b] §§ 181, 278, 340, 341, 345, 357, 358, 360, 372, 755, 765, 766, 775 Ziff. 1, 813, 814, 817, 821, 1087, 1088, 1376, 1657, 1795 Ziff. 1, 2378, 2382.

[8] Wie dies annähernd im ältesten römischen Rechte bei der *rei vindicatio* der Fall war, vgl. Jhering, Geist des römischen Rechts III, 1 (3) § 54 S. 185, 187—192.

[9] Vgl. auch Jahrbücher für Dogm. Bd. 10 S. 518.

[10] Vgl. hierzu auch Voigt, ius naturale III § 85 S. 606f., § 131 S. 1011; Pfersche, Privatrechtliche Abhandlungen S. 49f., 209f.; Mitteis, Kritische Vierteljahrsschrift Bd. 31 S. 59, 63; Landsberg, Die Glosse des Accursius §§ 27—29, S. 268f.

Die Beobachtung selbst ist für die dingliche Universalklage, die *hereditatis petitio*, schon in den Quellen enthalten und ausgesprochen: Ulpian in l. 25 § 18 D. de hered. pet. 5, 3: *petitio hereditatis, et si in rem actio sit, habet tamen praestationes quasdam personales rel.*

Im Rechte des BGB. hat der Gesetzgeber mit einer gewissen Vorliebe das Verhältnis des obligatorischen Elements im Eigentumsanspruch zum dinglichen behandelt.[11]

Von obligatorischer Natur erscheinen alle diejenigen dem Eigentümer zuständigen Ansprüche, welche über die Herstellung des dem Recht entsprechenden Zustandes für die Zukunft hinausgehen; vor allem also der Anspruch auf Schadensersatz oder Herausgabe von Nutzungen der Sache, soweit diese nicht etwa direkt auf Grund des Eigentums (wie dies nach den für den Fruchterwerb geltenden Sätzen [§§ 953—957] dem bösgläubigen Besitzer gegenüber in Frage kommt) beansprucht werden. In Ansehung des Verhältnisses dieser obligatorischen Ansprüche zum dinglichen Grundanspruch besteht aber eine wichtige Verschiedenheit. Bei dem der *rei vindicatio* entsprechenden Anspruch wegen Vorenthaltung des Besitzes sind sie nämlich in der historisch überkommenen Verbindung mit dem dinglichen Anspruche auf Herausgabe belassen worden (§§ 987—993, 994—1003).

Wo es sich dagegen um anderweite Beeinträchtigung des Eigentums handelt, also bei dem in der Hauptsache der *actio negatoria* entsprechenden Anspruch des § 1004 sind die Ansprüche obligatorischer Natur vollkommen vom dinglichen Anspruche losgelöst worden.

Der gleiche Gegensatz findet sich bei denjenigen beschränkten dinglichen Rechten, deren Verletzung sowohl durch Vorenthaltung des Besitzes, als in anderer Weise herbeigeführt werden kann, bei denen daher sowohl eine dem Herausgabeanspruch, wie dem Negatorienanspruch parallele Schutzform vorkommt, wie beim Nießbrauch (§ 1065) beim Pfandrecht an beweglichen Sachen (§ 1227) und beim Erbbaurecht (§ 1017 II).

Der Herausgabeanspruch aus früherem Besitz (§ 1007) geht in betreff der Verbindung mit obligatorischen Elementen dem im Eigentum gründenden Herausgabeanspruch parallel; ebenso sind die dinglichen Abholungsansprüche der §§ 867 und 1005 mit

[11] Zeugnis dafür gewähren die sehr ins Einzelne gehenden, mitunter fast spitzfindigen Ausführungen der Motive Bd. III S. 392 f. (vgl. besonders S. 398, 401 f.).

einem obligatorischen Anspruch insoweit verknüpft, als es sich um Ersatz des Schadens handelt, welcher durch Aufsuchung und Wegschaffung der abzuholenden Sache entstanden ist.

Das System völliger Trennung der obligatorischen Ansprüche vom dinglichen Anspruch ist dagegen im Recht des BGB. außer dem Falle des § 1004 noch bei den aus Verletzung der Grunddienstbarkeit (§ 1027) und der beschränkten persönlichen Dienstbarkeiten (§ 1090 II) hervorgehenden Ansprüchen und den eigentlichen Besitzklagen der §§ 861—866 durchgeführt.

Weshalb erscheinen die obligatorischen Ansprüche so teils in rechtlicher Verbindung mit dem dinglichen Anspruch, teils als diesem völlig fremd gegenüberstehende, selbständige Rechtsbehelfe? Der Grund liegt darin, daß dort, wo der Gesetzgeber die obligatorischen Ansprüche im Anschluß an den dinglichen Grundanspruch behandelt hat, ein Bedürfnis bestand, die obligatorischen Pflichten der Parteien in einer Weise zu regeln, welche von dem Ergebnis abweicht, wie es sich bei Anwendung der allgemeinen obligationenrechtlichen Normen herausstellen würde. In diesem Sinne wird in § 993 die Pflicht des gutgläubigen Besitzers zur Herausgabe von Nutzungen den Konditionsgrundsätzen gegenüber eingeschränkt, wird umgekehrt im § 990 die Haftung des bösgläubigen Besitzers in einer Weise gesteigert, daß die Lücke, welche die mangelnde Anwendbarkeit der Vorschriften über unerlaubte Handlungen im einzelnen Falle hervorrufen würde, ausgefüllt wird, macht endlich § 867 auch für Schaden haftpflichtig, der ohne Verschulden des Abholenden eingetreten, also nach allgemeinen obligatorischen Grundsätzen nicht zu ersetzen ist, wofern er nur durch Aufsuchung und Wegschaffung der Sache erwachsen ist.

Weil diese Ansprüche durch die Individualität des dinglichen Rechtsverhältnisses, auf Grund dessen sie entstehen, ihre besondere Färbung erhalten, hat der Gesetzgeber sie im Anschluß an dieses geregelt. Ihr Inhalt ist, trotz ihrer Verbindung mit dem dinglichen Grundanspruch aus dem oben (S. 148) angegebenen Grunde ein spezifisch obligatorischer.

Letzterer Umstand ist dafür entscheidend, daß die Bewirkung der kraft ihrer geschuldeten Leistung gerade so gut echte Erfüllung ist, wie wenn es sich um ein selbständiges Schuldverhältnis handelte. Erfüllung natürlich des an das dingliche Rechtsverhältnis angeschlossenen, im obligatorischen Anspruch sich manifestierenden Schuldverhältnisses, während das dingliche Recht als solches hierdurch nicht berührt wird.[12]

Dieses Ergebnis wird dadurch gestützt, daß es für einen besonderen Fall, in dem sich ein obligatorisches Schuldverhältnis an das dingliche Rechtsverhältnis anschließt, im Gesetz direkt zum Ausdruck gebracht worden ist: vgl. § 1039 BGB.

Man wird aber weiter gehen und den Gesichtspunkt der Erfüllung auch auf die *solvendi causa* erfolgende Befriedigung gewisser dinglicher Ansprüche anwenden müssen; es handelt sich hier um Ansprüche, die aus einem dinglichen Rechtsverhältnisse hervorgegangen sind, welches eine „Leistung“ als wesentlichen Inhalt mitumschließt. Dies bedarf einer näheren Erläuterung; denn die hier gemachte Unterscheidung ist in diesem Sinne und als eine aus dem Gesetz nachweisbare in der bisherigen Literatur nicht mit genügender Deutlichkeit zum Ausdruck gebracht worden.[13]

„Leistung“ ist im Sinne des Gesetzes das konkrete Verhalten einer Person, durch welches eine irgendwie geartete Vermögensverschiebung zu ungunsten des Leistenden bewirkt wird; dieses Verhalten muß entweder dem Inhalt eines darauf gerichteten Rechts entsprechen, oder zu einem rechtlich irgendwie erheblichen Zwecke vorgenommen werden.

Die Leistung tritt hiernach einmal auf als Inhalt eines auf ein bestimmtes Verhalten einer Person gerichteten Rechtes. Hier hat die Leistung ihren Zentralpunkt in der Lehre vom Inhalt der Schuldverhältnisse (§ 241 f., vgl. besonders §§ 241, 242, 262, 265, 267, 275, 280). Es gibt aber auch dingliche Rechte, zu

---

[12] Die Richtigkeit dieser Behauptung wird natürlich dadurch nicht beeinträchtigt, daß unter Umständen der Ersatzleistende auf Umwegen das Eigentum der Sache erlangt; wenn ihm nämlich der wegen Verlustes der Sache entschädigte Eigentümer nach § 255 BGB. den Eigentumsanspruch abgetreten und er nach § 931 dieses erworben hat.

[13] Vgl. aber jetzt Gierke, Deutsches Privatrecht II § 148 S. 708, 711—713.

deren wesentlichem Inhalt das Recht, eine Leistung zu verlangen, gehört. Sie sind zusammenfassend neben der Forderung in § 1812 genannt[14] und eben damit als Rechte nicht schuldrechtlicher Natur charakterisiert. Im einzelnen definiert § 1105 die Reallasten als eine Grundstücksbelastung, kraft deren an denjenigen, zu dessen Gunsten die Belastung erfolgt, wiederkehrende Leistungen aus dem Grundstücke zu entrichten sind, erwähnt § 1126 das mit dem Eigentum an einem Grundstück verbundene Recht auf wiederkehrende Leistungen, bestimmt § 1191 den Begriff der Grundschuld dahin, daß kraft ihrer an denjenigen, zu dessen Gunsten die Belastung des Grundstücks erfolgt, eine bestimmte Geldsumme aus dem Grundstück zu zahlen ist.[14a]

Die hier in Betracht kommenden dinglichen Rechte sind teils Nutzungsrechte wie die Reallast, teils pfandartige Rechte,[15] wie Grund- und Rentenschuld. Sie tragen das charakteristische Kennzeichen der Dinglichkeit insofern an sich, als sie die Sache unmittelbar ergreifen. Dies zeigt sich vor allem darin, daß sie als dingliche Rechte die Sache in einer bestimmten Rangordnung mit andern, konkurrierenden dinglichen Rechten belasten (§§ 879f. BGB.). Sie haben aber zugleich zum primären Inhalt eine Leistung, das heißt, sie sind ohne weiteres, nicht erst infolge einer auf eine Verletzung hin erfolgenden Reaktion des dinglichen Rechts, auf ein Verhalten einer Person gerichtet, durch welches eine irgendwie geartete Vermögensverschiebung zu ungunsten des Leistenden und zugunsten des Berechtigten hervorgerufen werden soll.

Der Grund hierfür besteht darin, daß nach der Gestaltung des Rechts dem Berechtigten zwar die unmittelbare rechtliche Herrschaft in dem eben erörterten Sinn, nicht aber auch die unmittelbare tatsächliche Herrschaft über die Sache zukommt, so

---

[14] „Forderung oder ein anderes Recht, kraft dessen der Mündel eine Leistung verlangen kann".

[14a] Endlich befassen sich die §§ 1070 und 1275 mit einem „Recht, kraft dessen eine Leistung gefordert werden kann" als Gegenstand des Nießbrauchs und des Pfandrechts.

[15] Haftungsrechte im Sinne Gierkes, Deutsches Privatrecht II § 139 S. 602.

daß die Herstellung des Genußgehalts nicht, wie zum Beispiel beim Nießbrauch durch den Berechtigten selbst erfolgen kann, sondern durch das Bindeglied eines Anspruchs auf Leistung vermittelt werden muß.[16] Da nun hier der Leistungsgehalt zum

[16] Bekanntlich hat diese Eigentümlichkeit dazu geführt, daß den genannten Rechten in der Doktrin mitunter der Charakter der Dinglichkeit überhaupt bestritten wird, oder daß eine Verbindung obligatorischer und dinglicher Elemente angenommen wird, sei es als gegenseitige Durchdringung, wie namentlich bei der Reallast, sei es als mehr äußerlichen Verknüpfung, wie besonders bei der Grundschuld mit ihrer Charakterisierung als einer mit einem Grundpfandrecht verbundenen Realobligation. Die ausgiebigsten Literaturnachweise hierüber neuestens bei Gierke, Deutsches Privatrecht II §§ 148, 703—708, S. 851—857. Die Abneigung gegen eine erweiterte Fassung des Dinglichkeitsbegriffs wurzelt im römischen Recht, wo allerdings dem grundlegenden Begriffselement der Dinglichkeit, daß das Recht die Sache unmittelbar ergreift, die fast ausnahmslose Begleiterscheinung hinzutritt, daß dem Berechtigten der Genußgehalt des Rechts kraft eigener, nicht kraft fremder Handlung zuständig ist. Doch findet sich auch hier wenigstens ein Ansatz zu einer Ausnahme in der *servitus oneris ferendi*, wo trotz des Satzes: „*servitus in faciendo consistere nequit*" die Reparaturpflicht des Eigentümers des dienenden Grundstücks als zum Inhalt des dinglichen Rechts gehörig in die Klagformel aufgenommen worden ist. Bekanntlich hat man versucht, diese Pflicht in eine obligatorische umzudeuten (Windscheid, Pandekten I (8) § 211a Note 2 S. 955 und die dort Angeführten, besonders Jhering, Jahrb. für Dogm. X S. 555). Aber die vermeinte Unvereinbarkeit einer solchen Pflicht mit dem Grundgedanken des dinglichen Rechts besteht nicht. Wenn das dingliche Recht fähig ist, infolge seiner Verletzung ein Recht von relativem Charakter, den Anspruch auf ein bestimmtes Verhalten des Beeinträchtigenden, zu erzeugen, ohne daß dieses Recht notwendig in eine Obligation umschlägt, weshalb soll nicht von vornherein ein derartiger Leistungsanspruch in ihm gelegen sein können? Und diese Konstruktion ist nicht nur möglich, sondern geboten, wenn der in Verbindung mit dem dinglichen Recht entgegentretende Anspruch charakteristische Merkmale nicht obligatorischer Natur aufweist. Dies ist in der Tat bei der der Reallast und der Grundschuld eigentümlichen Leistungspflicht der Fall. Denn sie trägt die dem Inhalt des dinglichen Rechts genau entsprechende Begrenzung an sich, daß der Verpflichtete gerade das zu leisten hat, was der Berechtigte, wenn seine persönliche Einwirkungsmöglichkeit auf die Sache im Inhalt des Rechts läge, nach dem Inhalt desselben aus der Sache haben könnte. Die Begrenzung des Anspruchs bestimmt sich also nach dinglichen, nicht nach obligatorischen Gesichtspunkten und darin liegt die Unmöglichkeit begründet, mit obligatorischen Gesichtspunkten, wie

unmittelbaren Inhalt des dinglichen Rechts gehört, so muß auch der auf die Leistung gerichtete Anspruch als ein dinglicher aufgefaßt werden. Denn der privatrechtliche dingliche Anspruch ist nichts anderes, als das dingliche Recht in seiner Richtung gegen eine bestimmte Person.

Vermöge des hier gegebenen originären Leistungsgehalts des dinglichen Rechts enthält die tilgungshalber erfolgende Befriedigung des Leistungsanspruchs dasselbe Moment, welches charakteristisch für die Erfüllung der Forderungen ist. Das Verhalten des Leistungspflichtigen verkörpert insoweit den Rechtsinhalt, ist Verwirklichung eines unmittelbar im Recht gelegenen Sollens. Mithin stellt sich die Leistung auf die hier erwähnten dinglichen Ansprüche, soweit sie *solvendi causa* erfolgt (z. B. die Einzelleistungen auf die Reallast, die Zahlung der einzelnen Renten auf die Rentenschuld) als wahre Erfüllung der in Betracht kommenden Einzelansprüche dar.

Anders steht es mit denjenigen dinglichen Ansprüchen, welche nicht einem unmittelbar im dinglichen Recht gelegenen Leistungsgehalt korrespondieren, sondern einen solchen erst vermöge einer Verletzung des zugrunde liegenden dinglichen Rechts aufgenommen haben. Hierher gehört vor allem der Herausgabeanspruch, soweit ihm die Bezeichnung „rein dinglich" zukommt, ferner der Anspruch wegen Störung.

Auch der Herausgabeanspruch verlangt, selbst soweit er rein dinglicher Natur ist — das heißt, keinen andern Inhalt hat, als den dem Recht entsprechenden Zustand für die Zukunft herzustellen —, von dem Anspruchsgegner ein bestimmtes Verhalten. Er legt ihm die Pflicht auf, zur Beseitigung des dem Recht

---

der Annahme einer dem Leistungspflichtigen bei der Grundschuld gewährten *facultas alternativa* oder Lösungsbefugnis dem Inhalt der Rechtsstellung des Leistungspflichtigen gerecht zu werden. Hiermit soll natürlich nicht geleugnet werden, daß mit der dinglichen Belastung eine persönliche Haftung des Pflichtigen verbunden sein kann; dies ist bekanntlich sogar regelmäßig — aber nicht notwendig — bei der Reallast der Fall, wo der Eigentümer für die während der Dauer seines Eigentums fälligen Leistungen nach § 1108 I in Ermanglung einer anderweiten Bestimmung auch persönlich haftet. Im übrigen vgl. die tiefeindringende Darstellung Gierkes in seinem Deutschen Privatrecht II S. 710f., 851f., 909f.

widersprechenden Zustandes tätig zu werden. Der Eigentümer kann von dem Besitzer die Herausgabe der Sache, wie beim Anspruch wegen Störung von dem Störer die Beseitigung der Beeinträchtigung verlangen (§§ 985, 1004 und die entsprechenden Rechtsmittel in den §§ 1017 II, 1027, 1065, 1090 II, 1227).

Aber die Pflicht ist hier rein sekundärer Natur; sie steht ausschließlich im Dienste der Reaktion des dinglichen Rechts; ja man kann sagen, sie ist nichts anderes als die Form, in welcher das moderne dingliche Recht unmittelbar gegen den ihm nicht gemäßen Zustand reagiert.[17] Die praktische Bedeutung dieser Tatsache besteht darin, daß die objektiven Voraussetzungen der Herausgabepflicht solange, als der Herausgabeanspruch seinen

---

[17] Mit dieser Zurückdrängung des Leistungselementes im Herausgabeanspruch steht eine merkwürdige terminologische Unsicherheit des Gesetzes in Verbindung. Für einen Fall, und zwar gerade für denjenigen, der für die Erörterung der hier in Betracht kommenden Fragen am wichtigsten ist, steht fest, daß der Herausgabeanspruch nicht unter dem „Recht, kraft dessen eine Leistung verlangt werden kann" begriffen sein soll. Es handelt sich um die Bestimmung des § 1812. Hier sollte durch die gewählte Fassung zum Ausdruck gebracht werden, daß der Vormund, von den Ausnahmen des § 1813 abgesehen, zwar über Forderungen, Hypotheken, Grund und Rentenschulden, sowie über Reallasten nur mit Genehmigung des Gegenvormundes verfügen könne; daß aber der dingliche Herausgabeanspruch als solcher von dieser Beschränkung nicht getroffen, also nicht als Anspruch, kraft dessen eine Leistung verlangt werden kann, aufgefaßt werden solle, s. Protokolle der 2. Lesung IV S. 781/782. Dem entspricht die herrschende Meinung, s. Planck, Bem. 1 Abs. 3 (IV S. 555), Engelmann bei Staudinger, Bd. IV (2) Bem. 1 a und dort Angeführte. Anderer Ansicht allein v. Blume in seinem Kommentar zum Familienrecht III. Abt. Bem. 2 a S. 54 mit der Begründung, es könne nicht bestritten werden, daß der Herausgabeanspruch ein Recht sei, kraft dessen der Mündel eine Leistung verlangen könne. — Auch in § 2169 scheint der Gesetzgeber (vgl. den Abs. 3 mit der Disposition des Abs. 1) nicht an die Subsumtion des dinglichen Herausgabeanspruchs unter den „Anspruch auf Leistung" gedacht zu haben. Nur für den sehr fern liegenden Fall, daß dem Erblasser der Herausgabeanspruch nicht als Eigentümer, sondern kraft Zession zustand, wäre die Ausdehnung zu verteidigen. In den Fällen der §§ 1070 und 1275 sprechen stärkere Gründe für die Subsumtion des dinglichen Herausgabeanspruchs unter das „Recht auf Leistung". Zweifellos ist in § 2039 der dingliche Herausgabeanspruch mitgemeint.

rein dinglichen Charakter beibehält, nicht modifiziert und gesteigert werden durch eine dem Anspruchsgegner obliegende Sorgfaltspflicht. Letztere ist durchaus obligatorischer Natur, sie wird erst durch bestimmte Umstände (mangelnde Gutgläubigkeit des Besitzers, Eintritt der Rechtshängigkeit oder Verzugs des Besitzers, Erlangung des Besitzes durch verbotene Eigenmacht oder durch strafbare Handlung) in den Herausgabeanspruch hineingetragen. §§ 989 (vgl. 987), 990, 992.

Mit der sekundären, abgeleiteten Natur der Verpflichtung des Besitzers im dinglichen Herausgabeanspruch hängt es zusammen, daß die Grundsätze über die Erfüllung der Schuldverhältnisse nicht ohne weiteres auf die Herausgabe der Sache zur Befriedigung des Eigentumsanspruchs anwendbar sind. Denn das Erlöschen des Herausgabeanspruchs einem bestimmten Anspruchsgegner gegenüber bestimmt sich gar nicht in erster Linie danach, ob und unter welchen Umständen von diesem die Sache dem Eigentümer zurückverschafft wird, sondern ob der die Passivlegitimation begründende Umstand, also Besitz, unter Umständen in Wegfall kommt, welche eine weitere Haftung des bisherigen Besitzers ausschließen.[18] Nun würde hieraus zunächst nichts weiter folgen, als daß die unter den letzteren Gesichtspunkt tretenden Fälle als solche anderweiten Erlöschens von der in der Herausgabe der Sache auf den Eigentumsanspruch hin liegenden Erfüllung zu sondern seien, nicht anders, wie auch beim obligatorischen Anspruch der Anspruch nicht nur durch Erfüllung, sondern auch durch andere Umstände erlischt. Aber während bei den Schuldverhältnissen jene andern Erlöschungsgründe selbständig neben dem normalen Tilgungsgrunde der Erfüllung stehen, würden beim dinglichen Herausgabeanspruch die aus der Anwendung der Erfüllungsgrundsätze fließenden Konsequenzen in den wesentlichsten Punkten durch den Gesichtspunkt modifiziert werden, daß der Herausgabeanspruch gegen den bisherigen Besitzer regelmäßig dadurch, daß er aufhört

[18] Mit der Beschränkung, welche aus der Darstellung ersichtlich ist, stimme ich daher dem von Kohler, Lehrbuch des Bürgerlichen Rechts I § 58 S. 179 geäußerten Gedanken zu.

Besitzer zu sein, erlischt. Ein schlagendes Beispiel hierfür wird sich sogleich im Laufe der weiteren Erörterung (s. nächste Seite) ergeben.

Die Unterstellung der Herausgabe der Sache auf den Eigentumsanspruch hin unter den Begriff der Erfüllung würde also verwirrend wirken; ihre Erfordernisse müssen selbständiger Prüfung unterzogen werden.

Es fragt sich zunächst, ob die Herausgabe der Sache auf den dinglichen Anspruch hin an einen Geschäftsfähigen erfolgen muß, damit sie befreiende Wirkung nach sich zieht, oder ob die einfache Rückverschaffung des Besitzes, einerlei, auf welche Weise sie erfolgt, genügt.

Für das Schuldverhältnis ist die Antwort gegeben durch die §§ 362 II und 185 in Verbindung mit den Vorschriften über die Geschäftsfähigkeit §§ 104 f. Insofern nämlich, als sich aus den erstzitierten beiden Paragraphen ergibt, daß das Gesetz die Annahme einer geschuldeten Leistung als Verfügung über die Forderung behandelt wissen will, ist zugleich entschieden, daß der Geschäftsunfähige diese Verfügung in eigener Person wirksam nicht vornehmen kann (§§ 104, 105), und daß der beschränkt Geschäftsfähige nach Vorschrift der §§ 107 f. der Einwilligung seines gesetzlichen Vertreters bedarf.

Ist diese Vorstellung, daß durch die Annahme der tilgungshalber gemachten Leistung seitens des Annehmenden über das Schuldverhältnis verfügt wird, im Sinne des Gesetzes auf den dinglichen Herausgabeanspruch zu übertragen? Das Gesetz gewährt keinen direkten Anhalt für die Entscheidung dieser Frage. Meines Erachtens ist sie zu verneinen.

Schon beim Schuldverhältnis wird die Behandlung der Annahme der geschuldeten Leistung als Verfügung über die Forderung der wahren Sachlage nicht gerecht, weil die Befreiung des Schuldners eben nicht Folge des rechtsgeschäftlichen Willens des Gläubigers, sondern Konsequenz seiner realen Handlung, der Annahme des Geschuldeten ist. Für den dinglichen Herausgabeanspruch wird die Vorstellung fast unvollziehbar; der Eigentümer, welcher seine ihm angebotene Sache zurücknimmt, will nicht über seinen dinglichen Anspruch verfügen, sondern wieder in den Genuß seines Eigentums gelangen. Dementsprechend sind auch die Vorschriften des § 185 auf den rein dinglichen Herausgabeanspruch nicht anwendbar.

Gibt nämlich der Besitzer, der sich nicht gerade durch verbotene Eigenmacht oder durch eine strafbare Handlung den Besitz verschafft hat,[18a] die Sache an einen Nichteigentümer, den er für den Eigentümer hält, heraus, ohne daß ihm dieser Irrtum als Verschulden angerechnet werden könnte, so bedarf es weder der Einwilligung noch der Genehmigung des Eigentümers nach § 185, um ihn haftfrei zu stellen; denn er hat hier den Besitz unter Umständen aufgegeben, die sowohl die Fortdauer des Herausgabeanspruchs gegen ihn, wie eine Schadensersatzpflicht seinerseits ausschließen.[19] Gibt aber der nicht in gutem Glauben befindliche Besitzer die Sache unter Umständen, die ein Verschulden seinerseits in sich schließen, an einen Nichteigentümer heraus, so ist zwar, um ihn haftfrei zu stellen, die Genehmigung des Eigentümers erforderlich: hier ist aber der rein dingliche Herausgabeanspruch bereits nach den §§ 990, 989 auf Grund des Verschuldens des Besitzers in den dort geregelten obligatorischen Schadensersatzanspruch umgeschlagen.

Abweichendes kann endlich auch nicht aus den §§ 1812, 1813 geschlossen werden. Freilich ergibt sich aus § 1813 soviel, daß das Gesetz nicht nur bei obligatorischen, sondern auch bei gewissen dinglichen Ansprüchen die Annahme der Leistung zur Tilgung des Anspruchs als Verfügung über den Anspruch angesehen wissen will. Denn da § 1813 nur als Einschränkung des § 1812 Sinn hat und die Ausnahmen enthält, bei denen trotz des Vorliegens einer „Verfügung" im Sinne des § 1812 die dort vorgeschriebene Genehmigung des Gegenvormundes nicht erforderlich ist, so muß das Gesetz die in § 1813 genannten Fälle der Annahme einer geschuldeten Leistung an sich als den Vorschriften

---

[18a] In welchem Falle die Vorschriften über den Schadensersatz wegen unerlaubter Handlung maßgebend sind, § 992 BGB.

[19] Höchstens die entsprechende Anwendung des § 281 behufs Abtretung einer etwa begründeten Besitzkondiktion könnte in Frage kommen. Doch halte ich auch dies, solange es sich um den rein dinglichen Herausgabeanspruch handelt, für ausgeschlossen.

des § 1812 unterfallend, also als „Verfügungen über eine Forderung, oder über ein anderes Recht, kraft dessen der Mündel eine Leistung verlangen kann" ansehen. Es ist aber bereits oben ausgeführt worden, daß das Gesetz den dinglichen Herausgabeanspruch gerade nicht zu den Ansprüchen des § 1812 rechnet (vgl. Note 17). Mithin folgt auch aus den genannten Paragraphen nichts für die Verfügungsnatur der Annahme der zu seiner Tilgung erbrachten Leistung.

Somit wird es für die oben aufgeworfene Frage, ob der dem reinen Herausgabeanspruch des Eigentümers Haftende sich auch durch Herausgabe an den geschäftsunfähigen Eigentümer befreit, lediglich auf die Interpretation dessen ankommen, was man unter der „Herausgabe der Sache" (§ 985) zu verstehen hat.

Genügt hierzu die Verschaffung des Besitzes schlechthin? Das Bürgerliche Gesetzbuch hat hier durch die Regelung der Voraussetzungen des Besitzerwerbs eine Schwierigkeit geschaffen, welche im Pandektenrecht nicht bestand. In den römischen Quellen sind die Voraussetzungen für den Besitzerwerb unter Berücksichtigung des Umstandes festgestellt worden, daß der Besitzerwerb nicht immer einen reinen Vorteil, sondern unter Umständen Lasten und Nachteile für den Erwerber mit sich bringt. Dies insofern, als er die Passivlegitimation gegenüber dem Eigentumsanspruch begründet, oder, wenn er dem Eigentümer zurückgewährt wird, insoweit den Verlust des Eigentumsanspruchs nach sich zieht. Die römischen Juristen tragen dem darin Rechnung, daß sie für den Besitzerwerb den Willen, zu besitzen, verlangen und dem Geschäftsunfähigen — mit der für die Kinder bezüglich des Besitzerwerbs durch Schenkung gemachten Ausnahme — die Fähigkeit zum Besitzerwerb absprechen.[20]

Indem nun zur Restitution in Ansehung des *corpus* der Sache Besitzverschaffung verlangt wird,[21] ergibt sich nach

---

[20] Wegen der Einzelheiten der bekannten Kontroverse und ihre Ausdehnung vgl. VANGEROW, Pandekten I § 204 S. 364—367; WINDSCHEID I § 155 Note 13 S. 689.

[21] l. 22 D. de V. S. 50, 16: „*Plus est in restitutione quam in ex-*

römischem und Pandektenrecht ohne weiteres, daß derjenige, welcher einem Pupillen die diesem gehörige Sache ohne Beistand des Tutors zurückgibt, seiner Restitutionspflicht nicht genügt.[22]

Nur wo der Verlust eines Anspruchs als Folge der Tradition nicht in Betracht kam, wie bei der Handschenkung, ist daher auch eine freiere Auffassung hinsichtlich des Besitzerwerbs der Kinder zum Durchbruch gekommen, s. l. 3 C. de poss. 7, 32.

Das BGG. dagegen scheint bei seiner Regelung des Besitzerwerbs nur die Vorteile, welche die Besitzposition gewährt, ins Auge gefaßt zu haben; so wird es verständlich, daß nach dem Rechte des BGB. der auf den Erwerb des Besitzes gerichtete Wille nicht erfordert wird (§ 854 I), daß folgeweise auch der Geschäftsunfähige selbständig Besitz erwerben kann, wenn nur durch die Art des Gewahrsams der Eintritt in seine Herrschaftssphäre genügend deutlich bezeichnet ist.

Soweit es sich daher um den rein dinglichen Herausgabeanspruch handelt, wird man es für genügend erachten müssen, daß der Besitzer dem Eigentümer den Besitz der Sache, in dem Zustande natürlich, der seiner Herausgabepflicht entspricht, schlechthin verschafft. Der Besitzer erledigt hier den Herausgabeanspruch auch dann, wenn er dem Kinde, das den Wert seiner Sache nicht kennt, diese herausgibt. Sobald jedoch der Eigentumsanspruch obligatorischen Gehalt in sich aufgenommen hat, sei es von vornherein infolge Bösgläubigkeit des Besitzers, oder auf Grund des § 992, sei es später durch eingetretene Rechtshängigkeit des Eigentumsanspruchs oder durch Verzug, verlangen die obligatorischen Haftungsgrundsätze Berücksichtigung; und damit ist die Auslegung der Herausgabepflicht in dem Sinne einer solchen Besitzverschaffung geboten, welche nicht nur die Passivlegitimation des Besitzers beseitigt, sondern vor allem dem wohlverstandenen Interesse des Eigentümers gerecht wird.

---

hibitone: nam exhibere est praesentiam corporis praebere, restituere est etiam possessorem facere fructusque reddere" *rel.*

[22] l. 1 D. de adquir. vel amitt. poss. 41, 2 vv.: „*non potest incipere possidere — licet maxime corpore suo rem contingat*".

Die vorstehenden Ausführungen haben gezeigt, daß die Rechtssätze über die Erfüllung auf den dinglichen Herausgabeanspruch nicht ohne weiteres übertragen werden können. Der letzte Grund dafür liegt darin, daß das absolute Recht, welchem der dingliche Anspruch entstammt, einen weitgehenden Einfluß auf seine Existenzbedingungen ausübt. In der systematischen Zusammenfassung des dinglichen Anspruchs mit dem Schuldverhältnisse liegt die Gefahr verborgen, daß die Eigenart des dinglichen Anspruchs, welche aus seiner Quelle, dem dinglichen Rechtsverhältnis, fließt, nicht genügend berücksichtigt wird.

Sachregister.

Die großen arabischen Ziffern bezeichnen die Seiten, die kleinen die Noten.

Quellenregister.

Die großen arabischen Zahlen bezeichnen die Seiten, die kleinen die Noten.
Die abgedruckten Stellen sind durch ein * kenntlich gemacht.

Codex.

Novellae.

Bürgerliches Gesetzbuch.

Sonstige moderne Gesetze.

Druck von Metzger & Wittig in Leipzig.

Kolibri 360 GmbH
Ferdinand-Jühlke-Straße 7
99095 Erfurt, Deutschland
produktsicherheit@kolibri360.de